中等职业教育"十一五"规划教材

中职中专金融类教材系列

经济法基础知识

安广法　韩涌波　主编

科　学　出　版　社

北　京

内 容 简 介

本书围绕社会主义市场经济体制的基本框架,以建立为社会主义市场经济服务的法律体系为宗旨,就民法、商法和经济法所涉及的经济法律问题分十五章进行系统的阐述,力求理论联系实际,以理论够用为基准,以培养学生分析问题和解决问题的能力为目的,全面反映最新的经济立法成果。

本书内容新颖、实用,条理清楚,简明扼要,深入浅出,可作为大中专院校经济法课程的教材或教学参考书,也可作为国家经济管理机关和企事业单位从事经济法律工作人员的有益参考用书。

图书在版编目(CIP)数据

经济法基础知识/安广法,韩涌波主编. —北京:科学出版社,2008
(中等职业教育"十一五"规划教材·中职中专金融类教材系列)
ISBN 978-7-03-022458-3

Ⅰ. 经… Ⅱ. ①安…②韩… Ⅲ. 经济法-中国-专业学校-教材
Ⅳ. D922.29

中国版本图书馆 CIP 数据核字(2008)第 100346 号

责任编辑:李 娜/责任校对:赵 燕
责任印制:吕春珉/封面设计:山鹰工作室

科 学 出 版 社 出版
北京东黄城根北街 16 号
邮政编码:100717
http://www.sciencep.com

北京虎彩文化传播有限公司 印刷
科学出版社发行 各地新华书店经销

*

2008 年 7 月第 一 版 开本:787×1092 1/16
2019 年 7 月第六次印刷 印张:20 3/4
字数:460 000

定价:42.00 元
(如有印装质量问题,我社负责调换〈虎彩〉)

销售部电话 010-62136131 编辑部电话 010-62137374(SF02)

序

　　培养既具有可持续发展能力，又具有初步职业技能，在金融事务第一线岗位从事服务工作的应用型人才，是中等职业学校金融类专业的培养目标。围绕这一目标，我们按照"依据职业能力需求，围绕岗位业务流程，遵循职业生涯发展规律"的课程构建思路，编写了这套金融系列教材。

　　本系列教材包括金融基础、经济法基础、财政与税收、银行柜面技能实训、银行柜面业务处理、银行前台综合业务实训等课程，内容涵盖"通用能力"、"专业技能"和"拓展能力"三个课程模块，与目前各中职学校普遍实施的模块化课程体系相适应，把知识传授和能力培养紧密结合起来，增强课程的灵活性、适应性和实践性。

　　本系列教材有以下几个特点：

　　1．围绕金融职业能力需求来设计内容

　　以市场为导向，结合中等职业学校专业课程教学实际，在内容的编排上打破传统的学科本系及学科之间的界限，围绕能满足就业基本需要的理论知识和实践技能来优化教学内容。

　　2．突出实训为主要教学手段

　　以银行、证券、保险等金融行业第一线岗位的技能需求为指导，从单项技能的训练到综合业务流程的实践，将金融事务的实训贯穿教学过程的始终。改变以往的金融理论为主导的金融教材，围绕技能核心，让学生在实训中掌握理论知识，真正提高学生的动手能力。

　　3．形式灵活便于操作

　　考虑到各中职学校金融类专业侧重点不同，本系列教材既自成体系又可独立成篇，方便广大教师选用。在各教学模块的设计上以任务式教学为主要方法，通过实用性强的任务设计和灵活多样的版式编排，着力提高学生的学习兴趣。

　　全国多所财经类中等职业学校教学经验丰富的金融专业教师，以高度负责的态度共同参与了这套教材的编写工作。可以说，每本教材都是作者多年教学经验的总结。我们相信，该套金融教材一定能使我国中等职业技术学校从事金融职业教育的老师得到启发和帮助。

韩涌波

2008 年 6 月

前　言

随着改革开放的不断深入，市场经济得到了长足的发展，经济活动和利益关系也日趋错综复杂，这就迫切地需要完善的法制来引导、规范、约束和保障市场经济所必需的良好秩序。因此，国家为了适应新的经济形势，先后颁布了《中华人民共和国宪法修正案》、《中华人民共和国物权法》和《中华人民共和国劳动合同法》等，并对《中华人民共和国公司法》、《中华人民共和国合伙企业法》、《中华人民共和国民事诉讼法》等作了修正。经济立法节奏的加快，使得原有的经济法学教材内容明显老化滞后，已经不能适应新形势和新任务的需要。《经济法基础知识》一书便是在这种背景下，几易其稿才告完成的。

本书围绕社会主义市场经济体制的基本框架，以建立为社会主义市场经济服务的法律体系为宗旨，力求全面反映最新经济立法成果，坚持理论联系实际，内容实用、条理清楚、简明扼要、深入浅出。具体来说，本书具有下列非常明显的特色：

（1）新颖性。本书的编撰均以新颁布或修正的法律、法规为蓝本；

（2）实用性。本书的编撰以理论够用为原则，以培养学生分析问题和解决问题的能力为宗旨。本书新增的有关《中华人民共和国物权法》和《中华人民共和国劳动合同法》两章内容，即充分体现了本书的实用性；

（3）科学性。教学的关键在于，所选取的手段和措施，必须达到预定的目的。本书每章结尾安排的训练都是经过精心策划的，能紧扣目的行之有效，具有扎实的实践基础，可靠、正确；

（4）操作性。经济法学习的困难在于难以操作，尤其对中等职业学校的学生来讲，其难度显得更大。但本书所介绍的内容和安排的训练，均极具可操作性，且简便易行。

本书不仅适合大中专院校经济法教学用，还可作为国家经济管理机关和企、事业单位从事经济法制工作人员的有益参考用书。

本书由安广法、韩涌波主编。全书共分十五章，每章都有"本章导读"，让学生在未学之前就对本章的主要内容有所了解。同时每章都安排了主题案例，让学生带着问题去学习，提高学习兴趣。全书的写作分工如下：韩涌波编写第一、十五章，陈键编写第五、十四章，冯熙编写第二、十三章，第三、四、六、七、八、九、十、十一、十二章由安广法编写，并由安广法最后总纂。

本书在编纂过程中借鉴了国内同仁的有关资料，并得到了科学出版社的大力支持，在此一并表示感谢。

由于作者水平有限，书中不妥之处在所难免，敬请读者不吝赐教。

安广法　韩涌波

2008 年 4 月

目　　录

第 一 章

经济法概述

本章导读

本章从经济法的发展历程入手，深刻、细致地探讨了经济法的概念和调整对象，并对经济法律关系及其构成要素，以及经济法律行为和代理行为作了充分的揭示与剖析。

本章引例

刘某有一幅名画卖给了丁某。后来，丁某发现该画不是名家真迹，而是一件复制品，于是要求刘某退款。在刘某不同意退款的情况下，丁某将刘某告到了法院。经法院调查，刘某在卖此画时确实不知道这是一件复制品。问：此案应如何处理，为什么？

关键词

经济法　调整对象　经济法律关系　法人制度
经济法律行为　代理

解析

该案适用双方各自返还原物。因为刘某在卖此画时不存在故意欺诈行为，双方对行为的标的物存在重大误解，因而是可以撤销的经济行为。被撤销的经济行为是无效行为，双方都有过错，应各自返还从对方取得的财产，使财产恢复到原来的状态。

第一节 经济法的产生与发展

一、经济法产生和发展的历史概况

经济法同其他法律一样，是人类社会政治、经济发展到一定历史阶段的产物，是一个历史范畴。经济法作为调整社会经济关系的法律手段，是适应商品经济的发展和社会关系日益复杂化的客观需要而产生并逐步发展、完善的。早在原始社会解体、人类进入奴隶社会初期，就产生了调整社会经济关系的法律规范，进入封建社会，又有一定程度的发展。例如，公元前18世纪古巴比伦的《汉谟拉比法典》和古罗马的《十二铜表法》，我国古代的《秦律》中的《田律》、《工律》、《金布律》等，都包含有一定部分调整经济关系的法律条文。当然，这只是经济法的雏形，其法律特点仍是"诸法合体"、"刑民不分"，与现代经济法规的系统性、独立性有很大差别。

随着资本主义商品经济发展、社会经济关系日益复杂化，"诸法合体"的情形发生了变化，产生了民刑分离、民商分离等状况，随之出现了民法典、商法典。1804年颁布的《法国民法典》，是资产阶级最早的民法典；时隔三年，《法国商法典》便从民法典中正式分离出来。资本主义经济进入垄断阶段以后，各种社会矛盾日益加剧，经济危机不断发生并猛烈冲击着资本主义制度。为了缓和各种社会矛盾、维持正常的经济秩序，资本主义国家不得不放弃原有的"自由放任"、"国家不干预"等原则，而以国家经济管理者的身份来干预整个国民经济活动。这种变化反映在法律上，便产生了经济法且占有突出的地位，逐步形成了一个新的法律部门，并成为国家直接干预经济、管理经济的工具。"经济法"这一概念，最早是由法国空想社会主义者摩莱里（Morelly）在1775年《自然法典》一书中提出的。此后，这一概念在世界上被广泛应用。第一次世界大战期间，为适应战争的需要，德国颁布了一系列对重要物资及其价格实行国家统制的经济法规。战争结束后，德国为了振兴经济，继续制定内容更为广泛的经济统制法规。1919年，德国颁布了世界上第一部以经济法命名的法规——《煤炭经济法》，从而成为率先承认经济法部门的国家。第二次世界大战以后，无论战胜国还是战败国，都致力于本国经济的恢复和发展，颁布了大量以复兴经济为目的的现代资本主义经济法，其中较具代表性的有：美国的《紧急银行法》、《农业调整法》和日本的《六法全书》等，资本主义经济法进入更加成熟和完善的阶段。

二、我国经济法的产生和发展

早在新民主主义革命时期，革命根据地政权就一直重视经济立法工作，制定了一系列与旧法存在本质区别的经济法规，当时的经济立法是以土地法和劳动法为中心，辅之以其他方面的经济法。先后颁布有：《中华苏维埃共和国土地法》、《中华苏维埃共和国劳动法》、《土地使用条例》、《公债条例》、《工商企业登记规则》等。所有这些法律法规不仅为最终夺取新民主主义革命的胜利奠定了基础，而且为新中国成立以后的经济立法积累了宝贵经验。

新中国成立以后，我国的经济法建设进入一个新的历史发展阶段。在国民经济恢复和社会主义改造时期，我国制定了内容广泛、数量众多的经济法规，涉及国民经济计划、工业、农业、商业、基本建设等各个方面，如《私营企业暂行条例》、《对外贸易管理条例》、《国营企业资金核定暂行办法》等。这些法规，对于胜利完成社会主义三大改造，建立和巩固社会主义公有制发挥了重要作用。社会主义改造基本完成后，我国进入全面社会主义建设时期，经济立法在曲折前进中取得了一定的进展，颁布了《商标管理条例》、《技术改进奖励条例》等一批重要经济法规。1958年以后，由于受法律虚无主义的影响，经济立法工作受到严重干扰。特别是十年动乱时期，不仅经济立法工作陷于停顿，许多过去制定的行之有效的经济法规，也被全盘否定。

党的十一届三中全会以后，随着经济体制改革的深入和经济生活的繁荣，经济立法工作受到党和国家的特别重视。据统计，从1979年至1989年的11年中，我国制定和颁布了400余项经济法律和法规，占这个时期全部立法的80%以上，其中主要有：《经济合同法》、《专利法》、《商标法》、《会计法》、《中外合资经营企业法》、《中外合作经营企业法》等。此外，国务院各部门和各省、自治区、直辖市人民政府还根据国家的法律、法规制定了大量有关经济方面的规章制度。这些经济法律、法规和规章制度的颁布实施，对于保障和促进经济体制改革，对

想一想

经济法律、法规能不能与宪法相抵触？

讨论

在我国，最高人民法院的司法解释可以作为判决的依据，也是法的形式之一吗？

内搞活和对外开放政策的贯彻落实及国民经济的稳定发展起到了极为重要的作用。党的十四大在确立建立社会主义市场经济体制的改革目标之后，我国的经济立法工作进一步加快。除先后颁布了《产品质量法》、《反不正当竞争法》、《仲裁法》、《保险法》等外，还对《商标法》、《经济合同法》、《会计法》等进行了修订与完善。目前一个比较完备的社会主义经济法律法规体系已在我国基本形成。

第二节　经济法的调整对象

一、经济法的调整对象

经济法的调整对象，是指在国家组织、管理、调控、协调、监督经济运行过程中发生的各种经济关系。具体来说，它包括以下4个方面的内容。

（一）国家对国民经济实行宏观调控过程中发生的经济关系

随着社会主义市场经济体制的确立，国家的管理经济职能主要体现在对经济的宏观调控和监督服务上。政府管理经济的职能，主要是运用法律形式确定中央主管部门、各级地方经济管理机关、经济组织的法律地位，调整好它们的经济利益，减少或避免不同主体之间的利益冲突、经济失控和违法行为的发生。同时，制定和执行宏观调控政策，调节社会分配和组织社会保障，引导国民经济持续、快速、健康发展，从而实现国家宏观调控目标。

（二）规范市场主体行为过程中产生的市场管理关系

要实行社会主义市场经济，必须建立统一、开放的市场体系，保护各种生产要素的自由活动，充分发挥市场竞争机制的作用。但是，在激烈的市场竞争过程中，利益驱动往往会促使部分企业采取各种不正当、非法手段和途径去搞不正当竞争，从而约束市场功能的实现，妨碍资源的合理配置，扰乱社会主义市场经济秩序。因此，要保证市场竞争健康发展，就需要国家进行干预，制定和实施诸如反不正当竞争法、消费者权益保护法等经济法规，加强对市场经济活动的管理。

（三）市场主体内部的经济关系

市场主体内部的经济关系，主要是指企业内部上下左右生产经营活动中所产生的经济关系。这种经济关系既包括企业管理关系即企业在计划、生产、劳动、物质、技术、设备、成本、销售和财务管理过程中，厂部与车间、班组之间发生的领导与被领导的隶属关系，也包括企业协作关系即企业职能科室之间、生产车间之间、分厂之间为共同完成本企业某项任务而产生的协作关系。这些经济关系，一般是通过经济责任制和承包合同等形式实现的。经济法对这种经济关系的调整通常是放而不乱，管而不死，以提高劳动生产率和经济效益为最终目的。

（四）涉外经济关系

涉外经济关系，是指我国企业、经济组织同外国企业、经济组织或个人之间发生的经贸、海事等经济关系，以及其他具有涉外因素的经济关系。为了吸引外资，我国实行了对外开放政策，鼓励外国的公司、企业和个人来我国合资、合作办企业或举办独资企业。这些经济组织，按照平等互利的原则，经我国政府批准，就可以成为我国的企业法人。因此，以下 3 个方面的涉外经济关系都必须由经济法来调整：

（1）国家机关对这些涉外经济组织在管理活动中所发生的经济关系；

（2）合资、合作、外资企业在生产经营活动中和我国的社会组织发生的经济关系；

（3）我国社会组织和外国公司、企业及个人在贸易往来、技术交流等活动中所发生的经济关系。

二、经济法的概念

经济法，是调整国家对国民经济进行宏观调控和规范市场行为、市场主体内部活动及涉外经济过程中所发生的经济关系的法律规范的总称。这是因为经济法的调整对象是特定的经济关系，而不是一切经济关系，更不是经济关系以外的其他社会关系。

第三节　经济法律关系

一、经济法律关系的概述

经济法律关系，是指社会经济关系为经济法规所调整时而形成的权利和义务关系。在社会生活中，人们之间必然要发生多方面的相互关系，产生各种社会关系，如政治的、经济的、文化的、婚姻家庭的关系。这些关系有的是物质关系，有的是思想关系。法律关系是一种思想关系，它是根据法律的规定由法律确认和调整某种社会关系而形成的。因此，只有根据经济法律规范的规定而形成的权利和义务关系，才是经济法律关系。

经济法律关系是法律关系的一个类型，它除了具备一般法律关系的特征外，还有自己独有的特征。

（一）经济法律关系是发生在国家管理经济和协调经济运行活动中的法律关系

国家对国民经济进行宏观调控过程中，由于国家职能机关之间的经济及行政职责不同，就构成经济法律关系的一方主体与另一方主体的关系，它体现的既是一种经济管理关系，又是一种协调关系。同时，社会经济活动中经济法律关系的主体在很多情况下是特定的，即国家经济管理机关，这又体现了一种国家经济职能机关和市场主体之间的间接经济管理关系。此外，各种市场主体都是自主经营、自负盈亏的独立主体，以提高劳动生产率和经济效益为目的进行平等竞争，必然在相互之间产生既竞争又合作的关系。这些经济关系，都需要经济法规来调整。可见，经济法律关系的发生总是受国家宏观调控，并与市场经济相协调的。

（二）经济法律关系是纵横交叉、相互统一的法律关系

从经济法调整的对象来看，经济法律关系是纵横经济关系有机结合的法律关系。国家通过宏观调控，监督、指导各经济主体的经济活动，弥补市场经济的不足，为各经济主体之间的经济活动创造一个良好的环境，在国家经济管理机关和各经济主体之间形成了纵向的经济关系。同时，在市场经济体制下各经济主体之间在生产、交换、流通和消费的诸多环节中分工合

作、公平竞争，形成了横向协作的经济关系。各个经济法律关系的主体，既可以是横向经济法律关系的主体，也可以是纵向经济法律关系的主体。当一种横向经济法律关系建立时，有可能发生一种或几种纵向的经济法律关系。

（三）经济法律关系是一种以经济权利和经济义务为内容的法律关系

任何法律关系都是以当事人之间的一定权利和义务为内容的，经济法律关系是国家在管理经济和协调经济运行的过程中产生的法律关系，而不是在管理其他社会事务中产生的法律关系。因此，经济法律关系必然是以经济方面的权利和义务为内容的法律关系。这是经济法律关系区别于其他法律关系的一个基本特征。经济法规定了当事人在参加经济活动时所应享有的法律权利和必须履行的义务。当事人之间的法律地位是平等的，它们既是权利的主体也是义务的主体。

（四）经济法律关系是用书面形式确定的法律关系

法律关系根据其内容不同可以采取多种形式，如口头形式、书面形式、默示形式等。但经济法律关系除法律规定及时清结者外，一般应以法定的书面形式来表述，即以书面文字的形式将各种经济关系的产生、变更和消灭明确记录下来，对当事人的权利和义务有明确的规定和记载。这样才能保证经济法律关系的稳定性和严肃性，也便于事后合理地解决各种可能发生的纠纷。

二、经济法律关系的构成要素

经济法律关系的构成要素，是指构成经济法律关系不可缺少的组成部分。任何一项具体的经济法律关系，都是由主体、客体和内容三方面组成。这是彼此联系、缺一不可的一个有机组成部分。

（一）经济法律关系的主体

经济法律关系的主体，是指依法参加经济管理和经济协作活动，享有权利和承担义务的当事人。作为经济法律关系的主体，必然具备一定的资格。这种资格是由经济法所规定的。现阶段，能够作为经济法律关系主体的范围是非常广泛的，有国

想一想

某厂委托火车站将一批货物从广州托运到韶关。这一经济法律关系中的三要素是什么？

想一想

国家能否成为经济法律关系的主体？

家机关、社会组织和公民个人等。

1. 国家机关

国家机关是经济法律关系的重要主体。作为经济法律关系主体的国家机关，主要是指国家经济管理机关。它包括国务院和地方各级人民政府及它们所属的部、委、厅、局、处等机构。它们具体执行国家的经济管理和宏观调控职能。

2. 社会组织

社会组织，是自主经营、自负盈亏、独立核算、从事生产经营活动的经济组织和独立核算的非经济组织。当它们在市场运行中作为经济法律关系主体时，通常又称为法人。主要有以下 3 类。

（1）企业。企业是指从事生产经营活动，实行独立核算、自负盈亏，并依法享有民事权利和承担民事责任的法人实体。企业是国民经济各部门中的基本经济单位，是发展社会生产力和推动经济技术进步的主导力量，是经济法律关系中最主要的一种主体。

（2）事业单位。事业单位是指从国家财政预算拨款中取得经费，不以生产和经营为目的，享有独立经营权的文化、教育、卫生、科研等组织。

（3）社会团体。社会团体是指人民群众按照自愿原则结合起来，依法登记，进行非经济活动的群众组织。包括学术研究团体、公益团体、文艺工作团体、人民群众团体等。

3. 公民

公民作为经济法律关系的主体，主要是指依法参加某种经济活动的个体经济、农村承包经营户、个人合伙，以及不从事经营活动但依法纳税的其他公民。

（二）经济法律关系的客体

经济法律关系的客体，是指经济法律关系主体的经济权利和经济义务所共同指向的事物。客体用法律术语来说就是标的，是主体享有经济权利和承担经济义务的目标。一般来说，经济法律关系主体参加经济法律关系的最终目标，就是为了取得一定的财或物，以及完成一定工作的行为或取得某一智力创作的非物质财富。因此，经济法律关系的客体包括财、物、行为和非物质财富的智力成果等。

1. 财

财一般指货币、货币资金和各种有价证券及外汇等。货币是指人民币现金；货币资金是指生产和流通中停留在货币形态的资金；有价证券是设定并证明某种财产权的文书，它包括支票、汇票、股票、国库券等；外汇是指国际支付手段，即一切外国货币和以外国货币表示的各种结算票据和有价证券等。

2. 物

物是指可以为人们控制而具有经济价值的生产资料和生活资料。物是经济法律关系中最普遍、最重要的客体，如财产所有权、合同关系中的买卖、供应等都涉及物这一概念。至于哪些物可以成为经济法律关系的客体，是由国家经济法规直接规定的。

3. 行为

行为是指经济法律关系主体为实现一定的经济利益和经济目的所进行的经济活动，包括完成一定的工作、履行一定的劳务等。完成一定的工作，指能够取得某种具体成果的工作，如某座厂房的建筑安装；履行一定的劳务，指能够取得某种具体结果的劳务，如货物运输、财物保管关系中的客体是劳务行为，而不是物。

4. 智力成果

智力成果是指人的脑力劳动的成果。作为经济法律关系客体的智力成果，主要是指工业产权，如发明创造、商标设计、工业技术改进方案、专有技术等。此外，编著出版各种书籍或发表文章等也是智力成果，也能成为经济法律关系的客体。

（三）经济法律关系的内容

经济法律关系的内容，是指经济法律关系主体依法享有的经济权利和承担的经济义务。在经济法律关系中，享有经济权利的主体，称为权利主体；承担经济义务的主体，称为义务主体。同一经济法律关系的双方主体既享有经济权利，又承担经济义务。因此，他们既是权利主体，又是义务主体。如在买卖合同关系中，买方享有取得标的物的权利，承担支付价款的义务；卖方享有从买方取得标的物价款的权利，承担向对方提供标的物的义务。

1. 经济权利

经济权利，是指经济法律关系权利主体依法享有的某种经济权益。它包括3层具体含义。

（1）经济法律关系主体可以凭借其从法律取得的资格从事一定的经济活动，有权做出或不做出一定的经济行为。如私营企业，有权决定企业的机构设置、招工或辞退职工，有权拒绝除国家法律、法规规定以外的提供财力、物力和人力的摊派。

（2）经济法律关系主体为了实现自己的合法经济利益，有权要求他人做出一定经济行为或不做出一定经济行为。如私营企业，有权要求任何单位及个人，不得实施妨碍其合法生产经营的行为，有权要求退伙人对退伙期间的企业债务承担连带无限责任。

（3）经济法律关系主体为了实现自己的经济权利，在义务主体不依法履行法定义务时有权请求国家保护。如纳税人、扣缴义务人、担保人对税务机关的处罚决定，逾期不申请复议也不向人民法院起诉、又不履行的，税务机关可以申请人民法院强制执行。

2. 经济义务

经济义务，是指法律规定经济法律关系主体所必须履行的某种经济责任，表现为经济法律关系主体必须做出一定经济行为或不做出一定经济行为。它包括下列3层含义。

（1）经济法律关系主体只在法律规定的范围内履行义务。任何人不得超过法律、法规的规定或依法约定的范围要求义务人履行义务。如企业只依税法规定向国家缴纳税金，其他一切不合理的摊派均可加以拒绝。

（2）经济法律关系主体必须依法承担应负的经济义务。做出或不做出一定的经济行为，以保证法律的贯彻实施，保证权利主体经济权益的实现。如债务人积极履行债务就是一种作为的经济义务，企业销售产品不得以次充好就是一种不作为的经济义务。

（3）履行经济义务是一种受法律约束的经济行为。经济法律关系主体应当自觉履行经济义务，如不履行或履行不当，国家就要给予法律制裁。

经济权利和经济义务本来是两个不同的范畴，但在许多情况下，经济法律关系主体的经济权利也是它的经济义务；反之，其经济义务也是它的经济权利。二者同时存在、相互适应和相互制约，没有无义务的权利，也没有无权利的义务。

三、经济法律关系事实

（一）经济法律关系事实的概念

经济法律关系事实即法律事实，是指能够引起经济法律关系产生、变更和消灭，导致法律后果的客观情况。如合同的成立，即在当事人之间发生了权利和义务关系。但是，并不是所有的客观情况都是法律事实。如散步、看书等就不是法律事实，因为它们不能引起经济法律关系的产生、变更和消灭。只有那些被法律规范所规定的客观情况，才能引起经济法律关系的产生、变更和消灭，才能称作法律事实。

（二）经济法律关系事实的种类

在经济活动中，引起经济法律关系产生、变更和消灭的经济法律关系事实很多。根据与当事人的主观意志是否有关，可分为事件和行为两大类。

（1）事件。事件，是指不依经济法律关系主体的主观意志为转移的能引起经济法律关系产生、变更和消灭的客观情况。它包括自然现象和当事人无法预计和抗拒的社会现象。前者如地震、台风、洪水等自然灾害，后者如战争、内乱等不可抗力。

（2）行为。行为，是指当事人由自己的意志而做出的能引起经济法律关系产生、变更和消灭的活动。它是能引起经济法律关系产生、变更和消灭的最常见的法律事实。行为可分为合法行为和违法行为。其中，合法行为又分为经济合法行为、经济行政行为和经济司法行为，如委托加工合同的依法订立，法院对经济纠纷案件进行受理、调查、判决、裁定及强制执行等；违法行为又分为一般的经济违法行为和经济犯罪，如生产假冒伪劣的产品，经济管理机关越权实施了侵犯法人、经济组织和公民合法权益的活动等。

四、我国的法人制度

根据我国《民法通则》第36条规定，法人是具有民事权利能力和民事行为能力，依法独立享有民事权利和承担民事义务的组织。所谓民事权利能力，是指法人在平等主体之间的财产某厂为筹办十年厂庆，成立了厂庆筹委会，该筹委会与某剧院签订了一份场地租赁合同。后来租金一直未付，剧院多次索要无结果，于是将厂庆筹委会告上法庭。问：（1）某剧院能否将厂庆筹委会告上法庭？（2）该案应如何处理？

关系中，享有承担经济法律关系的权利和义务的资格。这种资格开始于法人被依法批准成立之日。所谓民事行为能力，是指法人能够按自己的意愿，以自己的行为，依法行使民事权利和承担民事义务的能力。法人是自然人（公民）的对称，其与自然人不同的是法人的民事行为能力和民事权利能力同时产生，在法人终止时同时消灭。

（一）法人条件

（1）依法成立。社会组织要成为法人，必须经过一定的法律程序，即完成核准、登记手续，才能取得法人资格。

（2）有必要的财产或者经费。必要的财产或者经费，是保证法人能独立进行经济活动，承担经济责任所不可缺少的基础。企业必须有自己所有或经营管理的财产；国家机关、事业单位和社会团体必须拥有必要的独立经费。

（3）有自己的名称、组织机构和场所。法人的名称是法人区别于其他法人的特定化标志，是法人能以自己名义进行经济活动的前提。组织机构是管理法人的事务，代表法人从事民事活动的机构。法人的场所是法人从事生产经营及其他活动的地方。法人以其主要办事机构所在地或登记地为法定场所。

（4）能够独立承担民事责任。法人作为一个民事法律关系的主体，必须以其自己的意志从事经济活动，并且以其支配的财产承担民事责任。

（二）法人的种类

我国法人可分为企业法人和非企业法人。所谓企业法人是指以盈利为目的，从事生产经营活动的法人。根据我国现行法律，全民所有制企业、集体所有制企业和私营企业，有符合国家规定的资金数额，有组织章程、组织机构和场所，能够独立承担民事责任，经主管机关核准登记，取得法人资格。在中华人民共和国领域内设立的中外合资经营企业、中外合作经营企业和外资企业，具备法人条件的，依法经工商行政管理机关核准登记，取得中国法人资格。所谓非企业法人是指国家机关、事业单位和社会团体法人。它们的特点是不以盈利为目的，主要从事国家行政管理活动和社会公益活动。

（三）法人的成立、变更和终止

1. 法人的成立

法人的成立是指社会组织依法取得法人资格。由于各社会组织其宗旨、经营范围、性质和任务不尽相同,因此取得法人资格的方法也有所区别。

（1）经国家机关核准登记成立。企业法人的成立,一般应呈报设立企业的章程或有关文件,由主管机关审批,经批准后还须由国家工商行政管理局或地方相应级别的工商行政管理部门核准登记,领取营业执照。企业自领取营业执照之日起即取得法人资格。所以,核准登记是我国企业法人成立的法定程序。

（2）由国家主管机关的命令成立。国家机关及事业单位一般都是根据国家主管机关的命令设立的,从成立之日起即具有法人资格。

（3）根据国家颁布的标准章程成立。部分社会团体法人,不是由命令、审批程序成立,而是根据国家颁布的标准章程成立的。

2. 法人的变更

法人的变更,是指法人在其存续期间和活动过程中,因各种原因而发生组织的变更及其他法定注册事项的变化。组织变更指法人的分立和合并;其他注册事项的变化,如活动宗旨和业务范围的变化,法人的名称和住所发生变更,注册资金、隶属关系发生变动等。《民法通则》规定,企业法人分立、合并或有其他重要事项变更,应向登记机关办理登记并公告。企业法人分立、合并,它的权利和义务由变更后的法人享有和承担。

3. 法人的终止

法人的终止,是指从法律上终止法人的资格。包括依法被撤销、解散、依法宣告破产和其他原因终止。

企业法人终止,应向登记机关办理注销登记并公告。企业法人终止,应当按《民法通则》第 47 条规定成立清算组织,进行清算,并停止清算范围以外的其他一切活动。

（四）法人的法律责任

法人的行为能力由法人的法定代表人以法人的名义行使。法定代表人,就是依法律或法人组织章程规定,代表法人行使职权的负责人。因为法人的一切活动,都是通过它的法定代表人和其他工作人员的活动来实现的,所以,法人对其法定代表人和其他工作人员的经营活动,要承担民事法律责任。法人的权利能力,必须要与法人成立时的宗旨和业务范围相一致,不

案例分析

甲厂欠乙厂 50 万元货款,乙厂多次催要无结果。后来,丙厂兼并了甲厂。问:谁应偿还这 50 万元货款?为什么?

能超越其章程所规定的业务范围去活动，否则就是无效活动。未经批准，擅自改变业务范围的，是违法行为。此时不仅法人应承担民事法律责任，其法定代表人和主要责任人员也要受到罚款及行政处分；情节严重、构成犯罪的，将依法追究其刑事责任。

第四节　经济法律行为

一、经济法律行为的概念和特征

经济法律行为是最广泛的法律事实，它能引起经济法律关系主体间经济权利和经济义务的发生、变更或消灭，并产生法律后果。在社会经济生活中，经济法律关系的主体为了宏观调控、生活或者经营乃至获得经济效益的需要，大量从事着以设立、变更或终止经济法律关系为目的的各种经济行为。如国家经济管理机关依职权做出的行政行为，法人之间签订合同的行为，代理人在授权范围内进行活动的行为等，都是经济法律行为。由此可见，经济法律行为是指由经济法律关系主体意愿作出的，依法为实现经济目的或经济要求而进行的经济活动。通常具有下列特征。

（一）意思表示是经济法律行为的基本特征

经济法律行为是受当事人的内在意志支配的，但人的内在意志只有通过一定形式在外部表现出来，并使他人了解，才具有法律意义。这种能够发生经济法律关系的内在意志表现于外部的活动称作意思表示。这种意思表示必定是为了引起一定的法律后果，即为了今后享有一定的经济权利和承担一定的经济义务，或为了改变、结束原先存在的经济权利义务关系。如保险合同的成立，就是因为双方都有发生保险关系的意思，且双方意思表示一致，才有订立保险合同这个法律行为。此外，还有一种单方面意思表示而成立的经济法律行为，如税务机关发出纳税缴款通知等，这种经济法律行为主要发生在隶属性经济关系中。

（二）经济法律行为是经济主体为取得一定经济法律后果 而进行的行为

在社会经济生活中，经济法律行为是经济法律关系主体为实现一定经济目的而实施的经济行为。它和客观发生的法律事件不一样，是人在主观上为了引起民事法律关系而故意进行的一种合法行为，为了取得一定经济权利和承担相应经济义务的法律后果。如在购销关系中，销售一定数量的产品，就是为了取得一笔合理的价款，以便达到一定的经济目的。

（三）经济法律行为必须是符合法律规定的行为

经济法律关系主体为了能够引起预定的法律后果，其所做的经济法律行为不得违背经济法律规范的规定，不得违反国家利益和社会公共利益。否则，就不能受到法律保护，甚至被法律所禁止，也就不可能取得预期的法律后果。如非法买卖外汇等，法律不仅不予以保护，还要依法追究行为人的法律责任。

二、经济法律行为的分类

（一）单方的经济法律行为和双方、多方的经济法律行为

经济法律行为，以行为成立所需的意思表示主体数目为标准，可分为单方的经济法律行为和双方、多方的经济法律行为。单方的经济法律行为，是指仅依当事人一方的意思表示即可引起经济法律后果的行为。如国家经济管理机关的经济职权行为、捐赠行为等。双方或多方的经济法律行为，是指行为双方或两个以上当事人的意思表示一致而成立的法律行为。如行为双方签订购销合同就是双方的经济法律行为；三方、四方乃至更多方合伙经营便是多方的经济法律行为。

（二）有偿的经济法律行为和无偿的经济法律行为

经济法律行为，以行为主体一方履行经济义务时是否要求对方承担对等的经济义务为标准，可分为有偿的经济法律行为和无偿的经济法律行为。有偿的经济法律行为，是指一方当事人在为对方履行某项经济义务时，对方必须承担相应经济义务的法律行为，如提供劳务、租赁、加工承揽等。无偿的经济法律行为，是指一方当事人在为对方履行某项经济义务时，不要求对方承担对等经济义务的法律行为，如赠送、无息贷款等。

（三）隶属关系的经济法律行为和平等关系的经济法律行为

经济法律行为，以经济法律关系主体一方所处的法律地位为标准，可分为隶属关系的经济法律行为和平等关系的经济法律行为。隶属关系的经济法律行为体现着国家经济管理机关宏观调控经济的职能，是国家为了实现宏观调控目标，促进国民经济和社会事业健康、稳定发展而实施的经济行为。平等关系的经济法律行为体现着社会组织之间的分工协作关系，它们所处的法律地位是平等的，可以在国家宏观调控下，依据市场需求的变化，自主经营、自负盈亏，独立进行经济活动。

（四）要式的经济法律行为和不要式的经济法律行为

经济法律行为，以要不要履行一定的方式为标准，可分为要式的经济法律行为和不要式的经济法律行为。要式的经济法律行为，是指要履行法律规定的方式才能成立的法律行为。如法律规定，法人之间签订的合同，除即时清结者外应当采用书面形式。而不动产所有权的转移，除需采用书面形式外，还必须经过有关主管部门登记过户才有效。不要式的经济法律行为，是指法律对这种经济行为的成立，不作任何形式上的要求。

三、经济法律行为的有效和无效

（一）有效的经济法律行为

有效的经济法律行为，是指经济法律关系主体实施了达到预期法律效果的经济行为。若要使实施该经济行为所获得的经济利益和所确定的经济要求受国家法律保护，就必须具备一定的条件，这些条件称为经济法律行为的有效要件。具体有以下4个要件。

1. 行为主体合格

行为主体合格，是指行为主体具有相应的经济行为能力即法律规定的资格。这是行为人依法实施经济法律行为的前提条件。公民实施经济法律行为必须具有相应的经济行为能力，否则实施的经济行为是无效的，即不能取得预期的法律后果。法人实施经济法律行为，同样必须具有经济行为能力。法人超越其章程规定的业务范围所进行的经营活动属于无效的经济行为。没有取得法人资格的组织，不能以法人名义实施经济法律行为。国家经济管理机关实施经济法律行为时，不能超越其经济职权和权限。否则，因行为主体不合格而成为无效的经济行为。

2. 行为主体的意思表示真实

行为主体的意思表示真实，是指行为人表现于外部的意思和他内心的意愿完全一致。意思表示是否自愿、真实，是决定经济法律行为效力的一个重要条件。如果在经济法律行为中，当事人有弄虚作假、表里不一的情况，这个意思表示就不真实，这种行为也就不具法律效力。因此，只有行为主体意志和他的意思表示一致，才能使经济法律行为产生预期的法律后果。

3. 行为内容不违反法律或社会公共利益

经济主体进行任何经济行为，都必须遵守国家法律、法规的规定，并且不得损害社会公共利益，同时也不能违反国家宏观调控政策。否则，就不具有法律效力，甚至还要受到法律制裁。如恶意串通，相互签订逃避国家法律或损害社会公共利益及他人利益为内容的合同的经济行为；违反国家指令性计划的经济行为等，都属于行为内容不合法。

4. 行为形式符合法律规定

经济主体实施经济法律行为时，在法律无特别规定的情况下，经济行为采取什么形式由当事人自己决定。但是，有些经济法律行为，法律规定必须采用某种形式，这种规定带有强制性，必须遵照执行，否则就会引起经济行为的无效。如前述不动产的转让，除双方达成协议外，还应到有关部门办理过户登记，这样当事人的合法利益才能受到国家法律的保护。

（二）无效的经济法律行为

无效的经济法律行为，是指不具有法律约束力的经济行为。无效经济行为，从行为开始就没有法律约束力。这些行为有：

（1）不合格的行为主体实施的经济行为；

（2）以欺诈、胁迫手段实施的损害国家利益的经济行为；

（3）行为内容违反法律、国家宏观调控计划或社会公共利益的经济行为；

（4）以合法形式掩盖非法目的的经济行为。

案例分析

个体工商户某甲与某厂签订了一份购销假酒的合同。合同规定：某厂供应某甲假酒10万瓶，并加贴名牌商标，货款12万元，提货时一次付清。后来，在合同履行时，某甲称手头拮据，只付款8万元即将10万瓶假酒提走。某厂多次向某甲索取剩余4万元货款，没有结果，于是诉至法院。问：此案应如何处理？为什么？

（三）可以变更或撤销的经济行为

可以变更或撤销的经济行为，是指经济主体的意思表示没有表现其真实意思而实施的经济行为。下列经济行为，当事人一方有权在行为成立一年内，请求人民法院或仲裁机关予以变更或撤销。

1. 行为人对行为内容有重大误解的经济行为

重大误解的经济行为，是指行为人由于自己的过失，对行为的标的物、行为内容、行为另一方主体等有认识判断上的错误而实施的经济行为。如某甲以为某幅临摹作品是名家的真迹卖给某乙，某乙也以为是名家真迹而购买，这是对标的物的误解而实施的经济行为；甲厂将本应发给乙厂的彩电误发给丙厂，这是对行为主体的误解而实施的经济行为等。这些行为是误解而不是欺诈，因而只限于因重大误解而实施的经济行为，才可以变更或者撤销。

2. 显失公平的经济行为

显失公平的经济行为，是指行为人的经济权利和经济义务明显不合理的经济行为。在双方有偿的经济行为中，一方利用自己的优势或利用对方没有经验，使对方利益受到严重的损害，从而达到损人利己的目的。如某种规格的录像机市场价格为3 000 元左右，上下浮动不超过 10%，而甲方以无钱还债为由，将 5 台录像机以每台 6 000 元的价格卖给自己的债权人乙，并声称原来所欠乙的 30 000 元货款已与这笔录像机的货款抵消。这一经济行为显然对乙方有重大的不利，是法律所不允许的。因此，如果乙方向法院提出变更或撤销该买卖录像机行为的请求，该行为即可按显失公平的经济行为来处理，予以变更或撤销。当然，在法律许可的范围内，自愿接受不等价的条件，不能认为是显失公平的经济行为。

（四）无效或被撤销的经济行为的财产后果

无效或被撤销的经济行为，从行为开始就没有法律约束力，尚未履行的，不得履行；正在履行的，应停止履行。经济行为部分无效，不影响其他部分效力的，其他部分仍然有效。对因该行为而产生的财产后果，必须予以及时适当的处理，以保护当事人的合法权益和国家利益。对无效或被撤销的经济行为的

讨论

以欺诈、胁迫的手段所实施的经济行为一定无效吗？

财产后果，处理方法主要有以下几种。

1. 返还原物

如果行为内容不违法，双方又都无过错，比如双方都没有经济行为能力，适用双方返还原物的原则，即双方返还各自从对方取得的财物。一方有过错，另一方无过错，如欺诈的经济行为，适用单方返还的原则，即有过错的一方应把因该行为取得的财产返还给受损害的一方。

2. 赔偿损失

如果行为内容不违法，双方当事人都有过错，应各自承担相应的责任，并依责任大小共承担经济赔偿责任。一方当事人有过错，另一方无过错的，有过错的一方应向受损害的一方赔偿因此行为所受的损失，以保障当事人的合法权益。有时，返还财物与赔偿损失可依法并处。

3. 收归国库

对双方因经济违法行为取得的财产，可以收归国库，以保护国家权益和社会公共利益。双方取得的财产包括双方当事人已经取得或约定取得的财产。比如，甲公司应乙的要求，非法走私奔驰小轿车一部卖给乙，约定价款50万元，则小轿车与50万元价款均应收归国库。

四、代理

（一）代理的概念和特征

代理，是指代理人以被代理人的名义，在授权范围内与第三人进行的法律行为。这种行为通常是行为人亲自进行的，但随着商品经济的发展，社会分工越来越细，当事人事事都要亲力亲为是不可能的，因此，代理制度的产生就成为必要。为此，《民法通则》对代理作了明确的法律规定。代理活动的频繁，不仅有利于公民实现其合法权利，而且也利于法人开展生产经营活动，从而保障当事人的合法权益，维护正常的社会经济秩序。如甲厂委托某乙到丙厂去订货，某乙就可以在甲厂授权的范围内，以甲厂的名义和丙厂签订买卖货物的合同。在这个经济法律关系中，某乙是代理人，甲厂是被代理人，丙厂是第三人，某乙向丙厂订购货物的活动就是代理活动。代理具有以下

结婚登记能代理吗？

特征。

1. 代理行为是具有法律意义的行为

代理人所进行的代理活动必须是能够产生某种法律后果的行为，即能够产生、变更或消灭一定的经济法律关系的行为。也就是说，代理进行的活动本身必须是法律行为。如代为买卖、租赁、代办法人登记、纳税、代理诉讼活动等。如果只是受人委托进行的某种具体事务性工作，不能产生法律后果的，不能称为法律上的代理，如为他人校阅稿件、整理资料等。

2. 代理行为是代理人以被代理人的名义实施的经济法律行为

代理人的任务就是代理被代理人实施法律行为。他只有以被代理人的名义进行代理活动，才能为被代理人设定权利和义务。代理人如果以自己的名义为他人办事，就不是代理行为，而是他自己的行为，由他本人承担法律后果。

3. 代理行为是在被代理人授权范围内，由代理人独立作出意思表示

代理人在实施经济法律行为时，可在被代理人授权范围内表现他自己的意志，有权决定如何向第三人进行意思表示。当然，代理人以被代理人的名义进行活动，最终要反映被代理人的意志。

4. 代理人的代理行为所产生的法律后果直接由被代理人承担

代理人在授权范围内以被代理人的名义进行经济法律行为，以实现被代理人的权利和义务的活动，在法律上视为被代理人自己的行为，其行为产生的法律后果直接由被代理人承担。

（二）代理权的产生

代理权，是指代理人以被代理人名义实施法律行为的权利。代理权关系是一种法律关系，它的产生需要以一定的法律事实为前提。能够产生代理法律关系的法律事实有：被代理人的授权、法律的规定、一定权力机关的指定。由此，分别产生委托代理、法定代理和指定代理3种代理形式。

（1）委托代理。委托代理，是指以被代理人的委托为根据而产生的代理。只要代理人接受了被代理人一方的授权行为，就取得了代理权。这种代理关系，通常采取订立委托合同的形式，明确双方的权利和义务。

（2）法定代理。法定代理，是指以法律的直接规定为根据而产生的代理。这种代理不需要被代理人的委托，而是由法律基于一定的亲属关系或隶属关系而产生和确定的。如未成年人的父母是未成年人的法定代理人。

（3）指定代理。指定代理，是指根据人民法院或指定单位的指定而产生的代理。如人民法院为无行为能力又无法定代理的诉讼当事人指定代理人。被指定的人，如无正当理由，一般不得拒绝担任代理人。

（三）代理权的终止

1. 委托代理的终止

委托代理因下列情形之一而终止：
（1）代理期间届满或代理事务完成；
（2）被代理人取消委托或者代理人辞去委托；
（3）代理人死亡或者丧失民事行为能力；
（4）作为被代理人或者代理人的法人资格终止。

2. 法定代理或指定代理的终止

法定代理或指定代理因下列情形之一而终止：
（1）被代理人取得或恢复行为能力；
（2）被代理人或代理人死亡；
（3）代理人丧失民事行为能力 ；
（4）指定代理的人民法院或指定单位取消指定；
（5）由其他原因引起的被代理人和代理人之间的监护关系消灭。

（四）代理权的行使

代理权的行使，是指代理人在授权范围内实施法律行为，以达到被代理人所期望产生的法律后果。因此，在代理人有合法的代理权，其代理行为不超越被代理人的授权范围，且不损害被代理人的利益时，这种代理才是有效代理。否则，是无效的代理。无效的代理行为主要包括代理权的滥用和无权代理。

1. 代理权的滥用

代理权的滥用，是指代理人利用享有代理权的便利条件，去损害被代理人的利益。一般有三种情况：一是代理人以被代理人的名义同自己进行法律行为。如某人委托代理人出卖一批货物，结果代理人自己压价购进；二是代理人以被代理人的名义同自己代理的其他人进行法律行为。如同一诉讼案件中，代理人既代理被告又代理原告；三是代理人与对方通谋进行损害被代理人利益的法律行为。如甲委托丙出卖一所房屋，丙却与买主乙串通，故意将房价压低，以获取一定的非法利益。滥用代理权属于无效的代理，对于第一、二种情况给被代理人造成损失的，代理人应承担赔偿责任；对于第三种情况给被代理人造成损失的，由代理人和第三人负连带责任。

2. 无权代理

无权代理，是指没有代理权或超越代理权而进行的代理活动。一般有以下三种情况：一是没有合法的授权而进行的代理行为；二是代理行为超越了授权范围；三是代理权已经终止后的行为。无权代理一般属于无效代理。但是，经过被代理人的追认，则成为有效代理；被代理人知道而不作否认表示的，视为同意。如果无权代理未经代理人追认或默认，其行为后果由行为人自己承担。如果代理人知道被委托代理的事项违法仍然进行代理活动的，或被代理人知道代理人的代理行为违法而不表示反对的，由被代理人和代理人负连带责任。如果第三人知道行为人无权代理还与行为人进行经济活动，给他人造成损害的，由第三人和行为人负连带责任。

法规索引

《中华人民共和国民法通则》

思考题

1. 经济法的调整对象是什么？
2. 取得法人资格的条件是什么？
3. 经济法律行为的有效要件是什么？
4. 无效的经济行为包括哪些？
5. 委托代理在什么情况下终止？
6. 滥用代理权有哪几种情况？

第 二 章

物权法律制度

本章导读

　　物权是与我们日常生活密切相关的权利，如土地征用、房屋拆迁、物业纠纷等许多问题，其实质无不涉及产权关系的明确、权利人财产权益的保护等人们普遍关心的问题。本章首先通过对物权法律关系的剖析，勾勒出物权的内容体系；其次着重探讨了所有权和用益物权的相关内容；最后，对物权的保护作了必要的陈述。

本章引例

　　2007 年 7 月 21 日下午，王季率人到工地找到正在拉砖的王强，向其讨要欠款。王强称手头拮据，请求宽限几日。为使王强主动还钱，王季遂强行将王强用于营运的北京 JB2310P8 型货车扣押。王强几次托人交涉，要求王季返还车辆，但王季拒不返还。王强无奈，遂将王季诉至法庭。问：该案应如何处理？为什么？

关键词

　　物权　法律关系　所有权　用益物权　担保物权保护

解 析

　　人民法院应依法判决被告王季将所扣货车返还给原告王强，并赔偿原告经济损失。因为，公民的合法财产受法律保护，被告王季无合法依据，私自扣押原告用于营运的货车，侵犯了原告的合法财产权，应立即停止侵权，对所扣货车予以返还。因被告的侵权行为给原告造成损失，被告应酌情予以赔偿。

第一节　物权法概述

一、物权的概念和特征

（一）物权的概念

物权，是指权利人依法对特定的物享有直接支配和排他的权利，包括所有权、用益物权和担保物权。这里的特定的物是指存在于一定空间，能为民事权利主体所支配的有体物。

（二）特征

物权与知识产权、债权、人身权、继承权等民事权利既有区别，又有联系。和这些民事权利相比，它有自己的特征：

（1）物权的标的是特定的物。这种特定的物是存在于一定空间，将无形资产排除在外的有体物，包括不动产和动产。

（2）物权具有排他性。物权人是在法律规定的范围内有权决定自己所支配的有体物去向的人，享有的这种权利不需要他人的积极协助便能实现。因此，它是一种绝对权，具有排他性。

二、物权法的概念和调整对象

物权法有广义和狭义之分。广义的物权法，是指调整物权的设立、变更、转让和消灭过程中所形成的各种社会关系的法律规范的总称。而本书所说的物权法是指狭义的物权法，即2007年3月16日十届全国人大第五次会议通过、并自同年10月1日起施行的《中华人民共和国物权法》，它是指调整国家、集体和私人物权平等保护过程中形成的各种利益关系的法律规范的总称。

物权法是民法的重要组成部分，是为了维护国家基本经济制度和社会主义市场经济秩序，以及维护公民合法财产权利而制定的基本法律。《物权法》的调整对象是因物的归属和利用而产生的财产关系。实质上，这种财产关系是一种人与人之间的利益关系，是指民事主体为了实现财产利益，在从事民事活动过程中发生的以财产归属和财产利用为基本内容的权利义务关系。它的制定和实施，对于完善我国特色社会主义物权制度，对于实现好、维护好、发展好最广大人民群众的根本利益和激

讨论

物权与知识产权、债权、人身权、继承权等民事权利有哪些区别和联系？

想一想

我国物权法立法的主要目的是什么？

发全社会创造活力，对于全面建设小康社会、加快构建社会主义和谐社会，具有十分重要的意义。

三、物权法律关系

（一）物权法律关系的主体

物权法律关系的主体，是指享有物权的国家、社会组织和公民个人，它分为权利主体和义务主体。权利主体是特定的，可以具体肯定的人或经济组织，一般称为物权人。义务主体是不特定的，除了物权人以外的任何人或组织，都是物权的义务主体。

（二）物权法律关系的客体

物权法律关系的客体，是指财和物。物，可以是自然资源或自然界的物质，也可以是人们的劳动产品。换句话说，这些物是能够为人力所支配，具有一定的文化、科学和经济价值，包括土地、建筑、树木、机器设备、生活物品、水、电、气、航道、频率等；财，指的是货币资金和有价证券，这里的有价证券是指物权证券，如可儿的言情小说《天下第一楼》中的鸭票，一张鸭票代表两只鸭子。财物在法律上可按不同标准作不同的分类，以便进行调整和管理。具体地说，财物可分为不动产和动产、种类物和特定物、流通物、限制流通物和禁止流通物、原物和孳息、主物和从物、单一物和集合物、可分物和不可分物、可替代物和不可替代物、合法物和违法物等。

（三）物权法律关系的内容

物权法律关系的内容，是指物权人享有的权利和应承担的义务以及非物权人应承担的义务。非物权人应承担的义务是指不作为的义务，即义务人应该尊重他人的物权，不得侵犯。我国《物权法》规定，国家、集体、私人的物权和其他权利人的物权受法律保护，任何单位和个人不得侵犯。物权人应承担的义务则是指在取得和使用权利时，应当遵守法律，尊重社会公德，不得损害公共利益和他人合法权益。

四、物权的内容体系

（一）所有权

所有权是物权体系的核心，它本身是一种最重要的物权形

知识点

种类物是指不注重物的个性的物，如金钱；特定物是指注重物的个性的物，如选中某辆银灰色本田轿车。

式，同时也是其他物权的源泉。所有权是指所有人依法对自己的财产享有占有、使用、收益和处分的权利。这一部分主要解决的是财产的归宿问题，当然也有利用问题。《物权法》首先规定了国家、集体、私人三种所有权，其次规定了建筑物区分为所有权、相邻关系和共有，最后对善意取得等所有权取得作了特别规定。

（二）用益物权

这一部分主要规定的是财产的利用问题，也就是用益物权人如何在他人所有的财产上，设立财产用益的权利，从而利用他人的财产创造财富。《物权法》规定的用益物权主要有建设用地使用权、土地承包经营权和地役权等。

（三）担保物权

这一部分规定的也是财产的利用问题，主要是利用财产对债权进行担保。它与用益物权在利用方式、方法上有本质的区别，不能混为一谈。《物权法》规定的担保物权主要有抵押权、质权和留置权。该部分的规定和《担保法》中物上担保的有关规定基本类似，本章不作详细介绍。

（四）占有

占有也是我国物权法所建立的物权体系中的一项重要内容。它是依外观上的事实对于占有予以一定保护的法律制度。《物权法》规定，不动产或者动产被占有人占有的，权利人可以请求返还原物及其孳息，但应当支付善意占有人因维护该不动产或者动产支出的必要费用。同时也规定，占有人因使用占有的不动产或者动产，致使该不动产或者动产受到损害的，恶意占有人应当承担赔偿责任。

第二节 所 有 权

一、所有权的概念和特征

所有权，是指所有权人依法对自己的财产享有直接支配的排他性权利，包括占有权、使用权、收益权和处分权等四项权能。它主要有以下两个特征：

1. 所有权具有排他性

所有权人对自己的不动产或者动产，依法享有占有、使用、收益和处分的权利，并排除他人对所有权的不正当侵夺、妨碍或干扰。因此，它是一种独占权，具有明显的排他性。

2. 所有权受法律限制

所有人对某物享有的所有权是在法律许可的范围内，而不是毫无限制的、绝对的权利。从法理角度看，有公法和私法的限制。公法的限制多以行政法规的形式出现，以保护公众利益为目的，如《环境保护法》；私法的限制包括权利行使的限制和相邻关系的限制。

二、所有权的取得

（一）原始取得

原始取得又称最初取得，是指财产所有权第一次产生或不依靠原始人的权利而取得的所有权。原始取得包括以下几种方式。

（1）生产。生产，是指通过自己的劳动对自然界占有、利用和改造，创造出新的物质财富。如企业生产出来的产品。

（2）收益。收益，是指由生息物产生出来的孳息，分为自然孳息（如野生果树所结的果实）、人工孳息（如家畜所生的幼畜）和法定孳息（如利息、租金）。

（3）添附。添附，是指不同所有人的财产因合并在一起而形成不可分割的一种新财产。如租房人用一些建筑材料修缮租住的房屋。

（4）没收。没收，是指依法剥夺原财产所有人的所有权。如依法没收犯罪分子的财产。

（5）无主财产。无主财产，是指所有人不明或没有所有人的财产，包括无人继承的财产，所有人不明的埋藏物、隐藏物，无人认领的拾得物。

（二）继受取得

继受取得，是指所有人通过某种法律行为从原所有人那里取得的财产所有权。如通过买卖、赠与、继承等合法行为取得所有权。继受取得是最常见的所有权取得方法。

某轮船上三名水手将三根漂浮于江面的木材捞起均分，后制成家具。轮船公司得知此事后，要求这三名水手将木材交给公司，理由是所有人不明的财产应交给国家。三名水手则称，该木材是无主物，归拾得人所有。实际上，该木材是江上游某生产队在江边堆放时散失的。此后，该生产队也闻风前来追索该木材。问：（1）该木材应归谁所有，为什么？（2）生产队若向人民法院提起诉讼，应以谁为被告？该案又该如何处理？

（三）特别规定

物权法在总结民法关于所有权若干规定的基础上，就下列问题作了特别规定。

（1）无处分权人将不动产或者动产转让给受让人的，所有权人有权追回。但是，在下列情况下，除法律另有规定外，受让人可以取得该不动产或者动产的所有权：① 受让人受让该不动产或者动产时是善意的；② 以合理的价格转让；③ 转让的不动产或者动产依照法律规定应当登记的已经登记，不需要登记的已经交付给受让人。当然，原所有人有权就此遭受的损失向无处分权人请求赔偿损失。

（2）所有权人或者其他权利人有权追回遗失物。该遗失物通过转让被他人占有的，权利人有权向无处分权人请求损害赔偿，或者自知道或者应当知道受让人之日起二年内向受让人请求返还原物，但受让人通过拍卖或者向具有经营资格的经营者购得该遗失物的，权利人请求返还原物时应当支付受让人所付的费用。权利人向受让人支付所付费用后，有权向无处分权人追偿。

（3）拾得遗失物，应当返还权利人。拾得人应当及时通知权利人领取，或者送交公安等有关部门。有关部门收到遗失物，知道权利人的，应当及时通知其领取；不知道的，应当及时发布招领公告。拾得人在遗失物送交有关部门前，有关部门在遗失物被领取前，应当妥善保管遗失物。因故意或者重大过失致使遗失物毁损、灭失的，应当承担民事责任。权利人领取遗失物时，应当向拾得人或者有关部门支付保管遗失物等支出的必要费用。权利人悬赏寻找遗失物的，领取遗失物时应当按照承诺履行义务。拾得人侵占遗失物的，无权请求保管遗失物等支出的费用，也无权请求权利人按照承诺履行义务。遗失物自发布招领公告之日起六个月内无人认领的，归国家所有。

（4）主物转让的，从物随主物转让，但当事人另有约定的除外。

（5）天然孳息，由所有权人取得；既有所有权人又有用益物权人的，由用益物权人取得。当事人另有约定的，按照约定。法定孳息，当事人有约定的，按照约定取得；没有约定或者约定不明确的，按照交易习惯取得。

三、所有权的消灭

（一）所有权客体的消灭

所有权的客体一般是物。物在生产中被消耗、生活中被消费、自然灾害中被灭失时，所有人对该物的所有权也就消灭了。物本身的消灭，所有权就不再存在。在法律上称所有权客体的消灭为所有权的绝对消灭。

（二）所有权的转让

所有人自愿将所有物转让给他人，自己的所有权即归消灭。

（三）所有权的抛弃

所有权的抛弃有两种情况，一是依法享有所有权的人不愿取得而予以放弃，即丧失所有权，如抛弃应继承的遗产；二是所有人抛弃所有物，原所有权即消灭。所有人自愿抛弃某种财产，必须符合法律规定，不得损害他人或社会公共利益。

（四）所有权因强制手段而消灭

这是指国家行政机关或司法机关依法强制原所有人的所有权发生转移。如国家依法征收集体所有的土地；作为法律惩处手段的没收等。

（五）所有权主体的消灭

这是指公民的死亡和法人的终止。公民死亡后，他对财产的所有权就消灭了，财产转移给继承人所有。法人终止清算后，它对原来财产的所有权也就归于消灭。

上述（二）、（三）、（四）、（五）4 种情况，由于物的原所有权虽已消灭，但产生了新的所有权，所有权本身仍存在，只是更换了所有人，所以称为所有权的相对消灭。

四、所有权的几种主要形式

（一）国家财产所有权

国家财产所有权，是指国家对国家财产享有的占有、使用、收益和处分的权利，是国家保护生产资料社会主义全民所有制的法律制度。

国家是国家财产所有权的唯一主体，国家以外的任何组织和个人都不能成为国家财产所有权的主体。国家财产由国家代表全体人民的利益，统一调度、支配和使用。

国家财产所有权的客体非常广泛。按我国法律的有关规定，下列财产均属国家所有：①国有的土地、矿藏、水流、森林、

案例分析

某农场一头奶牛生病，久治不愈，农场负责人担心它会传染给其他牛，于是叫职工丁某将该牛牵到离农场50里外的草地抛弃。这天下午，养牛专业户孙某刚好从草地经过，将这头牛牵回家。经过孙某的精心调养，该牛不仅病好了，而且成了高产牛。事隔两个月，农场负责人听说此事，向孙某索取该牛，孙某不同意，于是农场将孙某告到法院。

问：此案应如何处理？为什么？

草原、荒地、滩涂等自然资源；②国家机关、全民所有制的企业、事业单位和社会团体的财产；③国家所有的道路、桥梁、航空、港口、海洋运输、油气管道、水利工程、邮电通信、广播电视等公共设施；④国防资产；⑤历史文物古迹、风景游览区、自然保护区等；⑥国家在外国的财产；⑦不能证实属于集体或个人所有的财产；⑧国家所有的其他财产。

为了合理地经营管理国家财产，发挥其良好的经济效益，国家按照统一领导、分级管理的原则，授权国家机关和社会组织管理国家财产，行使国家赋予的占有、使用、收益和一定范围的财产处分权利。任何国家机关、社会组织只能依照国家的授权（国家法律的规定）行使财产所有权中的各项权利，同时负有管理、保护和合理使用国家财产的义务。

国家为了充分有效地管理和使用国家财产，除采用授权管理制和产权管理制以外，对于邮电、铁路等垄断性行业和其他社会公益服务性行业以及军队等高度保密单位的国家财产采用委托管理制，由国有资产管理部门委托主管部门进行归口管理。

国家财产属于全民所有，是神圣不可侵犯的，禁止任何单位和个人侵占、哄抢、私分、截留和破坏。

（二）劳动群众集体财产所有权

劳动群众集体财产所有权，是指集体经济组织对其财产享有的占有、使用、收益和处分的权利。它是劳动群众集体所有制在法律上的表现。

集体财产所有权的权利主体是各个集体组织。只有每个集体组织才有权依法占有、使用、收益和处分属于该集体的财产。集体中的个人没有该集体的合法授权则无权私自占有、使用、收益和处分集体财产。集体财产所有权的客体范围十分广泛，包括：①法律规定属于集体所有的土地和森林、山岭、草原、荒地、滩涂；②集体所有的建筑物、生产设施、农田水利设施；③集体所有的教育、科学、文化、卫生、体育等设施；④集体所有的其他财产。

集体所有制是我国社会主义公有制的重要组成部分，它和全民所有制并存，共同构成我国社会主义的经济基础。国家保护社会主义集体财产不受侵犯，禁止任何组织或个人侵占、哄抢、私分、破坏。

（三）公民个人财产所有权

公民个人财产所有权，是指我国公民依法占有、使用、收益和处分自己财产的权利。公民个人财产，包括公民的合法收入、房屋、储蓄、生活用品、文物、图书资料、林木、牲畜和法律允许公民所有的生产资料以及其他合法财产。公民的合法财产受法律保护，禁止任何组织或者个人侵占、哄抢、破坏或非法查封、扣押、冻结、没收。

私营企业和个体经济的财产所有权从广义上讲属于公民个人财产所有权范畴。它们的存在，对于发展生产，活跃市场，扩大就业渠道，满足人民生活需要起着重要的作用。国家保护私营企业和个体经济的正当经营、合法收益和资产。

（四）其他形式的财产所有权

随着商品经济的发展，对外开放政策的实施，我国出现了联营企业、股份制企业、外商投资企业等形式的财产所有权，它们是改革开放的必然产物，是我国社会主义经济的有益补充，国家法律保护它们的合法权益。

第三节　用　益　物　权

想一想

用益物权和所有权的最大区别是什么？

一、用益物权的概念和特征

（一）用益物权的概念

用益物权，是指以实现对物的使用、收益为目的而设立的他物权，包括土地承包经营权、建设用地使用权、宅基地使用权和地役权等。这里的他物权是指在他人所有之物上设定或成立的物权，所有权以外的物权都属于他物权。

（二）用益物权的特征

1. 用益物权是一种定限物权

这种定限物权表现为：

（1）用益物权人只能在一定范围内对标的物占有、使用和收益；

（2）用益物权人对物的占有只能以使用和收益为目的；

（3）用益物权只包括占有、使用和收益三项权能，并且用益物权人对物的享有和行使必须以对物的占有为前提。

2. 用益物权是一种独立物权

用益物权是在他人所有之物上设定或成立的物权，其权利人对权利的享有不以享有其他财产权为前提。

3. 用益物权的客体是指不动产或者动产，主要是指不动产

不动产包括地上权、地役权、永佃权和典权等；动产包括土地承包经营权、建设用地使用权、宅基地使用权及采矿权、水权等。传统用益物权的客体仅限于不动产，不包括动产。为了优化资源配置，解决资源的所有与利用之间的矛盾，物权法将用益物权的客体扩大至动产，使现实生活中大量的动产财产利用关系获得法律的有效保护。

二、用益物权的取得

用益物权是他物权，这一性质决定了其取得只能是继受取得，和所有权的原始取得具有明显的区别。具体可以分为创设取得和移转取得。

（一）创设取得

创设取得，是指当事人经创设使用益物权从所有权中剥离出来，从而在他人所有权上设定并取得用益物权。创设取得的方式主要有依法确权、行政划拨、内部分配和政府征用。

（1）依法确权。依法确权，是指依据法律规定而产生的用益物权。例如，《草原法》第十条规定："国家所有的草原，可以依法确定给全民所有制单位、集体经济组织等使用。"第十一条又规定："依法确定给全民所有制单位、集体经济组织等使用的国家所有的草原，由县级以上人民政府登记，核发使用权证，确认草原使用权。"可见，全民所有制单位、集体经济组织等可以依据《草原法》取得国家草原的用益物权。

（2）行政划拨。行政划拨，是指国家在法律规定的范围内给有关组织划拨国有土地使用权。

（3）内部分配。内部分配，是指因组织内部分配而产生的用益物权。例如，乡村集体经济组织将承包地、宅基地分配给本组织的村民使用。

（4）政府征用。政府征用，是指人民政府基于某种原因征用他人的财物而产生的用益物权。例如，政府可以征用他人的

讨论

如何理解所有权人不得干涉用益物权人行使权利？

不动产、动产用于救灾等紧急需要。

创设取得这种方式有别于因租赁、借用等合同方式产生的债权债务关系，它是基于确权、划拨、分配、征用等创设方式产生的用益物权关系。

（二）移转取得

用益物权的移转取得，是指以买卖、赠与、继承、遗赠、判决、裁决、没收、分配、征用等方式取得他人的用益物权。

三、用益物权的消灭

用益物权的消灭，也称用益物权的终止，是指因一定的法律事实而使用益物权人丧失其占有、使用和收益的权利。用益物权消灭的原因和所有权消灭的原因大致相同，主要可以归纳为下列两大类。

（一）用益物权因用益物灭失而消灭

用益物灭失是因所有权客体的消灭而绝对消灭，如房屋失火，用益物随房屋所有权的消灭而灭失。与此同时，用益物权也便随之消灭。

（二）用益物权因回归所有权而消灭

用益物权因回归所有权而消灭的情况和所有权的相对消灭差不多，大致有以下几种情形：

（1）所有人收回用益物权；

（2）用益物权人交回用益物权；

（3）用益物权的期间届满；

（4）用益物权人死亡、终止；

（5）用益物权的目的完成。

第四节　物权的保护

一、物权的保护手段

国家法律确认的物权，不论其形式如何，都受国家保护。物权的保护，是指国家保护所有人、用益物权人、担保物权人在法律规定范围内对财产行使占有、使用、收益等权利。凡是妨碍物权人对其财产行使权力的行为，都是对物权的侵犯，物权人有权向人民法院提起诉讼，请求保护。保护物权，一般有下列三种法律手段：一是通过《物权法》、《民法》通则规定的以强制侵权者承担民事责任的方法，保护物权人的合法权益；二是通过行政法规的处罚，制止与约束侵权行为；三是通过《刑法》规定的刑罚制裁犯罪分子，保护国家、集体和公民的财产不受侵犯。

二、民事保护物权的方式

《物权法》、《民法通则》主要依诉讼程序保护物权，其民事保护的具体方式有以下几种。

（一）确认所有权和用益物权、担保物权

当所有权的归属和用益物、担保物的行使权发生冲突，处于不确定状态时，当事人有权向人民法院提起诉讼，请求确认。

（二）恢复原状

财产受到非法损坏，如果能够修复，物权人有权要求加害人给予修复，恢复财产原状。由于多方造成损失的，过错各方依实际责任，按比例分担修复费用。如果无法修复，则赔偿损失。

（三）返还原物

财产被非法占有，物权人有权请求人民法院责令非法占有人返还原物。采用这一方法必须注意以下几点。

（1）原物必须存在。如果原物已经灭失，返还原物已不可能时，不能采用返还原物的方法，只能采用赔偿损失的方法。

（2）只能对非法占有人提出，而不能向合法占有人提出。如在房屋租赁有效期内，出租人不得向承租人提出返还原物的请求。

（3）当原物已由非法占有人转移到第三人手中，而第三人是善意占有，并支付了合理的价款，则所有人不得向第三人请求返还原物，只能要求原非法占有人赔偿损失。如果第三人是恶意占有，不论有偿或无偿取得该物，所有人都有权要求第三人返还原物。如果第三人取得该物时是无偿的，则不论有无过

案例分析

某甲非法侵占某乙的房屋，在使用中房屋受到损害。后来，某甲又将该房屋出租并收取租金。问：某乙可以采用哪些法律方法来保护自己的房屋所有权？

想一想

张某从王某处偷得手表一块，以市场价卖给不知情的李某，问：该手表应该归谁所有？

错，物权人都有权要求第三人返还原物。

（4）如果非法占有物是货币或无记名有价证券，一般追回非法所得，而不一定要求追回原来的货币或有价证券。

（5）应该遵守诉讼时效的规定。当物权受到侵害，财产被他人非法占有时，必须在法定期间（一般为两年）内提出请求，才能得到法律的保护。否则，人民法院不再强制实现这种请求。

（四）停止侵害

财产正在受到他人不法侵害时，物权人有权请求侵害人立即停止侵害行为，确保财产安全和物权人行使占有、使用、收益和处分财产的权利。

（五）排除妨碍

财产因他人的行为无法正常占有、使用、收益和处分时，物权人有权请求人民法院排除妨碍。如因他人障碍物妨碍而无法正常进出房屋；工厂的废水、废渣、废气对农田、饮用水、鱼塘造成污染等，都可以请求排除妨碍。

（六）消除危险

财产因他人的行为将会危及安全，物权人有权请求行为人采取切实措施，消除危险。如基建施工单位，有责任消除其对四邻房屋、设施等所造成的危险。

（七）赔偿损失

当财产原物灭失或损害不能恢复原状时（或者虽已恢复原状，返还财产，但仍造成损失），物权人有权要求加害人赔偿损失。

（八）返还不当得利

不当得利，是指没有法律或合同上的根据而获得的利益，致使财产所有人受到损害。受损害的人可以请求受益人返还其不当得利。如某商场多找给顾客 90 元，则有权要求其返还 90 元的不当得利。

三、对国家财产的特殊保护

国家财产属于全民所有，是神圣不可侵犯的，禁止任何组织或者个人侵占、哄抢、私分、截留和破坏。我国法律对国家财产所有权的保护，除了一般法律规定外，还有以下一些特殊规定。

（1）追索返还被侵占的国家财产，不受诉讼时效限制。不论国家财产被非法侵占的时间有多长，一经发现，人民法院随时可以强制非法占有人将原物返还国家。

（2）追索返还国家财产，不论现时占有人是善意占有或恶意占有，人民法院都可以要求占有人将原物返还国家。

（3）对财产所有权归属无法确定时，推定为国家所有。

（4）无主财产、无人认领的遗失物、无人继承的财产等，原则上归国家所有；所有人不明的埋藏物、隐藏物归国家所有。

法规索引

1.《中华人民共和国物权法》
2.《中华人民共和国民法通则》
3.《中华人民共和国担保法》
4.《中华人民共和国土地管理法》
5.《中华人民共和国草原法》

思考题

1. 什么是物权，它有哪些特征？
2. 什么是所有权的原始取得，它有哪几种方式？
3. 我国现阶段所有权的主要形式是什么？
4. 用益物权有哪几种原因的消灭？
5. 民事保护物权的方式有哪些？

第 三 章

企业法律制度

本章导读

　　本章分为两部分，分别对内资企业法律制度和外商投资企业法律制度进行了全面、深刻的探讨。在内资企业法律制度这一部分，分三节着重探讨了私营企业法、合伙企业法和国有企业法。在外商投资企业法律制度这一部分，用一节的内容探讨了合资经营企业法、合作经营企业法和外资企业法。这些企业，不管其性质如何，都是我国社会主义市场经济的重要组成部分。关于这四节的探讨内容，其范围大致相同。首先，在介绍其概念的基础上，阐明它是如何设立、变更和终止的；其次，就其事务执行和管理进行详细的介绍、分析；最后，就企业的收益分配等内容按照各节的具体情况作了适当的铺陈。

本章引例

　　张华、李明、王宏三人出资成立大华合伙企业。由于李明、王宏其他事务较多，遂委托张华执行合伙企业事务。张走马上任后，凡事均未征求其他两名合伙人的意见，先是将合伙企业名称改为富康贸易公司。不久，又以富康贸易公司的名义为其同学孙敖提供担保。接着，由于流动资金短缺，又将企业的两台电脑和一项专利权以合理价格转让。由于经营不善，开业不到半年便已资不抵债，只好高薪聘任贸易奇才王芳出任企业的经营管理人员。问：

　　（1）张华的上述做法有无错误？若有，请一一指出。

　　（2）张华对其他两名合伙人造成的损失，是否应当承担赔偿责任？为什么？

关键词

　　企业　个人独资企业法　合伙企业法　国有企业法　外商投资企业法　合资经营企业法　合作经营企业法　外资企业法

解析

　　（1）有。①将合伙企业名称改为富康贸易公司；②以富康贸易公司的名义为同学孙敖提供担保；③转让企业的两台电脑和一项专利权；④聘任王芳出任企业的经营管理人员。（2）应当。《合伙企业法》规定，对于法律规定或者合伙协议约定必须经全体合伙人同意始得执行的事务，个别合伙人擅自处理，给合伙企业或者其他合伙人造成损失的，应当承担赔偿责任。

第一节　企业法概述

一、企业的概念与特征

企业，是指依法设立的以盈利为目的的，从事生产经营活动或商业服务并进行独立核算的经济组织。从这个概念可以看出，企业具有以下特征。

（一）企业是依法设立的社会经济组织

《民法通则》规定，企业必须依法登记注册，取得经济法律关系主体资格，并以自身的名义从事经济活动。可以说，依法设立是企业能够存在和其合法经济权益受到法律保护的首要条件。

（二）企业是以盈利为目的的社会经济组织

企业从事生产经营或商业服务活动的目的是为了追求自身的经济效益和社会效益，是为了使自己获得尽可能多的利润，并使投资者的经济效益最大化。

（三）企业是专门从事生产经营活动或商业服务的社会经济组织

企业作为一种社会经济组织，具有从事经济活动的相应财产，是由一定人员和一定财产等生产要素有机结合的组织形式。其他社会组织，如事业单位、社会团体则不具备这一特征。

（四）企业是实行独立核算的社会经济组织

企业在其生产经营或商业服务过程中，要单独计算成本、费用，以收抵支，计算盈亏，对经济业务做出全面反映和控制。凡不实行独立核算的社会经济组织不能被称为企业，如车间科室、企业下属分厂等。

二、企业的分类

依据不同的分类标准可以对企业作出以下不同的分类：

讨论

企业和行政机关、事业单位及社会团体最大的区别是什么？

（一）按企业财产所有制性质进行分类

按企业财产所有制性质，可将企业分为全民所有制企业、集体所有制企业、私营企业和混合所有制企业等。这是我国现行企业立法体制主要采用的企业分类方法。采用这种划分方法既可明确企业财产所有权的归属，又可使国家对不同性质的企业采用不同的经济政策和监管方法。

（二）按企业投资者的身份是否含有涉外因素为标准进行分类

按企业投资者的身份是否含有涉外因素为标准，可将企业分为内资企业、"三资"企业和港澳台投资企业。采用这种划分方法是适应国家宏观决策与管理的需要。

（三）按企业法律地位进行分类

按企业法律地位不同，可将企业分为法人企业和非法人企业。法人企业，是指依法设立能独立享有权利和承担义务，并能够独立承担民事责任的社会经济组织。全民所有制企业、公司企业属于法人企业，个人独资企业、合伙企业等属于非法人企业。采用这种划分方法既有利于国家依法对企业进行管理，又有利于企业间进行各种经济往来。

三、我国企业法律制度

企业法，是指调整国家管理企业和企业在设立、变更及终止过程中所发生的经济关系的法律规范的总称。

我国立法机关十分重视企业立法工作。新中国成立以来，尤其是经济体制改革以来，颁布了大量的企业法律法规，形成了我国以企业所有制形式为基本框架，以单行法律、法规为主要形式的现行企业法体系。它对我国企业的经济性质、法律地位、设立条件、组织结构、活动要求等分别作出了细致而全面的规定。我国现行企业法体系主要由以下法律、法规构成：《中华人民共和国全民所有制工业企业法》、《中华人民共和国个人独资企业法》、《中华人民共和国合伙企业法》、《中华人民共和国中外合资经营企业法》、《中华人民共和国中外合作经营企业法》、《中华人民共和国外资企业法》、《中华人民共和国乡镇企业法》、《中华人民共和国乡村集体所有制企业条例》、《中华人

知识点

"三资"企业包括中外合资经营企业、中外合作经营企业和外商独资经营企业。

民共和国城镇集体所有制企业条例》、《中华人民共和国私营企业暂行条例》及《中华人民共和国公司法》等法律、法规。

第二节　个人独资企业法

一、个人独资企业法概述

（一）个人独资企业法的概念和特征

个人独资企业，是指依法在中国境内设立的，由一个自然人投资，财产为投资人个人所有，投资人以其个人财产对企业债务承担无限责任的经营实体。个人独资企业具有以下特征：① 个人独资企业是由一个自然人投资的企业，这里的自然人仅指中国公民；② 个人独资企业的投资人对企业事务有绝对控制权和支配权；③ 个人独资企业的投资人对企业的债务承担无限责任；④ 个人独资企业内部机构设置简单，经营管理方式灵活；⑤个人独资企业是非法人企业。

（二）个人独资企业法

个人独资企业法有广义和狭义之分。广义的个人独资企业法，是指国家立法机关制定的关于个人独资企业的各种法律规范的总称。狭义的个人独资企业法，仅指1999年8月30日第九届全国人大常务委员会第十一次会议通过的、自2000年1月1日起施行的《中华人民共和国个人独资企业法》。

个人独资企业法的立法宗旨是为了规范个人独资企业的行为，保护个人独资企业投资人和债权人的合法权益，维护社会经济秩序，促进社会主义市场经济的发展。

二、个人独资企业的设立

（一）个人独资企业的设立条件

1. 投资人为一个自然人

投资人为一个自然人，且只能是中国公民。法律、行政法规禁止从事营利性活动的人作为投资人申请设立个人独资企业。

2. 有合法的企业名称

个人独资企业的名称应当符合国家有关企业名称登记管理的相关规定，应与其责任形式及从事的营业相符合。个人独资企业的名称中不得使用"有限"、"有限责任"或"公司"字样。

3. 有投资人申报的出资

个人独资企业法未对设立个人独资企业的出资额作出限制，但投资人申报的出资额应与其生产经营规模相适应。投资人可以用货币出资，也可以用实物、土地所有权、知识产权或其他财产权利出资，非货币出资的，应将其折算成货币数额。投资人可以用个人财产出资，也可以用家庭共有财产作为个人出资。以家庭共有财产作为个人出资的，投资人应当在设立（变更）登记申请书上予以注明。

4. 有固定的生产经营场所和必要的生产经营条件

5. 有必要的从业人员

（二）个人独资企业的设立程序

1. 提出申请

申请设立个人独资企业，应当由投资人或者其委托的代理人向个人独资企业所在地的登记机关提交设立申请书、投资人身份证明、生产经营场所使用证明等文件。委托代理人申请设立登记时，应当出具投资人的委托书和代理人的合法证明。

个人独资企业从事法律、行政法规规定须报经有关部门审批的业务，应当在申请设立登记时提交有关部门的批准文件。

2. 工商登记

登记机关应当在收到设立申请文件之日起 15 日内，对符合法律规定条件的，予以登记，发给营业执照；对不符合规定条件的，不予登记，并应当给予书面答复，说明理由。个人独资企业的营业执照的签发日期，为个人独资企业成立日期。在领取个人独资企业营业执照前，投资人不得以个人独资企业名义从事经营活动。

个人独资企业存续期间登记事项发生变更的，应当在作出变更决定之日起的 15 日内依法向登记机关申请办理变更登记。

想一想

个人独资企业的名称中为什么不能使用"有限"、"有限责任"或"公司"字样？

三、个人独资企业的投资人及事务管理

（一）个人独资企业的投资人

个人独资企业投资人对本企业的财产依法享有所有权，其有关权利可以依法进行转让或继承。个人独资企业投资人在申请企业设立登记时明确以其家庭共有财产作为个人出资的，应当依法以家庭共有财产对企业债务承担无限责任。

（二）个人独资企业的事务管理

个人独资企业投资人可以自行管理企业事务，也可以委托或者聘用其他具有民事行为能力的人负责企业的事务管理。投资人委托或者聘用他人管理个人独资企业事务，应当与受托人或者被聘用的人签订书面合同，明确委托的具体内容和授予的权利范围。

受托人或者被聘用的人员应当履行诚信、勤勉义务，按照与投资人签订的合同负责个人独资企业的事务管理。投资人对受托人或者被聘用的人员职权的限制，不得对抗善意第三人。投资人委托或者聘用的管理个人独资企业事务的人员不得有下列行为：

（1）利用职务上的便利，索取或者收受贿赂；

（2）利用职务或者工作上的便利侵占企业财产；

（3）挪用企业的资金归个人使用或者借贷给他人；

（4）擅自将企业资金以个人名义或者他人名义开立账户储存；

（5）擅自以企业财产提供担保；

（6）未经投资人同意，从事与本企业相竞争的业务；

（7）未经投资人同意，同本企业订立合同或者进行交易；

（8）未经投资人同意，擅自将企业商标或者其他知识产权转让给他人使用；

（9）泄露本企业的商业秘密；

（10）法律、行政法规禁止的其他行为。

四、个人独资企业的解散和清算

（一）个人独资企业的解散

个人独资企业的解散，是指个人独资企业中止活动使其民

事主体资格消灭的法律行为。个人独资企业有下列情形之一时，应当解散：

（1）投资人决定解散；

（2）投资人死亡或者被宣告死亡，无继承人或者继承人决定放弃继承；

（3）被依法吊销营业执照；

（4）法律、行政法规规定的其他情形。

（二）个人独资企业的清算

个人独资企业解散，由投资人自行清算或者由债权人申请人民法院指定清算人进行清算。投资人自行清算的，应当在清算前15日内书面通知债权人。无法通知的，应当予以公告。债权人应当在接到通知之日起30日内，未接到通知的应当在公告之日起60日内，向投资人申报其债权。个人独资企业解散后，原投资人对个人独资企业存续期间的债务仍应承担偿还责任，但债权人在5年内未向债务人提出偿债请求的，该责任消灭。

个人独资企业解散的，财产应当按照下列顺序清偿：

（1）所欠职工工资和社会保险费用；

（2）所欠税款；

（3）其他债务。个人独资企业财产不足以清偿债务的，投资人应当以其个人的其他财产予以清偿。

个人独资企业清算结束后，投资人或者人民法院指定的清算人应当编制清算报告，并于15日内到登记机关办理注销登记。

第三节 合伙企业法

一、合伙企业法的概念

合伙企业，是指依法在中国境内设立的由各合伙人订立合伙协议，共同出资、合伙经营、共享收益、共担风险，并对合伙债务承担无限责任的营利性组织。其法律特征是：

（1）合伙企业的成立以订立合伙协议为法律基础；

（2）合伙企业的内部关系属于合伙关系；

（3）合伙人对合伙企业债务承担无限连带责任。

合伙企业法，是调整在国家协调经济运行过程中发生的关于合伙企业的经济关系的法律规范的总称。

为了适应商品经济的发展，规范合伙企业的行为，保护合伙企业及其合伙人的合法权益，1997年2月23日第八届全国人大常委会第二十四次会议通过了自同年8月1日起施行的《中华人民共和国合伙企业法》，该法的制定和实施标志着我国对合伙企业的管理进入了一个新的阶段。

《合伙企业法》只适用于按照现行行政管理划分规定应由工商行政管理机关登记管理的合伙企业。采用合伙制的律师事务所、会计师事务所、医生诊所等组织，由于其归其他行政主管部门登记管理，不适用于《合伙企业法》。

二、合伙企业的设立

（一）合伙企业的设立条件

《合伙企业法》第8条规定，设立合伙企业，应当具备下列条件：① 有两个以上的合伙人，并且都是依法承担无限责任者；② 有书面合伙协议；③ 有各合伙人实际缴付的出资；④ 有合伙企业的名称；⑤ 有经营场所和从事合伙经营的必要条件。

（二）合伙企业的设立登记

根据《合伙企业法》第15条至第18条和1997年11月19日国务院发布的《合伙企业登记管理办法》的规定，合伙企业的设立登记，应按以下程序进行。

1. 向企业登记机关提出申请

设立合伙企业，应向企业登记机关提出申请并提交下列文件：① 全体合伙人签署的合伙申请书；② 全体合伙人的身份证明；③ 全体合伙人指定的代表或者共同委托的代理人的委托书；④ 合伙协议；⑤ 出资权属证明；⑥ 经营场所证明；⑦ 国务院工商行政管理部门规定提交的其他文件。

法律、法规规定设立合伙企业须报经审批的，还应当提交有关的批准文件。

2. 企业登记机关审核，作出是否登记的决定

企业登记机关自收到申请人提交的符合规定的全部申请文件之日起30日内，作出核准登记或不予登记的决定。符合《合伙企业法》规定条件的，予以登记，发给营业执照。合伙企业营业执照签发日期，为合伙企业的成立日期。

合伙企业设立分支机构，应当向分支机构所在地企业登记机关申请登记，领取营业执照。

三、合伙企业的内部关系

（一）合伙企业的财产

合伙企业存续期间，合伙人的出资和所有以合伙企业名义取得的收益均为合伙企业的财产。合伙企业的财产只能由全体合伙人共同管理和使用。在合伙企业存续期间，除非有合伙人退伙等法定事由，合伙人不得请求分割合伙企业的财产。合伙企业的合伙财产具有共有财产的性质，对合伙财产的占有、使用、收益和处分，均应依据全体合伙人的共同意志进行。

由于合伙企业及其财产性质的特殊性，其财产转让将会影响到合伙企业以及各合伙人的切身利益，为此，合伙企业法对合伙企业的财产转让作了以下限制性规定：

（1）合伙企业存续期间，合伙人向合伙人以外的人转让其在合伙企业中的全部或者部分财产份额时，须经其他合伙人的一致同意；

（2）合伙人之间转让在合伙企业中的全部或部分财产份额时，应通知其他合伙人；

（3）合伙人依法转让其财产份额时，在同等条件下，其他合伙人有优先受让的权利。

（二）合伙企业的事务执行

1. 合伙事务执行的形式

合伙人执行合伙企业事务，有全体合伙人共同执行合伙企业事务、委托1名或数名合伙人执行合伙企业事务两种形式。其中，全体合伙人共同执行合伙企业事务是合伙企业事务执行的基本形式，也是在合伙企业中经常使用的一种形式。

需要注意的是，委托1名或数名合伙人执行合伙企业事务时，其权力受到一定的限制。《合伙企业法》第31条规定，合伙企业的下列事务必须经全体合伙人同意：① 处分合伙企业的不动产；② 改变合伙企业的名称；③ 转让或者处分合伙企业的知识产权和其他财产权利；④ 向企业登记机关申请办理变更登记手续；⑤ 以合伙企业名义为他人提供担保；⑥ 聘任合伙人以外的人担任合伙企业的经营管理人员；⑦ 依照合伙协议约定的有关事项。对于法律规定或者合伙协议约定必须经全体合伙人同意始得执行的事务，个别合伙人擅自处理，给合伙企业或者其他合伙人造成损失的，应当承担赔偿责任。

2. 合伙人在执行合伙事务中的权利和义务

合伙人在执行合伙事务中的权利主要有：① 合伙人平等享有合伙事务执行权；② 执行合伙事务的合伙人对外代表合伙企业；③ 不参加执行事务的合伙人有权监督执行事务的合伙人，检查其执行合伙企业事务的情况；④ 各合伙人有权查阅合伙企业的账簿和其他有关文件；⑤ 合伙人有提出异议和撤销委托执行事务权。

合伙人在执行合伙事务中的义务主要有：① 合伙事务执行人向不参加执行事务的合伙人报告事务执行情况以及企业经营状况和财务状况；② 合伙人不得自营或同他人合作经营与本合伙企业相竞争的业务；③ 合伙人不得同本合伙企业进行交易；④ 合伙人不得从事损害本合伙企业利益的活动。

3. 合伙事务执行的决议办法

在需要全体合伙人对合伙事务进行表决时，有关的表决规则，由全体合伙人以合伙协议或者全体一致通过的决议加以确定。实践中，一般采用 1 人 1 票的办法，也可以采取按出资比例确定表决权的办法，或者全体合伙人认为适当的其他办法。

（三）合伙企业的损益分配

合伙企业的利润和亏损，由合伙人依照合伙协议约定的比例分配和分担；合伙协议未约定利润分配和亏损分担比例的，由各合伙人平均分配和分担。实践中，合伙企业的损益分配比例有 3 种类型：① 固定比例。一般是平均分配，也可以是当事人商定的其他任何比例；② 资本比例。即按出资比例分配；③ 混合比例。这种类型一般用于盈利分配，即先支付资本利率，再按固定比例分配剩余利润。但是，不管采用何种比例进行损益分配，均不得违反利润共享和亏损共担的原则以及公平原则。也就是说，合伙协议不得约定将全部利润分配给部分合伙人或由部分合伙人承担全部亏损。

四、合伙企业的外部关系

（一）合伙人对外行为的效力

执行合伙企业事务的合伙人，在取得对外代表权后，可以

案例分析

甲、乙、丙三人于 2007 年初分别出资 2 万元、4 万元和 6 万元，设立合伙企业捷达商社，约定按出资比例分享利润和分摊亏损。2007 年该合伙企业可供分配的利润为 6 万元。问：甲、乙、丙三人各能分得多少？

以合伙企业的名义进行经营活动，其对外实施的法律行为对合伙企业具有约束力。虽然法律并不禁止合伙企业通过内部协议对合伙人对外执行事务和代表合伙企业的行为加以限制，但法律却有规定，这种内部限制不得对抗不知情的善意第三人。例如，合伙企业委派 1 名合伙人与某公司签订一项合同。合伙企业内部规定，该合伙人须将合同经全体合伙人审查同意后，方可签字。如果该合伙人未经其他合伙人同意便签署了合同，则合伙企业同样应当受该合同的约束。

（二）合伙企业和合伙人的债务清偿

1. 合伙企业的债务清偿与合伙人的关系

合伙企业对其债务，应先以其全部财产进行清偿。其不足的部分，由各合伙人按照合伙企业分担亏损的比例，用其在合伙企业出资以外的个人财产进行清偿。这里需要注意的是，合伙人之间的分担比例对债权没有约束力。债权人可以请求全体合伙人中的 1 人或数人承担全部清偿责任。当然，合伙人实际支付的债务数额超过其依照既定比例所应承担的数额时，有权就超过部分向其他未支付或未足额支付应承担数额的合伙人追偿。

2. 合伙人的债务清偿与合伙企业的关系

由于合伙人在合伙企业中拥有财产权益，合伙人的债权人可能向合伙企业提出各种清偿请求。为了保护合伙企业和其他合伙人的合法权益，同时也保护债权人的合法权益，《合伙企业法》作了以下规定：① 合伙人的债权人不得对合伙企业主张抵消权；② 合伙人的债权人不得代位行使合伙人的权利；③ 合伙人的债权人可以依法追索合伙人在合伙企业中的收益和财产份额。

在以合伙人的财产份额清尝其个人债务的情况下，需要注意两点：① 这种清偿必须通过民事诉讼法规定的强制执行程序进行，债权人不得自行接管债务人在合伙企业中的财产份额；② 在强制执行个别合伙人在合伙企业中的财产份额时，其他合伙人有优先受让的权利。

五、合伙企业的变更

（一）新合伙人入伙

入伙，是指在合伙企业存续期间，合伙人以外的第三人加入合伙，从而取得合伙资格。新合伙人入伙时，应当经全体合伙人同意，并依法订立书面入伙协议。订立入伙协议时，原合伙人应当向新合伙人告知原合伙企业的经营状况和财务状况。入伙的新合伙人与原合伙人享有同等权利，承担同等责任。入伙的新合伙人对入伙前合伙企业的债务承担连带责任。

（二）合伙人退伙

退伙，是指合伙人退出合伙，从而丧失合伙人资格。合伙人退伙，一般有两种原因：一是自愿退伙；二是法定退伙。

1. 自愿退伙

自愿退伙，是指合伙人基于自愿的意思表示而退伙，包括协议退伙和通知退伙两种。合伙协议约定合伙企业的经营期限的，有下列情形之一时，合伙人可以退伙：① 合伙协议约定的退伙事由出现；② 经全体合伙人同意退伙；③ 发生合伙人难于继续参加合伙企业的事由；④ 其他合伙人严重违反合伙协议约定的义务。合伙协议未约定合伙企业的经营期限的，合伙人在不给合伙企业事务执行造成不利影响的情况下可以退伙，但应当提前 30 日通知其他合伙人。合伙人违反上述规定，擅自退伙的，应当赔偿由此给其他合伙人造成的损失。

2. 法定退伙

法定退伙，是指合伙人因出现法律规定的事由而退伙，包括当然退伙和除名两类。合伙人有下列情形之一的，当然退伙：① 死亡或者被依法宣告死亡；② 被依法宣告为无民事行为能力人；③ 个人丧失偿债能力；④ 被人民法院强制执行在合伙企业中的全部财产份额。当然，退伙的日期，为法定事由实际发生之日。合伙人有下列情形之一的，经其他合伙人一致同意，可以决议将其除名：① 未履行出资义务；② 因故意或者重大过失给合伙企业造成损失；③ 执行合伙企业事务时有不正当行为；④ 合伙协议约定的其他事由。对合伙人的除名决议应当书面通知被除名人。被除名人自接到除名通知之日起，除名生效，被除名人退伙。被除名人对除名决议有异议的，可以在接到除名通知之日起 30 日内，向人民法院起诉。

合伙人退伙以后，并不能解除其对于合伙企业既往债务的连带责任。《合伙企业法》第 54 条规定，退伙人对其退伙前已发生的合伙企业债务，与其他合伙人承担连带责任。

（三）合伙人出资份额转让

合伙人出资份额转让，可分为内部转让和对外转让两种。内部转让是以其他合伙人为受让人的转让，对外转让是以合伙人以外的第三人为受让人的转让。在对外转让的情况下，存在着相当于新合伙人入伙的变更，在合伙人将其出资份额全部转让的情况下，则存在着相当于退伙的变更。不同的是，这些变更并不引起合伙财产的增加或减少。

合伙人将自己在合伙企业中的财产份额出质的，须经其他合伙人同意。未经其他合伙人一致同意，合伙人以其在合伙企业中的财产份额出质的，其行为无效，或者作为退伙处理；由此给其他合伙人造成损失的，依法承担赔偿责任。

六、合伙企业的解散和清算

（一）合伙企业的解散

合伙企业有下列情形之一的，应当解散：① 合伙协议约定的经营期限届满，合伙人不愿继续经营；② 合伙协议约定的解散事由出现；③ 全体合伙人决定解散；④ 合伙人已不具备法定人数；⑤合伙协议约定的合伙目的已经实现或者无法实现；⑥被依法吊销营业执照；⑦出现法律、行政法规规定的合伙企业解散的其他原因。

（二）合伙企业的清算

合伙企业解散，应当进行清算。《合伙企业法》规定的关于清算的程序规则如下。

1. 通知和公告

合伙企业解散后应当进行清算，并通知和公告债权人。

2. 确定清算人

合伙企业解散，清算人由全体合伙人担任；未能由全体合伙人担任清算人的，经全体合伙人过半数同意，可以自合伙企业解散后 15 日内指定 1 名或数名合伙人，或者委托第三人，担任清算人。如果在 15 日内未确定清算人，合伙人或者其他利害关系人可以申请人民法院指定清算人。

3. 执行清算事务

清算人在清算期间，应执行以下事务：① 清理合伙企业的财产，分别编制资产负债表和财产清单；② 处理与清算有关的合伙企业未了结事务；③ 清缴所欠税款；④ 清理债权、债务；⑤处理合伙企业清偿债务后的剩余财产；⑥ 代表合伙企业参加民事诉讼活动。

4. 财产清偿顺序

合伙企业财产在支付清算费用后，按下列顺序清偿：① 合伙企业所欠招用的职工工资和劳动保险费用；② 合伙企业所欠税款；③ 合伙企业的债务；④ 返还合伙人的出资。合伙企业在按上述顺序清偿后仍有剩余的，按合伙企业既定的利润分配比例进行分配。合伙企业清算时，其全部财产不足清偿其债务的，由全体合伙人承担无限连带清偿责任。

5. 清算结束

在清算期间，如果全体合伙人以个人财产承担清偿责任后，仍不足清偿合伙企业债务的，应当结束清算程序。对于未能清偿的债务，由原合伙人继续承担连带清偿责任。但是，如果债权人在连续 5 年内未向债务人提出清偿请求，则债务人的清偿责任归于消灭。

清算结束后，清算人应当编制清算报告，经全体合伙人签名、盖章后，在 15 日内向企业登记机关报送清算报告，办理合伙企业注销登记。

第四节　国有企业法

一、国有企业法的概念

国有企业，是指依法自主经营、自负盈亏、独立核算的社会主义商品生产和经营单位。国有企业也就是全民所有制工业企业，是我国公有制经济的基本成分，在整个国民经济体系中居于主导地位。

国有企业法，是调整国有企业在组织管理和生产经营活动中所产生的各种经济关系的法律规范的总称。这些经济关系包括：① 国家管理机关与国有企业之间在国民经济管理过程中发生的经济关系；② 国有企业相互之间、国有企业内部各级组织之间以及国有企业与其他社会经济组织之间在经济协作过程中发生的经济关系；③ 国有企业内部上下级组织之间、内部各级组织与其成员之间在企业管理过程中发生的经济关系。

目前，我国现行的关于国有企业的法律、法规主要有：1988年 4 月 13 日七届全国人大一次会议通过、并自同年 8 月 1 日起施行的《中华人民共和国全民所有制工业企业法》，以及国务院于 1992 年 7 月 23 日颁布施行的《全民所有制工业企业转换经营机制条例》等。这些法律、法规是我国经济法的重要组成部分，在我国社会主义市场经济条件下发挥着巨大的作用。

二、国有企业的设立、变更和终止

（一）企业的设立

企业的设立，是指企业设立人为了取得生产经营的资格，依照法定程序所实施的一系列法律行为。具体地说，设立企业必须具备法定条件和经过法定程序，二者缺一不可。

1. 企业设立的条件

申请设立的国有工业企业，必须具备下列各项条件：① 产品为社会所需要；② 有能源、原材料、交通运输的必要条件；③ 有自己的名称和生产经营场所；④ 有符合国家规定的资金；⑤ 有自己的组织机构；⑥ 有明确的经营范围；⑦ 法律、法规规定的其他条件。

2. 企业设立的程序

企业的设立应经过 4 个主要阶段：① 筹备阶段。由企业设立人依据法律规定，进行筹集资金、制定组织章程草案、筹建组织机构等准备活动；② 申请阶段。企业设立人向政府主管部门提出申请，提交必备的文件，供政府部门进行审查；③ 审批阶段。政府主管部门根据计划和法律，对设立企业的申请进行审查批准；④ 核准登记阶段。设立企业的申请经有关部门批准后，还需持批准文件及有关证明向工商行政管理部门进行核准登记，登记注册后，发给营业执照，企业即取得法人资格。

（二）企业的变更和终止

1. 企业的变更

企业的变更，是指企业的合并、分立或其他重大事项的变动。通常采用的方式是合并、分立、转产和迁移等。其中，企业的合并是指两个或两个以上的企业归并为一个企业，其形式有合并和兼并两种；企业的分立是指一个企业分解为两个或两个以上企业；企业的转产是指由于企业经营条件发生重大变化等原因，而从事新的产业，改变原定的经营范围；企业的迁移，是指企业为了更好地发展而更换经营场所。上述不管哪种形式的变更，都应依法办理变更登记。

2. 企业的终止

企业的终止，是指企业在法律上的民事权利主体资格的消灭。企业由于下列原因之一可以终止：① 违反法律、法规，被责令撤销；② 政府主管部门依法决定解散；③ 依法被宣告破产；④ 其他原因。企业终止，应当依法办理注销登记。

三、国有企业的权利和义务

（一）企业的权利

企业的权利，是企业自负盈亏、独立承担民事责任的前提，也是企业进行生产经营活动的直接法律依据。国有企业权利的主要内容可以概括为产、供、销和人、财、物两个方面。

1. 产、供、销方面的权利

（1）生产经营决策权。企业根据国家宏观计划和市场需要，有权作出生产经营决策；可以自主决定调整生产经营范围；有权接受或拒绝任何部门和单位在指令性计划以外安排的生产任务。

（2）物资采购权。企业对指令性计划以外所需物资，可以自行选择供货单位、供货形式、供货品种和数量；有权自主签订订货合同，并可以自主进行物资调剂；有权拒绝执行任何部门和地方政府为企业指定指令性计划以外的供货单位和供货渠道。

（3）产品销售权。企业可以在全国范围内自主销售本企业生产的指令性计划以外的产品；有权销售指令性计划外超产的产品。

（4）进出口权。企业可以在全国范围内自行选择外贸代理企业，并有权参与同外商的谈判；根据国家外汇管理的有关规定，自主使用留成外汇和进行外汇调剂；有权根据国家规定进口自用的设备和其他物资；有权依法享有进出口经营权；有权根据开展对外业务的实际需要，自主使用自有外汇安排业务人员出境。

（5）产品、劳务定价权。除国务院物价部门和省级政府物价部门管理价格的产品，或者法律对产品、劳务定价另有规定者外，企业对其生产的产品和提供的劳务有权自主定价。

（6）联营、兼并权。企业有权依法与其他企、事业单位联营；有权按照自愿、有偿的原则，兼并其他企业，报政府主管部门备案。

2. 人、财、物方面的权利

（1）人事劳动管理权。企业有权决定内部机构设置和人员编制；有权自主进行人事管理；有权录用、辞退职工，决定用工形式，实行合理劳动组合；有权自主进行工资、奖金分配。

（2）投资决策权。企业有权依法增提新产品开发基金和选择折旧方法；有权以留用资金、实物和无形资产向全国各地区、各行业的企、事业单位投资，购买和持有其他企业的股份；有权从事生产性建设；经政府有关部门批准，可以向境外投资或者在境外开办企业。

（3）留用资金支配权。企业有权自主确定有关基金的比例和用途；有权支配使用生产发展基金；有权拒绝除国务院以外的有关部门和单位无偿调拨企业留用资金或者强令企业以折旧费、大修理费补交上缴利润。

（4）债券发行权。企业有权依照《企业法》和《企业债券管理条例》的规定，在境内发行债券。

（5）资产处置权。企业根据生产经营的需要，对一般固定资产，可以自主决定出租、抵押或者有偿转让；对关键设备、成套设备或者重要建筑物可以出租，经政府主管部门批准也可以抵押、有偿转让。法律和行政法规另有规定的除外。

（6）拒绝摊派权。企业有权拒绝任何部门和单位向企业摊派人力、物力、财力。企业可以向审计部门或其他政府有关部门控告、检举、揭发摊派行为，要求作出处理；除法律和国务院另有规定外,有权抵制任何部门和单位对企业进行检查、评比、评优、达标、升级、鉴定、考试、考核。

(二)企业的义务

企业的义务,是指企业必须依法作出一定行为或不作出一定行为的责任。根据《企业法》和《转换经营机制条例》的规定,国有企业义务的主要内容可以概括为以下 3 个方面。

1. 对国家应尽的义务

主要体现在:企业必须遵守法律、法规,坚持社会主义方向;必须完成指令性计划和履行依法订立的合同;必须有效地利用国家授予其经营管理的财产,实现资产增值;必须保障固定资产的正常维修、改进和更新设备;必须提高劳动效率,节约能源和原材料,努力降低成本;必须遵守国家关于财政、税收、劳动工资和国有资产管理及物价管理等方面的法律、法规;必须加强保卫工作,维护生产秩序,保护国家财产,保守国家机密。

2. 对社会应尽的义务

主要体现在:企业必须保证产品质量和服务质量,对用户和消费者负责;必须严格履行经济合同和经济协议;必须防止对环境的污染和破坏。

3. 对职工应尽的义务

主要体现在:企业必须建立和健全职工代表大会制度和其他民主管理制度,保障职工及其代表行使民主管理的权利;企业应当搞好职工教育,提高职工队伍素质;应当支持和奖励职工进行科学研究、发明创造,开展技术革新、合理化建议和社会主义劳动竞赛活动;应当做好劳动保护工作,做到安全生产和文明生产。

四、国有企业内部的管理机制

(一)厂长(经理)负责制

厂长负责制,是指厂长或经理对企业的生产经营管理制定决策、统一领导、全面负责的法律制度。国有企业实行厂长负责制,建立以厂长为首的生产经营管理系统。厂长是企业的法定代表人，在企业中处于中心地位，对企业的生产经营活动作出决策，并组织实施，实行全面统一的领导。

厂长的产生，除国务院另有规定外，一般采用两种方式：① 政府主管部门委任或招聘；② 企业职工代表大会选举。政府主管部门委任或招聘的厂长人选，须征求职工代表的意见，企业职工代表大会选举的厂长，须报政府主管部门批准。

厂长实行任期制，每届任期 3 至 5 年，可以连任。厂长职务的解除程序是，委任和招聘的厂长，由政府主管部门免职或解聘，并征得职工代表大会的意见；选举产生的厂长，由职工代表大会罢免，报政府有关部门批准。

厂长的职权主要有：① 依法决定或者报请审批企业的各项计划；② 决定企业行政机构的设置；③ 提请政府有关部门任免或者聘任、解聘副厂长级行政领导干部；④ 任免或者聘任、解聘企业中层行政领导干部；⑤ 提出工资调整方案、资金分配方案、福利基金使用方案和其他有关职工福利生活的建议，提请职工代表大会审查、同意；⑥ 依法行使对职工的奖惩权。

（二）国有企业的民主管理

企业实行民主管理，是由企业的社会主义性质决定的，也是搞好经济体制改革、搞活企业的需要。同时，又是发挥职工群众积极性、正确实行厂长负责制的保证。

职工代表大会是企业实行民主管理的基本形式，是职工行使民主管理权力的机构。职工代表大会的工作机构是企业的工会委员会，它负责职工代表大会的日常工作。职工代表大会至少每半年召开一次，每次会议必须有 2/3 以上的职工代表出席。遇到重大事项，经厂长、工会或 1/3 以上的职工代表提议，可以召开临时会议。职工代表进行选举和作出决议，必须经全体职工代表过半数通过。职工代表大会可根据实际需要，设立专门小组，完成职工代表大会交办的有关事项。职工代表由职工直接选举产生，两年改选一次，连选连任。

职工代表大会行使以下职权：① 企业重大经营决策审议权；② 企业重要制度的审查同意或者否决权；③ 重大生活福利事项审议决定权；④ 评议、监督企业的各级行政领导干部，提出奖惩和任免的建议权；⑤ 选举厂长权。职工代表大会有权根据政府主管部门的决定选举厂长，报政府主管部门批准。

案例分析

某国有企业的职工代表大会，因上级主管部门委派的厂长不懂经营管理，造成企业严重亏损，召开会议通过决议将其罢免，随后自行招聘了新厂长。该新厂长上任后，解除两名副厂长职务，另组成领导班子。由于经营有方，企业不久便扭亏为盈，经企业职工代表大会决定，给厂长晋升一级工资并给予物质奖励。问：该企业在上述活动中，有无与法律规定不符之处？若有，请一一指出。

五、国有企业与政府的关系

《企业法》和《转换经营机制条例》不仅用专章规定了企业和政府的关系，而且明确规定了政府有关部门的主要职责以及对企业应该承担的义务。这些明文规定，为深化企业改革、正确实施政企分开原则提供了法律依据。正确处理好企业和政府的关系，既有利于加强政府对企业的宏观管理，保证国民经济沿着正确的轨道协调发展，而且有利于企业摆脱部门、地区和行业不合理束缚和干预，保证企业真正成为依法自主经营、自负盈亏、自我发展、自我约束的商品生产和经营单位，从而使企业能够适应市场经济的需要，切实增强企业活力，提高企业经济效益。企业和政府的关系具体有以下5个方面内容。

（1）国务院代表国家行使企业财产的所有权。政府及有关部门分别依法行使职责，以确保国有资产的有效运用、保值、增值和获得利润，维护企业依法行使经营权，保障企业的生产经营活动不受干预。

（2）运用利率、税率、汇率等经济杠杆和价格政策，加强宏观调控和行业管理，建立起既利于经济有序运行，又利于增强企业活力的宏观调控体系。

（3）规划健全全国统一的市场体系，加强市场管理，建立良好的市场经济秩序，为企业提供公平竞争的良好环境。

（4）政府通过养老保险、职工待业保险、工伤保险和生育保险制度，建立和完善社会保障体系。

（5）发展和完善与企业有关的公共设施、公益事业和社会服务组织，为企业排忧解难，以保证企业生产经营的顺利进行。

第五节　外商投资企业法

一、外商投资企业概述

（一）外商投资企业的概念

外商投资企业，是指依照中华人民共和国法律的规定，在中国境内设立的，由中国投资者和外国投资者共同投资或者仅由外国投资者投资的企业。根据我国有关法律规定，中国投资者包括中国的企业或者其他经济组织，外国投资者包括外国的企业和其他经济组织或个人。

外商投资企业包括中外合资经营企业、中外合作经营企业和外商独资经营企业。对于这三类企业，一般称为"三资企业"。

（二）外商投资企业法的概念及调整对象

外商投资企业法，是指调整在国家协调经济运行过程中发生的关于外商投资企业的经济关系的法律规范的总称。它所调整的经济关系包括：① 中国国家机关与外商投资企业之间发生的宏观经济管理关系；② 外商投资企业内部上下级组织之间、外商投资企业内部各级组织与其成员之间发生的微观经济管理关系；③ 外商投资企业与其他经济组织之间或其他经营者之间发生的宏观经济协作关系；④ 外商投资企业内部各级组织之间发生的微观经济协作关系。

我国关于外商投资企业的法律、法规主要有：《中华人民共和国中外合资经营企业法》（第五届全国人大第二次会议于 1979年 7月 1日通过，2001年 3月 15日第二次修正）、《中华人民共和国外资企业法》（第六届全国人大第四次会议于 1986年 4月 12日通过，2000年 10月 31日修正）、《中华人民共和国中外合作经营企业法》（第七届全国人大第一次会议于 1988年 4月 13日通过，2000年 10月 31日修正）、《中外合资经营企业法实施条例》、《关于鼓励外商投资的规定》、《外资企业法实施细则》、《中外合作企业法实施细则》等。为了依法加强对外商投资企业的管理和监督，我国外商投资企业法明确规定，外商投资企业必须遵守中国的法律、法规，不得损害中国的社会公共利益，国家有关机关依法对外商投资企业实行管理和监督。

为了保护外商投资企业的合法权益，《合资企业法》和《外资企业法》分别规定，国家对合营企业和外资企业不实行国有化和征收；在特殊情况下，根据社会公共利益的需要，对合营企业和外资企业可以依照法律程序实行征收，并给予相应的补偿。

（三）外商投资企业法的基本原则

1．维护国家主权原则

国家主权是国家的重要属性，对内表现为至高无上的最高权，对外表现为独立权。维护国家主权是涉外活动与交往中必须坚持的根本原则。为此，我国外商投资企业法明确规定：外商投资企业的一切活动都要遵守我国的法律、法令和有关规定，并按中华人民共和国的税法纳税；外商投资企业的设立必须依法申请，并经中国政府批准；外商投资企业使用的场地由我方提供，使用费也由我方决定等。

2. 平等互利、协商一致的原则

平等互利、协商一致的原则是维护国家主权原则的具体体现，是我国在对外经济交往中一贯坚持的原则。外商投资企业法规定，外商投资企业在投资形式、组织结构、经营管理方式等方面不但要遵守我国法律、法规的有关规定，而且要符合平等互利、协商一致的原则；外商投资企业发生经济纠纷，双方也应协商解决或共同选择其他解决办法等。

3. 参照国际惯例原则

国际惯例，是指在国际交往中逐渐形成的不成文的原则、准则和规则。这些原则、准则和规则在国际交往中，已为世界各国所普遍接受和使用。我国在外商投资企业法中，关于投资比例、范围、方式、期限，企业管理机构、经营方式，对投资外商的税收优惠等参照了国际惯例，充分体现了这一原则。

二、中外合资经营企业法

（一）中外合资经营企业的概念

中外合资经营企业，是指中国合营者与外国合营者依照中华人民共和国法律的规定，在中国境内共同投资、共同经营，并按投资比例分享利润、分担风险及亏损的企业。中外合资经营企业的法律特征有以下几个方面。

（1）合营企业是由中外合营者共同投资举办的企业。也就是说，投资者中既有中国投资者，也有外国投资者。这是合营企业区别于其他外商投资企业的重要标志。合营企业由中外合营者双方共同投资、共同经营、共同管理、共享盈利、共担风险和亏损。

（2）合营企业必须经中国政府批准，在中国境内设立。我国合营企业法所称的合营企业仅指经中国政府批准，并在中国注册，其法定地址设立在中国境内的合营企业，不包括经外国合营者所在国政府批准，设在该国境内的合营企业。

（3）合营企业的组织形式是有限责任公司。中外合营者对合营企业承担亏损和债务仅以各自认缴的出资额为限，而不让他们各自的其他财产负连带责任。

（4）合营企业是中国法人。合营企业是依法经中国政府批准，在中国境内设立的中国法人，受中国法律的管辖和保护。

（二）中外合资经营企业的设立

1. 设立的条件

申请设立的合营企业应注重经济效益，符合下列一项或数项要求：① 采用先进技术设备和科学管理方法，能增加产品品种，提高产品质量和产量，节约能源和材料；② 有利于技术改造，能做到投资少、见效快、收益大；③ 能扩大产品出口，增加外汇收入；④ 能培训技术人员和经营管理人员。

有下列情况之一的，不予批准：① 有损中国主权的；② 违反中国法律的；③ 不符合中国国民经济发展要求的；④ 造成环境污染的；⑤ 签订的协议、合同、章程明显不公平，损害合营一方权益的。

2. 设立合营企业的程序

（1）提出申请。由中国合营者向企业主管部门呈报拟与外国合营者设立合营企业的项目建议书和初步可行性研究报告。该建议书和初步可行性研究报告经企业主管部门审查同意并转报审批机关批准后，合营各方才正式谈判，从事以可行性研究为中心的各项工作，在此基础上商签合营企业协议、合同和章程。这里需要注意的是，如果合营企业协议与合营企业合同有抵触，以合营企业合同为准。

（2）审查批准。国家对外经济贸易主管部门是设立合营企业的审批机关。合营各方签订的合营协议、合同和章程，应报审批机关审查批准。审批机关自接到各项应报文件之日起，应在 3 个月内决定批准或不批准。审批机关如发现前述文件有不当之处，应要求限期修改，否则不予批准。

（3）登记注册。合营企业领取批准证书后，应在 1 个月内凭此批准证书向合营企业所在地的省级工商行政管理部门办理登记手续，领取营业执照。此执照签发日期即为合营企业成立日期。

（三）中外合资经营企业的组织形式与注册资本

1. 合营企业的组织形式

合营企业的形式为有限责任公司。合营各方对合营企业的

案例分析

我国东方公司与美国大羽公司准备建立一个中外合资经营企业。双方签订了合营企业合同。合同中规定：（1）合营企业的注册资本 1 000 万美元，其中，中方出资 800 万美元，美方出资 200 万美元。中方出资的主要方式是：场地使用权 200 万美元，机器设备 300 万美元，厂房 200 万美元，现金 100 万美元。美方出资的方式是：工业产权 100 万美元，现金 100 万美元。（2）约定投资规模为 2 800 万美元。（3）合营企业今后以向社会发行股票的方法来筹集企业扩大再生产所需的资金。（4）注册资本一般不得增加，除非董事会全体提议。问：该合同有哪些规定是违法的？

责任以各自认缴的出资额为限。合营企业以其全部资产对其债务承担责任。所谓认缴的出资额,是指合营各方为设立合营企业同意投入的资金数额。

2. 合营企业的注册资本

合营企业的注册资本,是指为设立合营企业在登记管理机构登记的资本总额,应为合营各方认缴的出资额之和。注册资本与投资总额是两个不同的概念。合营企业投资总额是按照合营企业合同、章程规定的生产规模需要投入的基本建设资金和生产流动资金的总和。如果合营各方的出资额之和达不到投资总额,可以以合营企业的名义进行借款。在此情况下,投资总额包括注册资本和企业借款。

合营企业的注册资本在该企业合营期内不得减少,但可以增加。增加注册资本应由合营企业董事会会议通过,并报原审批机关批准,向原登记管理机构办理变更登记手续。

在合营企业的注册资本中,外国合营者的投资比例一般不低于 25%,对外国合营者投资比例的上限未作规定,这比多数发展中国家不允许外资超过 49%的规定更为开放,有利于吸引外资。

(四)中外合资经营企业合营各方的出资方式与出资期限

1. 合营各方的出资方式

合营各方都可以用下列方式出资:① 用货币出资,即用现金出资;② 用实物出资,即用建筑物、厂房、机器设备或其他物料作价出资;③ 用工业产权、专有技术、场地使用权作价出资。

以实物、工业产权、专有技术作为出资的,其作价由合营各方按照公平合理的原则协商确定,或者聘请合营各方同意的第三方评定。

中国合营者的出资方式,可以包括为合营企业经营期间提供的场地使用权。合营各方应向中国政府缴纳场地使用费。

2. 合营各方的出资期限

合营各方应当在合营合同中约定出资期限,并且按照合营合同规定的期限缴清各自的出资。合营合同中规定一次缴清出资的,合营各方应当从营业执照签发之日起 6 个月内缴清;合营合同中规定分期缴付出资的,合营各方第一期出资,不得低于各自认缴出资额的 15%，并且应当在营业执照签发之日起 3 个月内缴清。合营一方未按照合营合同的规定如期缴付或者缴清其出资的，即构成违约。守约方应当催告违约方在 1 个月内缴付或者缴清出资，并可要求违约方赔偿因未缴或者未缴清出资造成的经济损失。

（五）中外合资经营企业权力机构和经营管理机构

1. 合营企业的权力机构

合营企业的董事会，是合营企业的最高权力机构，决定合营企业的一切重大问题。董事会的人数由合营各方协商，在合营企业合同、章程中确定，但不得少于 3 人。董事的任期为 4 年，经合营者继续委托可以连任。中外合营者的一方担任董事长的，由他方担任副董事长。董事长是合营企业的法定代表人。

董事会会议每年至少召开一次。经 1/3 以上的董事提议，可召开董事会临时会议。董事会会议应有 2/3 以上董事出席方能举行。须由出席董事会会议的董事一致通过方可作出决议的事项有：① 合营企业章程的修改；② 合营企业的中止、解散；③ 合营企业注册资本的增加、转让；④ 合营企业与其他经济组织的合并。

2. 合营企业的经营管理机构

合营企业的经营管理机构，负责企业的日常经营管理工作。经营管理机构设总经理 1 人，副总经理若干人，其他高级管理人员若干人。总经理、副总经理、总工程师、审计师由合营企业董事会聘请，可以由中国公民担任，也可以由外国公民担任。总会计师由合营企业董事会聘请，通常由中国公民担任。

总经理执行董事会会议的各项决议，组织领导合营企业的日常经营管理工作。在董事会授权范围内，对外代表合营企业，对内任免下属人员，行使董事会授予的各项职权。

（六）中外合资经营企业的合营期限与解散

1. 合营企业的合营期限

合营企业的合营期限，按不同行业、不同情况，作不同的约定。有的行业的合营企业，应当约定合营期限；有的行业的合营企业，可以约定或不约定合营期限。

约定合营期限的合营企业，合营各方同意延长合营期限的，应在距合营期满 6 个月前向审批机关提出申请。审批机关应自接到申请之日起 1 个月内决定批准或不批准。

2. 合营企业的解散

已经开业的合营企业，具有下列情况之一时解散：① 合营期限届满；② 企业发生严重亏损，无力继续经营；③ 合营一方不履行合营企业协议、合同、章程规定的义务，致使企业无法继续经营；④ 合营企业因自然灾害、战争等不可抗力遭受严重损失、无法继续经营；⑤ 合营企业未达到其经营目的，同时又无发展前途；⑥ 合营企业合同、章程所规定的其他解散原因已经出现。

上述情况，除第 1 种情况外，应由董事会提出解散申请书，报审批机关批准。在第 3 种情况下，不履行合营企业协议、合同、章程规定的义务一方，应对合营企业由此造成的损失负赔偿责任。

三、中外合作经营企业法

（一）中外合作经营企业的概念

中外合作经营企业，是指中国合作者与外国合作者依照中华人民共和国法律的规定，在本国境内共同举办的，按合作企业合同的约定分配收益或者产品、分担风险和亏损的企业。

中外合作经营企业属于契约式的企业。中外合作者的投资或提供的合作条件并不折算成股份，故也不存在按持有股份的比例享受权利和承担义务的问题。这同中外合资经营企业这种股权式的合营企业是有明显区别的。

中外合作经营企业同中外合资经营企业的另一个显著区别是：中外合作者可以共同举办具有中国法人资格的合作企业，也可以共同兴办不具有中国法人资格的合作企业，而依法在中国境内设立的中外合资经营企业都是中国法人。

此外，中外合作经营企业同中外合资经营企业相比，在组织机构的设置等方面也具有自己的特征。

（二）中外合作经营企业的设立

1. 设立合作企业的条件

在中国境内设立合作企业，应当符合国家的发展政策和产业政策，遵守国家关于指导外商投资方向的规定。

国家鼓励举办的合作企业是：① 产品出口的生产型合作企业；② 技术先进的生产型合作企业。

2. 设立合作企业的程序

（1）申请。申请设立中外合作企业，应当由中方合作者向审查批准机关报送下列文件：设立中外合作企业的项目申请书；合作各方共同编制的可行性研究报告；由合作各方的法定代表人或授权的代表签署的合作企业协议、合同、章程；合作各方的营业执照、资信证明及法定代表人的有效证明文件；合作各方协商确定的董事长、副董事长、董事或者联合管理委员会主任、副主任、委员的名单等。中外合作企业协议、章程的内容与合同不一致的，以合作企业合同为准。

（2）审批。对外经济贸易合作部或者国务院授权的部门和地方人民政府是中外合作企业设立的审批机关。审批机关应当自收到规定的合作企业设立申请的全部文件之日起45日内决定批准或者不予批准。审批机关认为报送的文件不全或者有不当之处的，有权要求合作各方在指定期间内补全或修正。

（3）登记。经批准设立的合作企业应当自接到批准证书之日起30日内向工商行政管理机关申请登记，领取营业执照。营业执照签发日期，为合作企业成立日期。

（三）合作企业的投资和合作条件

1. 合作各方的出资方式

合作各方应依法和依合作企业合同的约定向合作企业投资或提供合作条件。合作各方投资或提供合作条件的方式可以是货币，也可以是实物或者工业产权、专有技术、土地使用权等财产权利。合作各方以自有的财产或财产权利作为投资或合作条件，对该投资或合作条件不得设立抵押或其他形式的担保。合作各方缴纳投资或提供合作条件后，应由中国注册会计师验证，合作企业据此发给合作各方出资证明书。

2. 合作各方的出资比例

依法取得法人资格的中外合作企业，外方合作者的投资一般不低于合作企业注册资本的 25%。不具备法人资格的中外合作企业，对合作各方向合作企业投资或者提供合作条件的具体要求，由对外经济贸易合作部确定。

3. 合作各方的出资期限

中外合作企业的合作各方应根据合作企业的生产经营需要，在合作企业合同中约定合作各方向合作企业投资或提供合作条件的期限。具体规定参照中外合资经营企业的有关规定。

（四）中外合作经营企业的组织形式和组织机构

1. 合作企业的组织形式

合作企业可以申请为具有法人资格的合作企业，也可以申请为不具有法人资格的合作企业。

具有法人资格的合作企业，其组织形式为有限责任公司；不具有法人资格的合作企业，合作各方的关系是一种合伙关系。合作各方依照《中华人民共和国合伙企业法》等法律、法规的有关规定，承担民事责任。

2. 合作企业的组织机构

合作企业在组织机构的设置上有较大的灵活性，同合营企业相比有很大的区别，合作企业的管理形式有以下 3 种：

（1）董事会制。具有法人资格的合作企业，一般实行董事会制。

（2）联合管理制。不具有法人资格的合作企业，一般实行联合管理制。联合管理机构由合作各方代表组成，是合作企业的权力机构，决定合作企业的重大问题。中外合作者的一方担任联合管理机构主任的，由他方担任副主任。

（3）委托管理制。经合作各方一致同意，合作企业可以委托中外合作者的一方进行经营管理，另一方不参加管理；也可以委托合作方以外的第三方经营管理企业。合作企业成立后改为委托第三方经营管理的，必须经董事会或者联合管理机构一致同意，并报审批机关审批，向工商行政管理机关办理变更登记手续。

（五）中外合作经营企业的收益分配和投资回收

1. 合作企业的收益分配

合作企业的中外合作者可以在合同中约定采用分配利润、分配产品或者其他方式分配收益。合作企业合作各方约定采用分配产品或者其他方式分配收益的，应当按照中国税法的有关规定，计算应纳税额。

2. 合作企业外国合作者的投资回收

中外合作者在合作企业合同中约定合作期满时合作企业的全部固定资产归中国合作者所有的，可以在合作企业合同中约定外国合作者在合作期限内先行回收投资的办法。

外国合作者在合作期限内可以申请以下列方式先行回收其投资：① 在按照投资或者提供合作条件进行分配的基础上，在合作企业合同中约定扩大外国合作者的收益分配比例；② 经财政税务机关审查批准，外国合作者在合作企业缴纳所得税前回收投资；③ 经财政税务机关和审查批准机关批准的其他回收投资方式。

（六）中外合作经营企业的期限和解散

1. 合作企业的期限

合作企业的期限由中外合作者协商，并在合作企业合同中规定。合作期限届满而合作各方同意延长的，应当在合作期满180 日以前向审批机关提出申请。审批机关应当自接到延长申请之日起 30 日内决定批准或不批准。

2. 合作企业的解散

合作企业有下列情形之一时解散：① 合作期限届满；② 合作企业发生严重亏损，或者因不可抗力遭受严重损失，无力继续经营；③ 中外合作者的一方或数方不履行合作企业合同、章程规定的义务，致使合作企业无法继续经营；④ 合作企业合同、章程中规定的其他解散原因已经出现；⑤ 合作企业违反法律、行政法规，被依法责令关闭。

合作企业解散，应依法及合作企业合同、章程的规定办理。

四、外资企业法

（一）外资企业的概念

外资企业，是指依照中国法律的规定，在中国境内设立的，全部资本由外国投资者投资的企业，不包括外国的企业和其他经济组织在中国境内的分支机构。

（二）外资企业的设立

1. 设立外资企业的条件

设立外资企业，必须有利于中国国民经济的发展。国家鼓励举办产品出口或者技术先进的外资企业。

2. 设立外资企业的程序

（1）申请。外国投资者在提出设立外资企业的申请前，应当向拟设立外资企业所在地的县级或者县级以上人民政府提交报告。县级或县级以上人民政府应当在收到外国投资者提交的报告之日起30日内以书面形式答复外国投资者。

外国投资者设立外资企业，应当通过拟设立外资企业所在地的县级或者县级以上人民政府向审批机关提出申请，并报送：设立外资企业申请书；可行性研究报告；外资企业章程；外资企业法定代表人（或者董事会人选）名单；外国投资者的法律证明文件和资信证明文件；拟设立外资企业所在地的县级或县级以上人民政府的书面答复等文件。

（2）审批。设立外资企业的申请，由国家对外经济贸易主管部门或者国务院授权的机关审查批准。审批机关应当在接到申请之日起90日内决定批准或者不批准。

（3）登记。设立外资企业的申请获得批准后，外国投资者应当在接到批准证书之日起30日内向国家工商行政管理局或者国家工商行政管理局授权的地方工商行政管理局申请开业登记。登记主管机关应当在受理申请后30日内做出核准登记或者不予核准登记的决定。申请开业登记的外国投资者，经登记主管机关核准登记注册，领取营业执照后，企业即告成立。外资企业的营业执照签发日期，为该企业成立日期。

（三）外国投资者的出资

1. 外国投资者的出资方式

外国投资者可以用自由兑换的外币出资，也可以用机器设备、工业产权、专有技术等作价出资。经审批机关批准，外国投资者也可以用其从中国境内兴办的其他外商投资企业获得的人民币利润出资。对以机器设备、工业产权、专有技术作价出资的，必须符合《实施细则》规定的作价原则和要求。

2. 外国投资者的出资期限

外国投资者缴付出资的期限应当在设立外资企业申请书和外资企业章程中载明。外国投资者未能在外资企业营业执照签发之日起 90 日内缴付第一期出资的，或者无正当理由逾期 30 日未缴付其他各期出资的，外资企业批准证书即自动失效。外国投资者缴付每期出资后，外资企业应当聘请中国的注册会计师验证，并出具验资报告，报审批机关和工商行政管理机关备案。

（四）外资企业的组织形式、组织机构和经营管理

1. 外资企业的组织形式

外资企业的组织形式为有限责任公司，经批准也可以为其他责任形式。外资企业为有限责任公司的，外国投资者以其认缴的出资额为限，外资企业以其全部资产对其债务承担责任。外资企业为其他责任形式的，外国投资者对企业的责任适用有关中国法律和法规的规定。

2. 外资企业的组织机构

外资企业的组织机构可以由外国投资者根据企业不同的经营内容、经营规模和经营方式，本着精简、高效和科学合理的原则自行设置，中国政府不加干涉。外资企业应根据其组织形式设立董事会并推选出董事长，同时向审批机关申报备案。董事长是企业的法定代表人。

3. 外资企业的经营管理

（1）外资企业的生产经营管理。外资企业在批准的经营范围内所需的原材料、燃料等物资，按照公平、合理的原则，可以在国内市场或者国际市场购买。

外资企业为生产出口产品所需进口机械设备、生产用车辆、原材料等物资，免领进口许可证，凭批准成立企业的文件、合同或出口合同验收，由海关实行监管。

外资企业在中国市场销售其产品，应当依照经批准的销售比例进行，否则须经审批机关批准。外资企业可以依照批准的销售比例自行在中国销售本企业生产的产品，也可以委托中国的商业机构代理。

外资企业有权自行出口本企业生产的产品，也可以委托中国的外贸公司代销或者委托境外的公司代销。外资企业在本企业经营范围内出口本企业生产的、不属于出口许可证管理的产品，海关凭出口合同等有关证件验放。

（2）外资企业的土地使用管理。外资企业的用地，由其所在地县级或者县级以上地方人民政府审核安排。外资企业应在营业执照签发之日起 30 日内，持批准证书和营业执照到所在地县级或者县级以上地方人民政府的土地管理部门办理土地使用手续，领取土地证书。土地使用证书为外资企业使用土地的法律凭证。外资企业的土地使用年限，与经批准的该外资企业的经营期限相同。外资企业在经营期限内未经批准，其土地使用权不得转让。

外资企业在领取土地证书时，应当向其所在地土地管理部门缴纳土地使用费；使用经过开发的土地，还应缴付土地开发费。

（3）外资企业的财务会计管理。外资企业应当按照国家统一的财务会计制度，并根据中国有关法律和财务会计制度的规定，制定适合本企业的财务会计制度，报当地财政、税务机关备案。外资企业的年度会计报表应当聘请中国的注册会计师进行验证并出具报告。上述年度会计报表连同中国注册会计师出具的报告，应当在规定的时间内报送财政机关和税务机关，并报审批机关和工商行政管理机关备案。

（4）外资企业的劳动管理。外资企业应当依照中国的法律、行政法规的规定在中国境内雇用职工并签订劳动合同。外资企业的职工有权建立工会组织，开展工会活动。企业研究决定有关职工奖惩、工资制度、生活福利、劳动保护和劳动保险等问题时，工会代表有权列席会议。

（五）外资企业的期限、解散和结算

1. 外资企业的期限

外资企业的经营期限由外国投资者申报，由审批机关批准。期满需要延长的，应当在期满 180 日前向审批机关提出申请。审批机关应当在接到申请之日起 30 日内决定批准或不批准。外资企业经批准延长经营期限的，应当自收到批准延长期限的文件之日起 30 日内，向工商行政管理机关办理变更登记手续。

2. 外资企业的解散

外资企业有下列情形之一的，应予解散：① 经营期限届满；

② 经营不善，严重亏损，外国投资者决定解散；③ 因自然灾害、战争等不可抗力而遭受严重损失，无法继续经营；④ 破产；⑤ 违反中国法律、法规，危害社会公共利益被依法撤销；⑥ 外资企业章程规定的其他解散事由已经出现。

3．外资企业的清算

外资企业解散后，应当进行清算。外资企业除因破产或者依法撤销而予终止的，应当在解散之日起 15 日内对外公告债权人，并在公告发出之日起 15 日内提出清算程序、原则和清算委员会人选，报审批机关审核后进行清算。在清算结束前，外国投资者不得将企业的资金汇出或者携带出中国境外，不得自行处理财产。外资企业清算结束，应当向工商行政管理机关办理登记手续，缴销营业执照。

法规索引

1．《中华人民共和国个人独资企业法》
2．《中华人民共和国合伙企业法》
3．《中华人民共和国全民所有制工业企业法》
4．《中华人民共和国中外合资经营企业法》
5．《中华人民共和国中外合作经营企业法》
6．《中华人民共和国外资企业法》

思考题

1．个人独资企业的设立条件有哪些？
2．合伙人出现哪些情况，经其他合伙人一致同意，可以决议将其除名？
3．国有企业和政府的关系具体体现在哪几个方面？
4．中外合资经营企业的法律特征是什么？
5．在我国境内设立中外合作经营企业的条件是什么？
6．外资企业的组织形式是什么？

第 四 章

公司法律制度

本章导读

本章在介绍公司概念的基础上，对公司进行了合理的分类，并指出我国《公司法》规定的公司只包括有限责任公司和股份有限责任公司两种。以两节的内容对有限责任公司和股份有限责任公司作了详细、系统的分析，包括它们的概念、设立的条件和程序、组织机构等。在有限责任公司一节，对国有独资公司作了具体的介绍。在股份有限责任公司这一节，增加了股份的发行和转让、上市公司等股份有限公司所特有的内容。最后，利用对公司债券的粗略探讨，对本章作了恰如其分的点缀。

本章引例

某市甲、乙、丙三企业经协商决定共同投资设立一家从事生产经营的公司。甲、乙、丙订立了协议，协议中的部分内容如下：公司的组织形式为有限责任公司，公司名称为大华实业公司，公司注册资本 150 万元，其中甲以机器、厂房作价 70 万元出资，乙出资 30 万元，丙以一非专利技术作价 50 万元出资，委托甲办理公司的申请登记手续。问：协议中关于公司名称、出资方式的约定有没有不符合法律规定的地方？

关键词

有限责任公司　股份有限公司　国有独资公司
上市公司　公司债券

解析

有（1）关于公司名称，根据《公司法》规定，有限责任公司必须在公司名称中标明"有限责任公司"字样；（2）关于出资方式，根据《公司法》规定，全体股东的货币出资金额不得低于有限责任公司注册资本的30%，本案中，只有 30 万元货币出资，仅占注册资本的20%。

第一节 公司法概述

一、公司的概念与分类

(一)公司的概念

公司,是指依照公司法设立的以盈利为目的的企业法人。从这个概念可以看出,公司具有以下三个最基本的特征。

1. 公司必须依法成立

所谓公司依法成立,包括三层含义:(1)公司成立应依据专门的法律,即公司法和其他有关的特别法律、行政法规;(2)公司成立应符合公司法规定的实质要件;(3)公司成立须遵循公司法规定的程序,履行规定的申请和审批登记手续。

2. 公司必须以盈利为目的

所谓以盈利为目的,是指公司通过生产、经营或提供劳务以获取利润。这是公司与机关、事业单位和社会团体法人的主要区别所在。我们知道,某些事业单位、社会团体法人在业务活动中也能取得一定的收入且实现盈利,但由于他们不以盈利为目的,所以也不能作为公司成立,如学校、科研所等。

3. 公司必须是企业法人

公司与其他商业组织如独资企业、合伙企业的主要区别在于,公司具有法人属性。公司的法人属性使公司能够以独立民事主体资格进行社会经济活动。公司对自己的法律行为所产生的法律后果要承担全部法律责任,如签订合同、偷漏税款等。

(二)公司的分类

1. 以出资人的责任形式为标准划分

(1)有限责任公司,是指由股东共同出资设立,股东以其认缴的出资额为限,对公司债务承担有限责任的企业法人。

(2)股份有限公司,是指全部资本分为等额股份,股东以其所持股份为限对公司承担有限责任的企业法人。

知识点

一人有限责任公司是指只有 1 个自然人股东或者 1 个法人股东的有限责任公司。

（3）无限公司，是指两个以上股东所组成，全体股东对公司债务负连带无限责任的公司。

（4）两合公司，是指无限责任股东与有限责任股东所组成，前者对公司债务负连带无限责任，后者仅负有限责任的公司。

（5）股份两合公司，是指无限责任股东和若干有限责任股东所组成的公司。股份两合公司是借两合公司之名行股份有限公司之实。

随着公司制度的发展，有些公司类型已趋于消亡。所以，我国《公司法》规定的公司只包括有限责任公司和股份有限公司两种。

2. 以公司的组织系统为标准划分

（1）母公司，是指通过拥有他公司相对多数的股份而对其加以实际控制的公司。

（2）子公司，是指被母公司控制但具有独立法人资格的公司。

3. 以公司的管辖为标准划分

（1）总公司，是指一个公司法人的总机构。

（2）分公司，是指总公司管辖之下的法人分支机构，它在法律上和经济上均无独立性。

4. 以公司的注册地为标准划分

（1）本国公司，是指依本国法在本国境内登记成立的公司。

（2）外国公司，是指依外国法在本国境外登记成立的公司。

二、公司法的概念

公司法，是指规定公司的设立、组织、经营、解散、清算以及调整关于公司的各种经济关系的法律规范的总称。从性质上讲，公司法首先是一种商事组织法，即规定公司的法律地位、公司设立的条件和程序、公司的内部结构、公司股东的权利和义务，公司的解散等直接关系公司组织的事项。其次，公司法也是商事行为法，主要是规定与公司组织直接相关的一些公司行为，如募集资本、发行公司债券、利润分配等。

我国关于公司方面的法律、法规主要有：2005 年 10 月 27 日第十届全国人大常委会第十八次会议修订，自 2006 年 1 月 1 日起施行的《中华人民共和国公司法》；1994 年 6 月 24 日国务院发布的《中华人民共和国公司登记管理条例》；有关部门发布的法规，如 1996 年 2 月中国证券监督管理委员会发布的《关于规范上市公司股东大会的通知》，同年 4 月发布的《关于加强对上市公司董事、监事、经理持有本公司股份管理的通知》。其中，《中华人民共和国公司法》自 1994 年 7 月 1 日实施以来，在规范公司的组织和行为，保护公司、股东和债权人的合法权益，维护社会经济秩序，促进社会主义市场经济的发展方面发挥了积极作用。

第二节　有限责任公司

一、有限责任公司的概念

有限责任公司，是指股东以其出资额为限对公司承担责任，公司以其全部资产对公司的债务承担责任的企业法人。有限责任公司在现代企业制度中占有重要地位，对中小型企业而言，是一种比较理想的组织形式。在我国，由于股份有限公司的成立受到较多的法律限制和较严格的政府控制，以及国有企业股份化改组等原因，有限公司的形式有时常为大型企业所采用。

有限责任公司的特征是：①公司股东负有限责任。股东仅以出资额为限对公司承担责任。②公司股东人数有限制。股东人数为 50 人以下。③公司股东转让出资受到严格限制。股东向股东以外的人转让其出资，应当经全体股东的过半数同意。④公司不得发行股票。公司仅向股东签发出资证明书，而不发行股票。⑤公司既是人的结合，也是资本的结合。一方面，公司是由各股东基于信任而建立的；另一方面，公司的建立又依赖于资本的组合。

二、有限责任公司的设立

（一）设立条件

根据《公司法》第 23 条规定，有限责任公司的设立，应当具备以下条件。

1. 股东人数符合法律规定

股东人数应在 50 人以下。其中，国家授权投资的机构或者国家授权的部门可以单独投资设立国有独资的有限责任公司；1个自然人只能投资设立1个一人有限责任公司。

2. 股东出资达到法定资本最低限额

具体规定为：有限责任公司注册资本的最低限额为人民币3万元。法律、行政法规对有限责任公司注册资本的最低限额有较高规定的，从其规定。一人有限责任公司的注册资本最低限额为人民币10万元。

3. 股东共同制定公司章程

有限责任公司的章程由全体股东订立，形式上要求有全体股东的签名、盖章。其中，一人有限责任公司章程由股东制定。公司章程应当载明以下事项：①公司名称和住所；②公司经营范围；③公司注册资本；④股东的姓名或者名称；⑤股东的出资方式、出资额和出资时间；⑥公司的机构及其产生办法、职权、议事规则；⑦公司的法定代表人；⑧股东会会议认为需要规定的其他事项。

4. 有公司名称，建立符合有限责任公司要求的组织机构

公司名称由地名、字号、行业和组织形式4个部分组成，如"广州安富投资有限责任公司"。公司的组织机构主要指股东会、董事会、经理和监事会。

5. 有公司住所

（二）设立程序

根据《公司法》和《公司登记管理条例》的规定，有限责任公司的设立程序如下。

1. 缴纳出资

公司全体股东的首次出资额不得低于注册资本的20%，也不得低于法定的注册资本最低限额，其余部分由股东自公司成立之日起2年内缴足；其中，投资公司可以在5年内缴足。一人有限责任公司的股东应当一次足额缴纳公司章程规定的出资额。股东可以用货币出资，也可以用实物、知识产权、土地使用权等可以用货币估价并可以依法转让的非货币财产作价出资；但是，法律、行政法规规定不得作为出资的财产除外。全体股东的货币出资金额不得低于有限责任公司注册资本的30%。

知识点

有限责任公司，必须在公司名称中标明有限责任公司或者有限公司字样。

讨论

如何理解关于无形资产出资的规定？

2．办理验资手续

股东缴纳出资后，必须经依法设立的验资机构验资并出具证明。

3．公司名称预先核准

设立有限责任公司，应当由全体股东指定的代表或者共同委托的代理人向公司登记机构申请名称预先核准。预先核准的公司名称保留期为 6 个月。预先核准的公司名称在保留期内，不得用于从事经营活动，不得转让。

4．设立登记

设立有限责任公司，应当由全体股东指定的代表向公司登记机关即工商行政管理部门申请设立登记，同时提交申请书、公司章程、验资证明等书面材料。公司登记机关对符合条件的予以核准登记，发给《企业法人营业执照》，公司即告成立。

三、有限责任公司的组织机构

（一）股东会

1．股东会的组织和职权

股东会是公司的最高权力机构，由公司全体股东组成。其中，国有独资公司和一人有限责任公司不设股东会。

股东会行使下列职权：①决定公司的经营方针和投资计划；②选举和更换非由职工代表担任的董事、监事，决定有关董事、监事的报酬事项；③审议批准董事会的报告；④审议批准监事会或者监事的报告；⑤审议批准公司的年度财务预算方案、决算方案；⑥审议批准公司的利润分配方案和弥补亏损方案；⑦对公司增加或者减少注册资本作出决议；⑧对发行公司债券作出决议；⑨对公司合并、分立、解散、清算或者变更公司形式作出决议；⑩修改公司章程；⑪公司章程规定的其他职权。

2．股东会会议的召开

股东会会议分为定期会议和临时会议。定期会议按照公司章程的规定按时召开。临时会议在定期会议闭会期间应股东、董事或者监事的提议召开。《公司法》第 40 条规定，下列人员之一，有权提议召开临时会议：①代表 1/10 以上表决权的股东；②1/3 以上董事；③监事会或者不设监事会的公司的监事。

股东会议的召集人，除首次会议由出资最多的股东召集和主持外，应由董事会召集，董事长主持；董事长不能履行职务或者不履行职务的，由副董事长主持；副董事长不能履行职务或者不履行职务的，由半数以上董事共同推举 1 名董事主持。有限责任公司不设董事会的，股东会会议由执行董事召集和主持。

股东会应对所议事项的决定作会议记录。凡出席会议的股东均应在会议记录上签名。

3. 股东会的表决程序

股东会的议事方式和表决程序，除《公司法》有规定的以外，由公司章程规定。

股东会行使的下列职权，须经代表 2/3 以上表决权的股东通过：①修改公司章程；②增加或者减少注册资本；③公司合并、分立、解散或者变更公司形式。

（二）董事会（执行董事）及经理

1. 董事会的组成和职权

董事会是公司股东会的执行机构。《公司法》第 45 条规定，有限责任公司的董事会成员为 3 人至 13 人。两个以上的国有企业或者两个以上的其他国有投资主体投资设立的有限责任公司，其董事会成员中应当有公司职工代表。其他有限责任公司董事会成员中，也可以有公司职工代表。董事会中的职工代表由公司职工通过职工代表大会、职工大会或者其他形式的民主选举产生。董事每届任期不得超过 3 年，连选可以连任。董事会设董事长 1 人，副董事长 1 至 2 人。董事长为公司的法定代表人。股东人数较少，规模较小的有限责任公司，可以不设董事会，只设 1 名执行董事。执行董事为公司的法定代表人。

董事会对股东会负责，行使下列职权：①召集股东会会议，并向股东会报告工作；②执行股东会的决议；③决定公司的经营计划和投资方案；④制订公司的年度财务预算方案、决算方案；⑤制订公司的利润分配方案和弥补亏损方案；⑥制订公司增加或者减少注册资本以及发行公司债券的方案；⑦制订公司合并、分立、解散或者变更公司形式的方案；⑧决定公司内部管理机构的设置；⑨决定聘任或者解聘公司经理及其报酬事项，并根据经理的提名决定聘任或者解聘公司副经理、财务负责人及其报酬事项；⑩制定公司的基本管理制度；⑪公司章程规定的其他职权。

2. 董事会会议

董事会会议的议事方式和表决程序，除《公司法》有规定的以外，由公司章程规定。

董事会会议由董事长召集和主持；董事长不能履行职务或者不履行职务的，由副董事长召集和主持；副董事长不能履行职务或者不履行职务的，由半数以上董事共同推举 1 名董事召集和主持。董事会应对所议事项的决定作会议记录，出席会议的董事应当在会议记录上签名。

3. 经理

经理是公司内主持生产经营工作的高级职员。经理对董事会负责，行使下列职权：①主持公司的生产经营管理工作，组织实施董事会决议；②组织实施公司年度经营计划和投资方案；③拟订公司内部管理机构设置方案；④拟定公司的基本管理制度；⑤制定公司的具体规章；⑥提请聘任或者解聘公司副经理、财务负责人；⑦决定聘任或者解聘除应由董事会决定聘任或者解聘以外的负责管理人员；⑧公司章程和董事会授予的其他职权。

（三）监事会（监事）

监事会是公司的监督机构。监事会成员不少于 3 人，由股东代表和适当比例的公司职工代表组成。其中职工代表的比例不得低于 1/3，具体比例由公司章程规定。公司股东人数较少和规模较小的，可以设 1 至 2 名监事，不设监事会。监事的任期每届为 3 年，连选可以连任。董事、经理和财务负责人不得兼任监事。

监事会或监事行使下列职权：①检查公司财务；②对董事、高级管理人员执行公司职务的行为进行监督，对违反法律、行政法规、公司章程或者股东会决议的董事、高级管理人员提出罢免的建议；③当董事、高级管理人员的行为损害公司的利益时，要求董事、高级管理人员予以纠正；④提议召开临时股东会会议，在董事会不履行本法规定的召集和主持股东会会议职责时召集和主持股东会会议；⑤向股东会会议提出提案；⑥依法对董事、高级管理人员提起诉讼；⑦公司章程规定的其他职

以商品零售为主的大新百货有限公司，成立于 2007 年 5 月。成立时的注册资本为 30 万元。由于公司股东只有两个，遂决定一个为执行董事，另一个为财务负责人兼监事。为了开拓更大市场，公司决定聘请在市劳动人事局工作的李某作为公司的经理。李某正好与丁某做一笔生意，准备贩卖一批真皮大衣，于是欣然同意担任该公司的经理。上任后，丁某要求李某提供抵押，李某便用该公司的资产提供了担保。货到后，未经任何人同意，李某私自和大新百货有限公司签订合同，用公司名义将他买来的真皮大衣买下，从中渔利 20 万元。问：（1）大新百货有限公司成立的法人机构是否符合法律规定？为什么？

（2）李某私自和大新百货有限公司签订的合同是否合法、有效？为什么？

权。监事可以列席董事会会议，并对董事会决议事项提出质询或者建议。

国家公务员不得兼任公司的董事、监事和经理。

四、国有独资公司

（一）国有独资公司的概念

国有独资公司，是指国家单独出资、由国务院或者地方人民政府授权本级人民政府国有资产监督管理机构履行出资人职责的有限责任公司。它有以下法律特征：

（1）投资主体的单一性和法定性。即它的投资者只有 1 个，而且只能是法律规定的国家授权机构。

（2）承担责任的有限性。即它的投资者仅以投资额为限对公司承担责任。

（3）生产经营的独立性。即它的投资者不干预公司的生产经营。公司享有独立的法人财产权，依法自主经营，自负盈亏。

（二）国有独资公司的成立

国有独资公司章程由国有资产监督管理机构制定，或者由董事会制定报国有资产监督管理机构批准。

（三）国有独资公司的组织机构

国有独资公司不设股东会，由国有资产监督管理机构行使股东会职权。

国有独资公司设董事会。董事会成员中应当有公司职工代表，由公司职工代表大会选举产生，其余董事会成员由国有资产监督管理机构委派。董事会设董事长 1 人，可以设副董事长。董事长、副董事长由国有资产监督管理机构从董事会成员中指定。董事每届任期不得超过 3 年。

在职权方面，国有独资公司的董事会在有些方面大于一般有限责任公司，公司董事会在国有资产监督管理机构的授权下行使股东会的部分职权，决定公司的重大事项。不过，公司的合并、分立、解散、增加或者减少注册资本和发行公司债券，必须由国有资产监督管理机构决定；其中，重要的国有独资公司合并、分立、解散、申请破产的，应当由国有资产监督管理机构审核后，报本级人民政府批准。

想一想

为什么国有独资公司不设股东会？

国有独资公司设经理，由董事会聘任或者解聘。

国有独资公司设监事会，监事会成员由国有资产监督管理机构委派，并有公司职工代表参加且职工代表的比例不得低于1/3，具体比例由公司章程规定。监事会的成员不得少于 5 人。监事会主席由国有资产监督管理机构从监事会成员中指定。监事会行使有限责任公司监事会的第 1 至第 3 项规定的职权和国务院规定的其他职权。

国有独资公司的董事长、副董事长、董事、高级管理人员，未经国有资产监督管理机构同意，不得在其他有限责任公司、股份有限公司或者经济组织兼职。

第三节　股份有限公司

一、股份有限公司的概念

股份有限公司，是指依照《公司法》的有关规定设立的，其全部资本分为等额股份，股东以其所持股份为限对公司承担责任，公司以其全部资产对公司的债务承担责任的企业法人。

股份有限公司是现代企业制度最典型的形式。它有下列法律特征：①公司全部资本分为等额股份，股份采取股票的形式；②股东均负有限责任；③股东有最低人数限制，而没有最高人数的限制；④所有权与经营权相分离，股东虽有资本所有权却没有业务执行权。

二、股份有限公司的设立

（一）设立条件

根据《公司法》第 77 条规定，设立股份有限公司应当具备下列条件。

1. 发起人符合法定人数

设立股份有限公司，应当有 2 人以上 200 人以下为发起人，其中须有半数以上的发起人在中国境内有住所。

2. 发起人认购和募集的股本达到法定资本最低限额

股份有限公司采取发起设立方式设立的，注册资本为在公司登记机关登记的全体发起人认购的股本总额。公司全体发起人的首次出资额不得低于注册资本的 20%，其余部分由发起人自公司成立之日起 2 年内缴足。其中，投资公司可以在 5 年内缴足。在缴足前，不得向他人募集股份；股份有限公司采取募集方式设立的，注册资本为在公司登记机关登记的实收股本总额。发起人认购的股份不得少于公司股份总数的 35%，法律、行政法规另有规定的，从其规定。股份有限公司注册资本的最低限额为人民币 500 万元。法律、行政法规对股份有限公司注册资本的最低限额有较高规定的，从其规定。发起人向社会公开募集股份，必须公告招股说明书，并制作认股书。认股书由认股人填写认购股数、金额、住所，并签名、盖章。认股人按照所认购股数缴纳股款。

3. 股份发行、筹办事项符合法律规定

4. 发起人制定公司章程，采用募集方式设立的经创立大会通过

股份有限公司章程应当载明下列事项：①公司名称和住所；②公司经营范围；③公司设立方式；④公司股份总数、每股金额和注册资本；⑤发起人的姓名或者名称、认购的股份数、出资方式和出资时间；⑥董事会的组成、职权和议事规则；⑦公司法定代表人；⑧监事会的组成、职权和议事规则；⑨公司利润分配办法；⑩公司的解散事由与清算办法；⑪公司的通知和公告办法；⑫股东大会会议认为需要规定的其他事项。

5. 有公司名称，建立符合股份有限公司要求的组织机构

公司的名称中必须标明"股份有限公司"字样。公司名称应当经过工商行政管理机关预先核准登记。

6. 有公司住所

（二）创立大会

发行股份的股款缴足后，必须经依法设立的验资机构验资并出具证明。发起人应当自股款缴足之日起 30 日内主持召开公司创立大会。创立大会由发起人、认股人组成。发行的股份超

讨论

为什么创立大会在法定期间内召开后认股人不得抽回其股本？

过招股说明书规定的截止期限尚未募足的，或者发行股份的股款缴足后，发起人在 30 日内未召开创立大会的，认股人可以按照所缴股款并加算银行同期存款利息，要求发起人返还。发起人应当在创立大会召开 15 日前将会议日期通知各认股人或者予以公告。创立大会应有代表股份总数过半数的发起人、认股人出席，方可举行。

创立大会行使下列职权：①审议发起人关于公司筹办情况的报告；②通过公司章程；③选举董事会成员；④选举监事会成员；⑤对公司的设立费用进行审核；⑥对发起人用于抵作股款的财产的作价进行审核；⑦发生不可抗力或者经营条件发生重大变化直接影响公司设立的，可以作出不设立公司的决议。创立大会对前款所列事项作出决议，必须经出席会议的认股人所持表决权过半数通过。

发起人、认股人缴纳股款或者交付抵作股款的出资后，除未按期募足股份、发起人未按期召开创立大会或者创立大会决议不设立公司的情形外，不得抽回其股本。

三、股份有限公司的组织机构

（一）股东大会

1. 股东大会的组成和职权

股东大会由全体股东组成，是公司的权力机构。股东大会的职权与有限责任公司股东会的职权基本相同。但有限责任公司的股东向股东以外的人转让出资时，须由股东会做出决议，而股份有限公司的股东可以依法自由转让出资，无须经股东大会批准。

2. 股东大会的召开

股东大会应当每年召开一次年会。此外，有下列情形之一的，应当在 2 个月内召开临时股东大会：①董事人数不足本法规定人数或者公司章程所定人数的 2/3 时；②公司未弥补的亏损达实收股本总额 1/3 时；③单独或者合计持有公司 10%以上股份的股东请求时；④董事会认为必要时；⑤监事会提议召开时；⑥公司章程规定的其他情形。

案例分析

股民老张2007年购买了东方股份有限公司发行的股票 2000股。老张经调查得知，东方公司董事会聘任的总经理李某曾担任当地某大型国有企业的总经理，由于李某经营决策失误，导致该国有企业严重亏损，并于 2005 年被当地法院宣告破产。老张认为东方公司董事会不应聘任李某担任公司总经理，而且自己也是东方公司的股东，有权参加股东大会，以行使自己的权利。问：（1）老张能否参加股东大会？（2）老张认为公司董事会不应聘任李某担任东方公司总经理的观点是否正确？并说明理由。

3. 股东大会的表决程序

股东出席股东大会，所持每1股份有1表决权。但是，公司持有的本公司股份没有表决权。股东可以委托代理人出席股东大会，代理人应当向公司提交股东的授权委托书，并在授权范围内行使表决权。

股东大会作出决议，必须经出席会议的股东所持表决权的半数以上通过。但是，股东大会作出修改公司章程、增加或者减少注册资本的决议，以及公司合并、分立、解散或者变更公司形式的决议，必须经出席会议的股东所持表决权的 2/3 以上通过。临时股东大会不得对通知中未列明的事项作出决议。

股东大会应当对所议事项的决定作成会议记录，主持人、出席会议的董事应当在会议记录上签名。会议记录应当与出席股东的签名册及代理出席的委托书一并保存。

（二）董事会及经理

1. 董事会的组成及职权

董事会是公司股东大会的执行机构，对股东大会负责。董事会由5至19人组成。董事会设董事长1人，副董事长1至2人。董事长和副董事长由董事会以全体董事的过半数选举产生。董事长任期由章程规定，但每届不得超过3年。董事长为公司的法定代表人。

股份有限公司董事会的职权与有限责任公司董事会的职权基本相同。

2. 董事会会议

董事会每年度至少召开两次会议。除这两次法定应召开的会议外，董事会可以根据需要随时决定召开董事会会议。董事会会议由董事长召集并主持，董事长不能履行职务或者不履行职务的，由副董事长召集并主持。副董事长不能履行职务或者不履行职务的，由半数以上董事共同推举1名董事履行职务。召集董事会会议，应当于会议召开10日以前通知全体董事。董事会召开临时会议，可以另定召集董事会的通知方式和通知时限。

董事会开会时，董事应亲自出席。董事因故不能出席时，可以书面委托其他董事代为出席，委托书中应载明授权事项，

动议点

有下列情形之一的，不得担任公司的董事、监事、高级管理人员：（1）无民事行为能力或者限制民事行为能力；（2）因贪污、贿赂、侵占财产、挪用财产或者破坏社会主义市场经济秩序，被判处刑罚，执行期满未逾五年，或者因犯罪被剥夺政治权利，执行期满未逾五年；（3）担任破产清算的公司、企业的董事或者厂长、经理，对该公司、企业的破产负有个人责任的，自该公司、企业破产清算完结之日起未逾三年；（4）担任因违法被吊销营业执照、责令关闭的公司、企业的法定代表人，并负有个人责任的，自该公司、企业被吊销营业执照之日起未逾三年；（5）个人所负数额较大的债务到期未清偿。

如代为行使表决权等。

董事会会议应由过半数以上的董事出席方可举行。董事会作出决议，必须经全体董事的过半数通过。董事应对董事会的决议承担责任。董事会决议违反法律、行政法规或者公司章程，致使公司遭受严重损失的，参与决议的董事对公司负赔偿责任。但经证明在表决时曾表明异议并记载于会议记录的，该董事可以免除责任。

3. 经理

股份有限公司设经理，由董事会聘任或解聘。经理作为公司的日常经营管理人员，对董事会负责。经理的职权与有限责任公司经理的职权相同。

（三）监事会

股份有限公司设立监事会，其成员不得少于 3 人。监事会应在其成员中推选 1 名召集人。监事的任期和监事会的职责与有限责任公司的监事和监事会相同。

四、股份有限公司的股份发行和转让

（一）股份发行

1. 股份与股份发行的概念

股份有限公司的股份，是指按相等金额或相同比例，平均划分公司资本的基本计量单位，代表股东在公司中的权利和义务。股份的法律表现形式是股票，即公司签发的证明股东所持股份的法律凭证。

股份发行，是指股份有限公司为设立公司或者筹集资金，依法发售股份的行为。按照股份发行目的的不同，股份发行分为设立公司而发行股份、为扩大公司资本而发行股份两种类型。

2. 股份发行的原则

股份的发行，实行公开、公平、公正的原则，必须同股同权，同股同利。

3. 股份发行的一般规则

股份发行无论是设立发行还是新股发行，除应符合法定条件并履行法定程序外，还应当遵守下列规定：①股份发行不得折价发行。《公司法》第128条规定，股票发行价格可以按票面金额（平价），也可以超过票面金额（溢价），但不得低于票面金额（折价）。超过票面金额发行股票所得的溢价款列入公司资本公积金；②股份发行必须同股同价发行。

4. 新股发行的条件

公司公开发行新股，应当符合下列条件：①具备健全且运行良好的组织机构；②具有持续盈利能力，财务状况良好；③最近3年财务会计文件无虚假记载，无其他重大违法行为；④经国务院批准的国务院证券监督管理机构规定的其他条件。

（二）股份转让

股份转让，是指公司股份的持有人在自愿和平等协商的基础上，将自己的股份转让给他人的民事法律行为。股份转让除了应遵守有关民事法律行为的一般民法规则外，还应当适用公司法的一些特别规定。

（1）股东转让其股份，应当在依法设立的证券交易场所进行或者按照国务院规定的其他方式进行

（2）发起人持有的本公司股份，自公司成立之日起1年内不得转让

公司公开发行股份前已发行的股份，自公司股票在证券交易所上市交易之日起1年内不得转让。公司董事、监事、高级管理人员应当向公司申报所持有的本公司的股份及其变动情况，在任职期间每年转让的股份不得超过其所持有本公司股份总数的25%；所持本公司股份自公司股票上市交易之日起1年内不得转让。上述人员离职后半年内，不得转让其所持有的本公司股份。公司章程可以对公司董事、监事、高级管理人员转让其所持有的本公司股份作出其他限制性规定。

（3）记名股票，由股东以背书方式或者法律、行政法规规定的其他方式转让；转让后由公司将受让人的姓名或者名称及住所记载于股东名册。股东大会召开前20日内或者公司决定分配股利的基准日前5日内，不得进行股东名册的变更登记。但是，法律对上市公司股东名册变更登记另有规定的，从其规定。记名股票被盗、遗失或者灭失，股东可以依照民事诉讼法规定的公示催告程序，请求人民法院宣告该股票失效。依照公示催

告程序，人民法院宣告该股票失效后，股东可以向公司申请补发股票。

（4）无记名股票的转让，由股东将该股票交付给受让人后即发生转让的效力。

（5）公司不得收购本公司股份。但是，有下列情形之一的除外：①减少公司注册资本；②与持有本公司股份的其他公司合并；③将股份奖励给本公司职工；④股东因对股东大会作出的公司合并、分立决议持异议，要求公司收购其股份的。同时，公司也不得接受本公司的股票作为质押权的标的。

五、上市公司

（一）上市公司的概念

上市公司，是指将已公开发行的股票经证券交易所批准在证券交易所上市交易的股份有限公司。

股份有限公司申请股票上市，应当符合下列条件：①股票经国务院证券监督管理机构核准已公开发行；②公司股本总额不少于人民币 3000 万元；③公开发行的股份达到公司股份总数的 25%以上；公司股本总额超过人民币 4 亿元的，公开发行股份的比例为 10%以上；④公司最近 3 年无重大违法行为，财务会计报告无虚假记载。证券交易所可以规定高于前款规定的上市条件，并报国务院证券监督管理机构批准。

（二）股票上市程序

（1）股份有限公司申请其股票上市交易，应当向证券交易所提出申请。

（2）被批准的上市公司必须公告股票上市报告，并将其申请文件存放在指定地点供公众查阅。

（3）与证券交易所签订上市协议。

（4）依照有关法律、行政法规的规定，将被批准的上市股份投入合法证券交易场所进行交易。

（三）对上市公司的监管

1. 信息公开制度

上市公司必须依据有关法律规定，定期公开其财务状况和经营情况，每半年应公布一次财务会计报告。

知识点

我国现有深圳证券交易所和上海证券交易所。

知识点

事实上，我国现在的上市公司每季度公布一次财务会计报告，俗称季报。

2. 暂停上市制度

上市公司有下列情形之一的，由证券交易所决定暂停其股票上市交易：①公司股本总额、股权分布等发生变化不再具备上市条件；②公司不按照规定公开其财务状况，或者对财务会计报告作虚假记载，可能误导投资者；③公司有重大违法行为；④公司最近 3 年连续亏损；⑤证券交易所上市规则规定的其他情形。

3. 终止上市制度

上市公司有下列情形之一的，由证券交易所决定终止其股票上市交易：①公司股本总额、股权分布等发生变化不再具备上市条件，在证券交易所规定的期限内仍不能达到上市条件；②公司不按照规定公开其财务状况，或者对财务会计报告作虚假记载，且拒绝纠正；③公司最近 3 年连续亏损，在其后 1 个年度内未能恢复盈利；④公司解散或者被宣告破产；⑤证券交易所上市规则规定的其他情形。

第四节 公 司 债 券

一、公司债券的概念和种类

（一）公司债券的概念

公司债券，是指公司依照法定条件和程序发行的、约定在一定期限还本付息的有价证券。

公司债券与公司股票有下列不同的法律特征：①性质不同。公司债券表示发行者与投资者之间的债权债务关系，公司股票表示投资者对发行股票的公司享受股权；②权利不同。公司债券到期还本付息，公司股票持有人可以参加股东大会，行使表决权，可以参加年终分红以及公司终止时的剩余财产分配；③义务不同。公司债券对公司的经营状况不承担任何责任，公司股票持有人则不能抽回投资，且按其所持股份对公司承担责任；④风险不同。持有公司债券的收益即利息是固定的，而公司股票的收益可能较高或较低，股票风险比债券风险大。

（二）公司债券的种类

依照不同的标准，对公司债券可以进行不同的分类。

1. 记名债券和无记名债券。记名债券，指在债券的券面记明债券持有人的姓名或名称的债券

无记名债券，指券面不记载持有人姓名或名称的债券。区分两者的法律意义在于转让的要求不同。记名债券的转让，转让人需要在债券上背书；而无记名债券的转让，交付债券时，转让即发生法律效力。

2. 可转换债券和不可转换债券

可转换债券，指可以转换为股票的公司债券。不可转换债券，指不能转换为股票的公司债券。凡在发行债券时未作出转换约定的，均为不可转换债券。

二、公司债券的发行与上市

（一）公司债券发行的条件

公司发行债券必须符合下列条件：①股份有限公司的净资产不低于人民币 3000 万元，有限责任公司的净资产不低于人民币 6000 万元；②累计债券余额不超过公司净资产的 40%；③最近 3 年平均可分配利润足以支付公司债券 1 年的利息；④筹集的资金投向符合国家产业政策；⑤债券的利率不超过国务院限定的利率水平；⑥国务院规定的其他条件。

关于再次发行债券的规定。有下列情形之一的，不得再次公开发行公司债券：①前一次公开发行的公司债券尚未募足；②对已公开发行的公司债券或者其他债务有违约或者延迟支付本息的事实，仍处于继续状态；③违反《证券法》规定，改变公开发行公司债券所募资金的用途。

（二）公司债券发行的程序

（1）由公司的权力机构作出决议。除国有独资公司发行公司债券，应由国有资产监督管理机构作出决定外，其余公司发行公司债券应由董事会制订方案，由股东大会或者股东会作出决议。

想一想

是不是所有的公司都可以发行公司债券？

（2）报经国务院证券监督管理机构或者国务院授权的部门审批。公司对发行公司债券作出决议或决定后，应当持书面申请书、公司登记证明、公司章程、验资报告等文件，向国务院证券监督管理机构或者国务院授权的部门报请审批。

（3）公告公司债券募集办法。发行公司债券申请获准后，公司应当公告公司债券募集办法。

（4）公司债券的承销。获准发行债券的公司，应当与承销机构确定并签订承销协议。

（5）置备公司债券存根簿。公司债券存根簿是公司掌握债券持有人基本情况的公司内部文件。公司发行公司债券应当置备公司债券存根簿。

（三）公司债券上市交易的条件

公司申请公司债券上市交易，应当符合下列条件：①公司债券的期限为 1 年以上；②公司债券实际发行额不少于人民币5 000 万元；③公司申请债券上市时仍符合法定的公司债券发行条件。

三、公司债券的转让

根据公司债券的种类不同，公司债券的转让有两种不同的方式。记名债券由债券持有人以背书方式或者有关法律规定的方式转让，记名债券的转让由公司将受让人的姓名或者名称及住所记载于公司债券存根簿上，以备公司存查。无记名债券只需由债券持有人在依法设立的证券交易所，将要转让的债券交付给受让人即发生转让效力。

法规索引

1. 《中华人民共和国公司法》
2. 《中华人民共和国证券法》
3. 《中华人民共和国公司登记管理条例》
4. 《中华人民共和国民事诉讼法》

思考题

1. 有限责任公司的注册资本，其最低限额是怎样规定的？

2. 股份有限公司和有限责任公司的特征有哪些区别？
3. 股份有限公司申请股票上市，应当符合哪些条件？
4. 公司债券发行的程序是怎样的？

第 五 章

企业破产法律制度

本章导读

本章在介绍破产概念和特征的基础上,具体探讨了《企业破产法》中有关破产界限确定,破产案件申请与受理,债权人会议与和解整顿程序,破产宣告与破产清算等法律规范。

本章引例

某市基层人民法院于 2007 年 8 月 25 日受理该市某企业破产案件,11 月 25 日作出破产宣告的裁定。该企业曾于 2007 年 5 月 8 日向长期供货的甲企业捐赠价值 50 万元的机器设备。问:在破产企业清算时,管理人对此行为应如何处理?

关 键 词

破产程序 破产申请 破产受理 债权人会议
破产清算

解 析

管理人可以依法行使撤销权。根据《破产法》规定,人民法院受理破产申请前 1 年内,涉及债务人无偿转让财产的下列行为,管理人有权请求人民法院予以撤销。

讨论

企业破产偿债
是目的还是手段？

第一节 破产法概述

一、破产的概念与特征

破产，是指在债务人不能清偿到期债务，并且资产不足以清偿全部债务或者明显缺乏清偿能力的情况下，由法院主持强制执行其全部财产，公平清偿全体债权人的法律制度。由此可见，破产具有以下几个特征。

1. 破产程序以债务人不能清偿债务为前提

债务人由于经营不善等原因丧失清偿债务的能力是企业破产的唯一原因，且债务人不能清偿的事实得到法律的确认。

2. 破产程序的宗旨是使大多数债权人获得公平清偿

企业破产后，在偿还债务时，同一顺位的债权人其地位是平等的，他们享有均等的受偿机会。也就是说，破产企业的财产不足以偿还债务时，同一顺位的债权人按比例受偿。

3. 破产程序是对债务人财产与法律关系的全面清算和最后执行

企业被宣告破产后，债务人便立即丧失对自己财产管理和处分的权利，转由清算组接管。自此以后，破产企业丧失民事主体资格，终结自己的业务经营。

二、破产法的概念和立法宗旨

企业破产法，是指在企业法人不能清偿到期债务，并且资产不足以清偿全部债务或者明显缺乏清偿能力的情况下，法院强制对其全部财产清算分配，公平清偿债权人，或通过和解、重整延缓清偿债务，避免企业法人破产的法律规范的总称。

为了规范企业破产程序，公平清理债权债务，保护债权人和债务人的合法权益，维护社会主义市场经济秩序，2006 年 8 月 27 日第十届全国人民代表大会常务委员会第二十三次会议通过了《中华人民共和国企业破产法》，该法自 2007 年 6 月 1 日起施行。

第二节　破产申请的提出
与破产案件的受理

一、破产界限

破产界限也称破产条件，是指企业法人不能清偿到期债务，并且资产不足以清偿全部债务或者明显缺乏清偿能力的，依法进行破产宣告的法定事由。破产界限的实质标准就是企业法人不能清偿到期债务。

二、破产申请的提出

债务人不能清偿到期债务，并且资产不足以清偿全部债务或者明显缺乏清偿能力的，可以向人民法院提出重整、和解或者破产清算申请。

债务人不能清偿到期债务，债权人可以向人民法院提出对债务人进行重整或者破产清算的申请。

企业法人已解散但未清算或者未清算完毕，资产不足以清偿债务的，依法负有清算责任的人应当向人民法院申请破产清算。

破产申请应以书面的形式向对破产案件有管辖权的人民法院提出。企业破产案件由债务人住所地人民法院管辖。债务人住所地是指债务人的主要办事机构所在地，债务人主要办事机构不明确的，由其注册地人民法院管辖。

破产申请应以书面的形式提出。提出破产申请时，应当向人民法院提交破产申请书和有关证据。破产申请书应当载明下列事项：①申请人、被申请人的基本情况；②申请目的；③申请的事实和理由；④人民法院认为应当载明的其他事项。债务人提出申请的，还应当向人民法院提交财产状况说明、债务清册、债权清册、有关财务会计报告、职工安置预案以及职工工资的支付和社会保险费用的缴纳情况。

三、破产案件的受理

破产案件的受理也称破产案件的立案，是指人民法院经审查认为破产申请符合法定的立案条件而予以接受，并由此开始破产程序的司法上的审判行为。人民法院受理破产案件，标志着破产程序的开始。

（一）破产申请受理的程序

债权人提出破产申请的，人民法院应当自收到申请之日起5日内通知债务人。债务人对申请有异议的，应当自收到人民法院通知之日起7日内向人民法院提出。人民法院应当自异议期满之日起10日内裁定是否受理。除上述情形外，人民法院应当自收到破产申请之日起15日内裁定是否受理。有特殊情况需要延长的，经上一级人民法院批准，可以延长15日。

人民法院受理破产申请的，应当自裁定作出之日起5日内送达申请人。债权人提出申请的，人民法院应当自裁定作出之日起5日内送达债务人。债务人应当自裁定送达之日起15日内，向人民法院提交财产状况说明、债务清册、债权清册、有关财务会计报告以及职工工资的支付和社会保险费用的缴纳情况。

人民法院裁定受理破产申请的，应当同时指定管理人，并自裁定受理破产申请之日起25日内通知已知债权人，并予以公告。通知和公告应当载明下列事项：①申请人、被申请人的名称或者姓名；②人民法院受理破产申请的时间；③申报债权的期限、地点和注意事项；④管理人的名称或者姓名及其处理事务的地址；⑤债务人的债务人或者财产持有人应当向管理人清偿债务或者交付财产的要求；⑥第一次债权人会议召开的时间和地点；⑦人民法院认为应当通知和公告的其他事项。

人民法院裁定不受理破产申请的，应当自裁定作出之日起5日内送达申请人并说明理由。申请人对裁定不服的，可以自裁定送达之日起10日内向上一级人民法院提起上诉。

（二）破产申请受理的效力

自人民法院受理破产申请的裁定送达债务人之日起至破产程序终结之日，债务人的有关人员应当承担下列义务：①妥善保管其占有和管理的财产、印章和账簿、文书等资料；②根据人民法院、管理人的要求进行工作，并如实回答询问；③列席债权人会议并如实回答债权人的询问；④未经人民法院许可，不得离开住所地；⑤不得新任其他企业的董事、监事、高级管理人员。

人民法院受理破产申请后，债务人对个别债权人的债务清偿无效。

人民法院受理破产申请后，债务人的债务人或财产持有人应当向管理人清偿债务或交付财产。

人民法院受理破产申请后，管理人对破产申请受理前成立而债务人和对方当事人均未履行完毕的合同有权决定解除或继续履行，并通知对方当事人。管理人自破产申请受理之日起 2 个月内未通知对方当事人，或者自收到对方当事人催告之日起 30 日内未答复的，视为解除合同。管理人决定继续履行合同的，对方当事人应当履行；但是，对方当事人有权要求管理人提供担保。管理人不提供担保的，视为解除合同。

人民法院受理破产申请后，有关债务人财产的保全措施应当解除，执行程序应当中止。

人民法院受理破产申请后，已经开始而尚未终结的有关债务人的民事诉讼或者仲裁应当中止；在管理人接管债务人的财产后，该诉讼或者仲裁继续进行。

第三节 债权人会议与重整、和解程序

一、债权人会议

债权人会议，是破产程序中全体债权人的自治性组织，是债权人行使破产参与权的场所。债权人会议不是执行机关，也不是民事权利主体。

（一）债权人会议的组成

依法申报债权的债权人为债权人会议的成员，有权参加债权人会议，享有表决权。债权尚未确定的债权人，除人民法院能够为其行使表决权而临时确定债权额以外，不得行使表决权；对债务人的特定财产享有担保权的债权人，未放弃优先受偿权利的，其对通过和解协议和破产财产的分配方案的事项不享有表决权。

债权人会议应当有债务人的职工和工会的代表参加。

债权人会议设主席一人，由人民法院从有表决权的债权人定有财产担保未放弃优先受偿权的债权人李某担任债权人会议主席。后经占无财产担保债权总额的 1/5 以上的债权人请求，法院召开了第二次债权人会议。此后经一段时间的审理，法院作出裁定，宣告该国有企业破产，破产企业由其上级主管部门接管并进行清算。问：该国有企业破产过程中，有哪些违法之处？

中指定，债权人会议主席主持债权人会议。

债权人可以委托代理人出席债权人会议，行使表决权。代理人出席债权人会议，应当向人民法院或者债权人会议主席提交债权人的授权委托书。

（二）债权人会议的召集

第一次债权人会议由人民法院召集，自债权申报期限届满之日起 15 日内召开。以后的债权人会议，在人民法院认为必要时，或者管理人、债权人委员会、占债权总额 1/4 以上的债权人向债权人会议主席提议时召开。

召开债权人会议，管理人应当提前 15 日通知已知的债权人。

（三）债权人会议的职权

债权人会议行使下列职权：①核查债权；②申请人民法院更换管理人，审查管理人的费用和报酬；③监督管理人；④选任和更换债权人委员会成员；⑤决定继续或者停止债务人的营业；⑥通过重整计划；⑦通过和解协议；⑧通过债务人财产的管理方案；⑨通过破产财产的变价方案；⑩通过破产财产的分配方案；⑪人民法院认为应当由债权人会议行使的其他职权。

债权人会议应当对所议事项的决议作成会议记录。

（四）债权人会议的决议

债权人会议的决议，由出席会议的有表决权的债权人过半数通过，并且其所代表的债权额占无财产担保债权总额的 1/2 以上。但法律另有规定的除外。债权人会议的决议，对全体债权人均有法律约束力。

债权人认为债权人会议的决议违反法律规定，损害其利益的，可以自债权人会议作出决议之日起 15 日内，请求人民法院裁定撤销该决议，责令债权人会议依法重新作出决议。

（五）债权人委员会

债权人会议可以决定设立债权人委员会。债权人委员会由债权人会议选任的债权人代表和 1 名债务人的职工代表或者工会代表组成。债权人委员会成员不得超过 9 人。债权人委员会成员应当经人民法院书面决定认可。

债权人委员会行使下列职权：①监督债务人财产的管理和处分；②监督破产财产分配；③提议召开债权人会议；④债权人会议委托的其他职权。

二、重整

重整，是指当企业法人不能清偿到期债务时，不立即进行破产清算，而是在人民法院的主持下，由债务人与债权人达成协议，制定债务人重整计划，债务人继续营业，并在一定期限内全部或部分清偿债务的制度。

想一想

你对企业重整有什么看法？

（一）重整申请

债务人尚未进入破产程序时，债务人或者债权人可以直接向人民法院申请对债务人进行重整。

债权人申请对债务人进行破产清算的，在人民法院受理破产申请后，宣告债务人破产前，债务人或者出资额占债务人注册资本 1/10 以上的出资人，可以向人民法院申请重整。

人民法院经审查认为重整申请符合规定的，应当裁定债务人重整，并予以公告。

（二）重整期间

自人民法院裁定债务人重整之日起至重整程序终止，为重整期间。

在重整期间，经债务人申请，人民法院批准，债务人可以在管理人的监督下自行管理财产和营业事务。

在重整期间，对债务人的特定财产享有的担保权暂停行使。但是，担保物有损坏或者价值明显减少的可能，足以危害担保权人权利的，担保权人可以向人民法院请求恢复行使担保权。债务人或者管理人为继续营业而借款的，可以为该借款设定担保。

在重整期间，债务人的出资人不得请求投资收益分配。债务人的董事、监事、高级管理人员不得向第三人转让其持有的债务人的股权。但是，经人民法院同意的除外。

在重整期间，有下列情形之一的，经管理人或者利害关系人请求，人民法院应当裁定终止重整程序，并宣告债务人破产：①债务人的经营状况和财产状况继续恶化，缺乏挽救的可能性。②债务人有欺诈、恶意减少债务人财产或者其他显著不利于债权人的行为。③由于债务人的行为致使管理人无法执行职务。

（三）重整计划

债务人自行管理财产和营业事务的，由债务人制作重整计划草案。管理人负责管理财产和营业事务的，由管理人制作重整计划草案。债务人或者管理人应当自人民法院裁定债务人重整之日起 6 个月内，同时向人民法院和债权人会议提交重整计划草案。

人民法院应当自收到重整计划草案之日起 30 日内召开债权人会议，对重整计划草案进行表决。出席会议的同一表决组的债权人过半数同意重整计划草案，并且其所代表的债权额占该组债权总额的 2/3 以上的，即为该组通过重整计划草案。

各表决组均通过重整计划草案时，重整计划即为通过。自重整计划通过之日起 10 日内，债务人或者管理人应当向人民法院提出批准重整计划的申请。人民法院经审查认为符合规定的，应当自收到申请之日起 30 日内裁定批准，终止重整程序，并予以公告。

重整计划由债务人负责执行。人民法院裁定批准重整计划后，已接管财产和营业事务的管理人应当向债务人移交财产和营业事务。

自人民法院裁定批准重整计划之日起，在重整计划规定的监督期内，由管理人监督重整计划的执行。

人民法院裁定批准的重整计划，对债务人和全体债权人均有约束力。

三、和解

和解，是指具备破产原因的债务人，为了避免破产清算，而与债权人会议达成协商解决债务的协议的制度。债务人可以依照《企业破产法》的规定，直接向人民法院申请和解；也可以在人民法院受理破产申请后、宣告债务人破产前，向人民法院申请和解。债务人申请和解，应当提出和解协议草案。

（一）和解协议的通过及裁定

人民法院经审查认为和解申请符合规定的，应当裁定和解，予以公告，并召集债权人会议讨论和解协议草案。对债务人的特定财产享有担保权的权利人。自人民法院裁定和解之日起可以行使权利。

债权人会议通过和解协议的决议，由出席会议的有表决权的债权人过半数同意，并且其所代表的债权额占无财产担保债权总额的 2/3 以上。债权人会议通过和解协议的，由人民法院裁定认可，终止和解程序，并予以公告。

和解协议草案经债权人会议表决未获得通过，或者已经债权人会议通过的和解协议未获得人民法院认可的，人民法院应当裁定终止和解程序，并宣告债务人破产。

（二）和解协议的效力

经人民法院裁定认可的和解协议，对债务人和全体和解债权人均有约束力。和解债权人未依照规定申报债权的，在和解协议执行期间不得行使权利；在和解协议执行完毕后，可以按照和解协议规定的清偿条件行使权利。

和解债权人对债务人的保证人和其他连带债务人所享有的权利，不受和解协议的影响。

债务人应当按照和解协议规定的条件清偿债务。

和解协议无强制执行效力，如债务人不履行协议，债权人不能请求人民法院强制执行，只能请求人民法院终止和解协议的执行，宣告其破产。

（三）和解协议的终止

因债务人的欺诈或者其他违法行为而成立的和解协议，人民法院应当裁定无效，并宣告债务人破产。

债务人不能执行或者不执行和解协议的，人民法院经和解债权人请求，应当裁定终止和解协议的执行，并宣告债务人破产。

债务人不能执行或者不执行和解协议的行为有：①拒不执行或者延迟执行和解协议；②财务状况继续恶化，足以影响执行和解协议；③给个别债权人和解协议外的特殊利益；④转移财产、隐匿或私分财产；⑤非正常压价出售财产、放弃自己的债权；⑥对原来没有财产担保的债务提供财产担保、对未到期的债务提前清偿等行为。

人民法院受理破产申请后，债务人与全体债权人就债权债务的处理自行达成协议的，可以请求人民法院裁定认可，并终结破产程序。

第四节　破产宣告与破产清算

一、破产宣告

破产宣告，是指受理破产案件的人民法院审查并宣告债务人破产的裁判行为。

根据《破产法》规定，有下列情形之一的，人民法院应当以书面裁定，宣告债务人企业破产：①企业不能清偿到期债务，又不具备法律规定的不予宣告破产条件的；②企业被人民法院依法裁定终止重整程序的；③人民法院依法裁定终止和解协议执行的。

人民法院依法宣告债务人破产的，应当自裁定作出之日起5日内送达债务人和管理人，自裁定作出之日起10日内通知已知债权人，并予以公告。

债务人被宣告破产后，债务人称为破产人，债务人财产称为破产财产。人民法院受理破产申请时对债务人享有的债权称为破产债权。

破产宣告前，有下列情形之一的，人民法院应当裁定终结破产程序，并予以公告：①第三人为债务人提供足额担保或者为债务人清偿全部到期债务的。②债务人已清偿全部到期债务的。

对破产人的特定财产享有担保权的权利人，对该特定财产享有优先受偿的权利。

对破产人的特定财产享有优先受偿权的债权人，行使优先受偿权利未能完全受偿的，未受偿的债权作为普通债权；放弃优先受偿权利的，其债权作为普通债权。

二、破产清算

（一）破产财产的变价

管理人应当及时拟订破产财产变价方案，提交债权人会议讨论通过。

管理人应当按照债权人会议通过的或者人民法院依法裁定的破产财产变价方案，适时变价出售破产财产。

案例分析

甲企业因为连年亏损申请破产，人民法院依法受理破产申请，并予以公告。下列做法是否符合法律规定，为什么？（1）债权人丙企业，对甲企业的特定财产享有担保权，并未放弃优先受偿权利，在和解协议的表决时投了反对票；（2）债权人丁企业，认为债权人会议的决议违反法律规定，损害其利益，在债权人会议作出决议之日起第20日，请求人民法院裁定撤销该决议。

变价出售破产财产应当通过拍卖方式进行，但债权人会议另有决议的除外。

破产企业可以全部或者部分变价出售。企业变价出售时，可以将其中的无形资产和其他财产单独变价出售。

按照国家规定不能拍卖或者限制转让的财产，应当按照国家规定的方式处理。

（二）破产财产的分配

破产财产在优先清偿破产费用和共益债务后，依照下列顺序清偿。

（1）破产人所欠职工的工资和医疗、伤残补助、抚恤费用，所欠的应当划入职工个人账户的基本养老保险、基本医疗保险费用，以及法律、行政法规规定应当支付给职工的补偿金。

（2）破产人欠缴的除前项规定以外的社会保险费用和破产人所欠税款。

（3）普通破产债权。

破产财产不足以清偿同一顺序的清偿要求的，按照比例分配。

破产企业的董事、监事和高级管理人员的工资按照该企业职工的平均工资计算。

管理人应当及时拟订破产财产分配方案，提交债权人会议讨论。

破产财产分配方案的表决必须由出席会议的有表决权的债权人过半数通过，并且其所代表的债权额占无财产担保债权总额的 1/2 以上。经债权人会议表决通过的破产财产分配方案对全体债权人有约束力。

债权人会议通过破产财产分配方案后，由管理人将该方案提请人民法院裁定认可。破产财产分配方案经人民法院裁定认可后，由管理人执行。

管理人按照破产财产分配方案实施多次分配的，应当公告本次分配的财产额和债权额。管理人实施最后分配的，应当在公告中指明。

对于附生效条件或者解除条件的债权，管理人应当将其分配额提存。管理人依照规定提存的分配额，在最后分配公告日，生效条件未成就或者解除条件成就的，应当分配给其他债权人；在最后分配公告日，生效条件成就或者解除条件未成就的，应当交付给债权人。

债权人未受领的破产财产分配额，管理人应当提存。债权人自最后分配公告之日起满 2 个月仍不领取的，视为放弃受领分配的权利，管理人或者人民法院应当将提存的分配额分配给其他债权人。

破产财产分配时，对于诉讼或者仲裁未决的债权，管理人应当将其分配额提存。自破产程序终结之日起满 2 年仍不能受领分配的，人民法院应当将提存的分配额分配给其他债权人。

（三）破产程序的终结

根据《破产法》规定，下列情况下终结破产程序：①债务人财产不足以清偿破产费用的，管理人应当提请人民法院终结破产程序。②人民法院受理破产申请后，债务人与全体债权人就债权债务的处理自行达成协议的，可以请求人民法院裁定认可，并终结破产程序。③破产人无财产可供分配的，管理人应当请求人民法院裁定终结破产程序。④破产财产分配完毕，管理人应当提请人民法院裁定终结破产程序。

人民法院应当自收到管理人终结破产程序的请求之日起 15 日内作出是否终结破产程序的裁定。裁定终结的，应当予以公告。

管理人应当自破产程序终结之日起 10 日内，持人民法院终结破产程序的裁定，向破产人的原登记机关办理注销登记。管理人于办理注销登记完毕的次日终止执行职务。但是，存在诉讼或者仲裁未决情况的除外。

破产程序终结后，债权人通过破产分配未能得到清偿的债权不再予以清偿，破产企业未偿清余债的责任依法免除。但是，自破产程序依法终结之日起 2 年内，有下列情形之一的，债权人可以请求人民法院按照破产财产分配方案进行追加分配：①发现有依照法律规定应当追回的财产的。②发现破产人有应当供分配的其他财产的。有上述规定情形，但财产数量不足以支付分配费用的，不再进行追加分配，由人民法院将其上缴国库。

破产人的保证人和其他连带债务人，在破产程序终结后，对债权人依照破产清算程序未受清偿的债权，依法继续承担清偿责任。

第五节　违反破产法的法律责任

违反破产法的法律责任，是指造成企业破产的企业董事、监事或者高级管理人员，以及违反企业破产法律规定的债务人、管理人等的违法行为应当承担的民事责任、行政责任和刑事责任。

一、民事责任

企业董事、监事或者高级管理人员违反忠实义务、勤勉义务，致使所在企业破产的，除依法承担民事责任外，自破产程序终结之日起 3 年内不得担任任何企业的董事、监事或高级管理人员。

因债务人的违法行为，损害债权人利益的，债务人的法定代表人和其他直接责任人员依法承担赔偿责任。

管理人未依照破产法规定勤勉尽责，忠实执行职务，给债权人、债务人或者第三人造成损失的，依法承担赔偿责任。

二、行政责任

有义务列席债权人会议的债务人的有关人员，经人民法院传唤，无正当理由拒不列席债权人会议的，人民法院可以拘传，并依法处以罚款。债务人的有关人员违反破产法规定，拒不陈述、回答，或者作虚假陈述、回答的，人民法院可以依法处以罚款。

债务人违反破产法规定，拒不向人民法院提交或者提交不真实的财产状况说明、债务清册、债权清册、有关财务会计报告以及职工工资的支付情况和社会保险费用的缴纳情况的，人民法院可以对直接责任人员依法处以罚款。债务人违反破产法规定，拒不向管理人移交财产、印章和账簿、文书等资料的，或者伪造、销毁有关财产证据材料而使财产状况不明的，人民法院可以对直接责任人员依法处以罚款。

债务人的有关人员违反破产法规定，擅自离开住所地的，人民法院可以予以训诫、拘留，可以依法并处罚款。

管理人未依照破产法规定勤勉尽责、忠实执行职务的，人民法院可以依法处以罚款。

三、刑事责任

造成企业破产的企业董事、监事或者高级管理人员，以及违反企业破产法律规定的债务人、管理人等的违法行为，情节严重，构成犯罪的，依法追究刑事责任。

法规索引

1.《中华人民共和国破产法》
2.《中华人民共和国民事诉讼法》

思考题

1. 破产案件的基本程序包括哪些？
2. 简述债权人会议的组成及其职责。
3. 人民法院在什么情况下，应当以书面裁定宣告债务人企业破产？
4. 破产财产的分配顺序如何？

第 六 章

合同法律制度

本章导读

合同，是平等主体的自然人、法人、其他组织之间设立、变更、终止民事权利义务关系的协议。合同法理所当然属于民法的范畴，但是合同法与社会经济生活密不可分，具有许多经济法方面的特征，本书把它纳入实用经济法的范畴。本章从合同法的概念、基本原则和调整对象入手，对合同的内容作了系统的阐述和揭示。在此基础上分4节对合同的订立、合同的效力、合同的履行、合同的变更和转让及终止作了较为详细的探讨与分析。在合同的订立一节，除对合同的内容铺陈较多外，还对合同订立的一般程序和合同订立的形式作了较为系统的分析介绍；在合同的效力一节，对无效合同、可撤销合同、效力未定合同从概念、种类、法律后果3个方面进行了充分的揭示；在合同的履行一节，从介绍其概念入手，对法律的一般规定和特别规定作了较为适当的铺陈；在合同的变更、转让和终止一节，对他们的概念、适用的条件、程序及法律后果进行了系统的介绍，并作了适当的分析。最后，利用1节的篇幅对缔约过失责任和违约责任进行勾勒，以此作为本章的结束语。

本章引例

2007年4月1日甲公司和乙公司签订货物买卖合同，双方约定：乙公司在6月1日前向甲公司交付货物，甲公司在收到货物10日内付款。4月25日乙公司发现甲公司经营状况严重恶化，遂要求甲公司提供担保，否则中止履行。甲公司拒绝提供担保，且经营状况继续恶化，乙公司于是在6月15日提出解除合同。问：

（1）乙公司行使的是什么权利？

（2）乙公司能否提出中止履行，为什么？

（3）乙公司能否提出解除合同，为什么？

（4）若甲公司在合理期限内提供担保，乙公司应怎么办？

关键词

合同　合同法　调整对象　合同订立　合同效力　合同履行　违约责任

解析

（1）乙公司行使的是不安抗辩权；（2）能。因为甲公司经营状况严重恶化，且未提供担保，符合中止履行的构成要件；（3）能。因为甲公司经营状况继续恶化，且拒绝提供担保，乙公司在约定或合理期限内有权解除合同；（4）乙公司应当继续履行合同。

第一节 合同法概述

一、合同的概念和特征

（一）合同的概念

合同，又称契约。它有广义和狭义之分。广义的合同，是指当事人之间设立的具有权利义务内容的协议。广义的合同不仅包括民法上的债权合同、物权合同和身份合同，而且包括国家法上的国家合同、行政法上的行政合同和劳动法上的劳动合同等。狭义的合同，是指平等主体的自然人、法人和其他组织之间设立、变更、终止债权债务关系的协议。我国合同法上所规定的合同是指狭义的合同。

（二）合同的特征

虽然我国合同法规定的合同仅指民法上的债权合同，但它包括的内容却相当广泛，诸如转移财产所有权的合同、赠与合同、转移财产使用权的合同、借款合同、完成工作成果的合同、提供劳务的合同、技术合同等。各种合同之间既有各自的不同特点，又有着共同的法律特征。其共同的法律特征有：

（1）合同是一种民事法律行为。合同的订立使当事人之间产生一定的权利义务关系，并受到国家法律的承认和保护，任何一方不履行合同，就要承担由此而引起的法律后果。合同的这一特征，使其区别于一般社交中的约定行为。一般社交中的约定行为并不产生法律上的民事法律关系。当然，能够产生一定的民事法律关系的并不都是合同行为。例如，合同以外的无因管理行为、侵权行为都会产生民事法律关系，但不是合同行为。

（2）合同是双方或多方当事人之间的民事法律行为。如前文所述，民事法律行为有单方和双方或多方之分。合同是双方或多方当事人之间的民事法律行为，须经双方或多方当事人的意思表示一致，合同才能成立。

（3）合同是当事人在平等互利基础上的法律行为。当事人在合同关系中处于平等地位，订立合同过程中不允许任何一方对他方加以限制或强迫命令，也不允许由第三人向当事人施加影响。这是合同当事人真实表达自己的意志，进行平等协商、

知识点

无因管理是指没有法定或约定的义务，为避免他人利益遭受损失，为他人管理事务的行为。

互利互惠的基础。

（4）合同是当事人的合法行为。合同的订立、履行、变更、解除以及合同的内容等，都必须符合法律和行政法规的要求，合同中确定的权利义务，必须是双方当事人依法可以行使的权利和义务。否则，就不能得到国家法律的保护，即使双方自愿，在法律上也不能认为有效。

二、合同法的概念和调整对象

由于合同有广义和狭义之分，因此合同法也有广义和狭义两种含义。从广义来说，合同法，是指调整当事人之间设立具有权利义务内容的协议过程中所形成的一切社会关系的法律规范的总称。而本书所说的合同法是指狭义的合同法，即1999年3月15日九届全国人大第二次会议通过、并自同年10月1日起施行的《中华人民共和国合同法》，它是指调整自然人、法人和其他组织之间在合同的订立、履行、变更和终止过程中形成的债权债务关系的法律规范的总称。

《合同法》是为了保障社会主义市场经济的健康发展，保护合同当事人的合法权益，维护社会经济秩序，促进社会主义现代化建设而制定的。它的适用范围很广，买卖、供用电（水、气、热力）、赠与、租赁、融资租赁、借款、承揽、建设工程、运输、保管、仓储、委托、行纪、居间、技术等涉及债权债务关系的合同，都适用《合同法》的规定。因此，《合同法》所要调整的对象也十分广泛，它主要调整合同当事人围绕合同的订立、变更和终止所发生的民事权利义务关系，以及国家有关部门在监督、检查合同，调解、仲裁、审理、判决合同案件和确认无效合同过程中发生的各种关系。

知识点

这里的15种合同是有名合同。所谓有名合同，是指法律上已经确定了一定名称的合同；无名合司是指尚未由立法统一确定一定名称的合同。

三、合同法的基本原则

（一）平等原则

合同法上的平等原则是民法平等原则的体现和贯彻，它集中地体现了合同关系的本质。根据对《民法通则》第3条规定的理解，结合《合同法》第3条规定，可以认为合同法上的平等原则包括下列含义：①合同是平等主体之间设立、变更、终止债权债务关系的协议；②合同当事人法律地位平等；③合同当事人不得将自己的意志强加给另一方。

（二）自愿原则

《合同法》第 4 条规定："当事人依法享有自愿订立合同的权利，任何单位和个人不得非法干预。"这一原则的具体内容有 4 层含义：①当事人有订立或不订立合同的自由，当事人双方或多方是否订立合同基于自己的自愿；②当事人有选择合同另一方的自由，除国家指令性计划合同外，合同当事人选择与谁签订合同，基于自己的自愿；③合同当事人有决定合同内容的自由，当事人签订何种内容的合同，其条款如何设定，只要符合法律，不受任何单位和个人的干涉；④合同当事人有决定合同形式的自由，除法律有特殊要求外，采取何种合同形式达成协议由当事人自己决定。

（三）公平原则

我国合同法之所以将公平原则确立为合同法的基本原则，不仅是基于合同本质的规定，而且因为合同关系反映的是一种商品流转关系。商品流转的有序进行，是建立在当事人"遵循公平原则确定各方的权利和义务"的基础之上的。这就是说，当事人订立合同时必须公平合理，不能随意抬价压价，损害对方的利益；不能乘人之危，强迫对方接受不合理的条件；更不能利用自己的优势地位或利用对方没有经验，而要求对方签订显失公平的合同。

（四）诚实信用原则

《合同法》第 6 条规定："当事人行使权利、履行义务应当遵循诚实信用原则。"合同法之所以确立这一基本原则，是因为合同关系从本质上讲就是一种信用关系。这种信用关系要求合同权利人应正当地行使权利，不得滥用权利；合同义务人应当积极地履行义务，不得弄虚作假。合同当事人在社会经济生活中要讲信用、守合同，不得单方随意毁约或者变更合同，任何欺诈、胁迫、乘人之危的行为，都有可能导致合同的无效，并将承担相应的法律责任。

第二节　合同的订立

一、合同订立的一般程序

合同订立的程序，是指当事人之间通过互相协商而订立合同的具体过程。一般包括要约和承诺两个阶段。

（一）要约

要约，也称订约提议，是指当事人一方以成立合同为目的，向对方当事人所做的意思表示。前者称为要约人，后者称为受要约人。

一般认为，要约应具有下列要件，才具有效力：①要约必须是特定人的意思表示；②要约必须是向相对人发出的意思表示。要约的相对人应为特定的人，但在特殊情况下也可以为不特定的人，例如商品广告的内容符合要约规定的，可以视为要约。否则，便是要约邀请，如拍卖广告、招标广告、招股说明书、不符合要约规定的商品广告等；③要约必须是能够反映所要订立合同的意思表示。

要约作为一种意思表示，可以以书面形式作出，也可以以对话形式作出。书面形式包括信函、电报、电传、传真、电子邮件等函件。

要约是一种法律行为，在要约规定的有效期限内，要约人应受自己要约内容的约束，要约人不得随意改变要约的内容，不得撤回要约。否则，就要承担由此而给受要约人造成经济损失的赔偿责任。

（二）承诺

承诺，是受要约人向要约人作出的对要约完全同意的意思表示。承诺的有效要件是：①承诺必须是对要约作出的答复；②承诺必须由受要约人向要约人作出；③承诺必须是在要约有效期内作出；④承诺必须与要约的内容相一致。承诺对要约的内容进行实质性变更的，便不构成承诺，而应视为一项新要约或反要约。

在实际签订合同的过程中，当事人双方往往是反复协商，直至达成一致协议的过程，即要约——新要约——再要约——再新要约直至承诺的过程。

二、合同的内容

合同的内容，是指合同双方或多方当事人经过协商一致达成协议的各项条款。它是当事人履行合同与承担法律责任的依据。根据《合同法》第12条规定，合同的内容由当事人约定，一般应具备以下条款：

讨论

为什么下列4种情况要约失效？（1）拒绝要约的通知到达要约人；（2）要约人依法撤销要约；（3）承诺期限届满，受要约人未作承诺；（4）受要约人对要约的内容作出实质性变更。

（一）当事人的名称或者姓名和住所

当事人的名称或者姓名和住所条款是合同的主要条款之一。缺少这一条款，则不为合同。由于合同是双方或多方当事人之间的协议，因此，当事人是谁，住在何处或营业场所在何处应予明确列入合同的首部。否则，各方当事人无从履行合同，也无法请求法律保护自己的合法权益。此外若为涉外合同，当事人名称或者姓名和住所条款中还应标明当事人的国籍。

（二）标的

合同的标的，是双方或多方当事人权利和义务所共同指向的对象。标的是任何合同都不可缺少的条款。不同合同有不同的标的，如借款合同的标的是货币；运输合同的标的是劳务；建设工程合同的标的是工程项目；技术合同的标的是技术成果。没有标的的合同，权利义务无所依托，也就没有实际意义。当然，合同的标的也应有所选择，法律禁止的行为或禁止转让的物便排斥在合同标的之外。

（三）数量

数量，是用计量单位和数字来衡量标的的尺度，是决定合同中权利义务大小的依据。没有数量条款的合同是不具有效力的合同。因此，数量条款要做到数量清楚，计量单位明确，同时在大宗交易的合同中，还应规定损耗的幅度和正负尾差，以便明确责任。

（四）质量

质量是标的的特征，是标的内在质素和外观形态的综合，包括标的名称、品种、规格、等级、标准、技术要求等。质量是决定合同标的价格的主要根据，因此质量条款必须符合国家有关规定和标准化的要求，即质量条款能够按国家质量标准进行约定的，则按国家质量标准进行约定；没有质量标准的标的，也可按"凭样品"来规定质量条款。

（五）价款或酬金

价款或酬金统称价金，是指取得合同标的的一方向对方所支付的货币代价。标的是货物和工程项目的，一律称为价款。如买卖合同中的产品价款，建设工程合同中的费用价款等。在以劳务和工作成果为标的的合同中，这种代价称作酬金。如运

知识点

质量条款的制定，应注意用词清楚、具体明确，避免用"大约"、"左右"等含糊字样。

输合同中的运费，仓储合同中的保管费等。

（六）履行期限、地点和方式

履行的期限，是指享有请求权的一方要求对方履行合同义务的时间规定，它是衡量合同是否按时履行的标准。履行的地点是指履行合同规定的义务和接受对方履行义务的地方，它直接关系到履行合同的费用和保管、运输的风险责任。履行的方式是指当事人采取什么方法来履行合同规定的义务。合同中一般要约定是一次性履行还是分期、分批履行；是送货、自提，还是托运；是当事人自己履行，还是可以允许他人代为履行；等等。

（七）违约责任

违约责任，是指当事人未履行或未完全履行合同而应承担的民事责任。违约责任，一般可依有关法律规定来确定，也可由当事人双方依法商定后，在合同中具体规定。违约者必须承担的违约责任，一般有违约金和赔偿金两种责任形式，其实质是对违约的一方当事人进行经济上的惩罚和对被损害的另一方当事人给予经济损失的补偿。

（八）解决争议的方法

解决争议的方法，是指纠纷发生后以何种方式解决当事人之间的纠纷。合同当事人可以在合同中约定纠纷的解决方式，或仲裁或诉讼，必须在合同中明确指明，切勿模棱两可，否则该约定无效。当然合同中未约定这一条款或约定不明的，不影响该合同的效力。

三、合同的形式

合同的形式，是指合同当事人意思表示一致的方式。一般包括口头形式、书面形式和其他形式。

（一）口头形式

口头形式的合同，是由当事人双方就合同的权利义务达成一致意见的口头协议。它广泛应用于社会生活的各个领域。对于不能即时清结的合同和数额较大的合同，一般不宜采用这种合同形式。因为，口头合同形式虽简便易行，但难以分清责任，无法保证交易安全。口头合同可以通过当事人面谈订立，也可以通过电话交谈订立。

（二）书面形式

书面形式的合同，是当事人双方或多方就合同的权利义务关系等主要条款协商一致而签订的书面协议。这种书面形式包括合同书、信件和数据电文等可以有形地表现所载内容的形式。书面合同的优点是明文规定了双方协商一致的条款和相互责任，有利于督促双方当事人认真履行合同，发生纠纷时能够提供处理的依据，容易分清责任。因此，这种形式在社会经济生活中也大量运用。

书面形式可分为普通书面形式和特殊书面形式。普通书面形式，是指当事人以文字或有形表现所载内容的形式。特殊书面形式，是指除文字表述内容外，还须履行某种特别程序方能成立的形式。特殊书面形式包括公证、鉴定、批准、登记等书面形式。如中外合资企业经营合同、中外合作企业经营合同等须经主管机关批准才能成立。

（三）其他形式

其他形式，在合同法中主要是指行为推定形式。这种合同形式一般情况下极少用，只有在交易习惯许可时或要约表明时才能适用。如甲乙双方的租房协议 10 月份到期，甲方在 10 月底仍接受乙方支付的 11 月份的租金，就可以推定甲方同意 11 月份继续租房于乙，甲接受乙的租金的这一行为就可以推定甲乙之间的租赁合同成立并有效。

第三节　合同的效力

一、合同的生效

（一）合同的效力

合同的效力，是指法律赋予依法成立的合同具有约束当事人各方乃至第三人的强制力。这种强制力对当事人各方来说，负有适当履行合同的义务，当事人不得擅自变更、解除合同，不得擅自转让合同的权利和义务等；对第三人来说，主要表现为任何第三人均不得侵害合同的债权。

（二）合同的生效要件

合同的生效，是指合同具备法定要件后能产生法律约束力，当事人因此要承担由此而产生的法律后果。一般来说，合同成立时即具备了生效要件，但不能就此而言合同的成立就是合同的生效。如效力未定的合同在追认前不发生法律效力，但合同已经成立。合同的生效要件主要包括以下几方面。

（1）当事人在订立合同时必须具有相应的民事行为能力。这是法律对合同主体资格作出的一种规定。主体不合格，所订立的合同当然不能发生法律效力。合同主体包括自然人和非自然人两类。自然人订立合同时，应具有相应的民事行为能力。《民法通则》规定，无民事行为能力人进行的行为和限制民事行为能力人进行的其依法不能独立进行的民事行为是无效民事行为。根据《合同法》规定，前一种行为所订的合同应属无效合同，后一种行为所订的合同是效力未定合同，在追认前也不发生法律效力。非自然人作为合同主体，主要有法人组织和没有取得法人资格的社会组织，它们一般都具有订立合同的行为能力。

（2）合同当事人的意思表示真实。所谓意思表示真实，是指当事人在缔约过程中所作的要约和承诺都是自己真实意志的表示。这是我国合同法针对订立合同的过程从自愿原则出发而提出的一项要求。合同法不允许任何人通过胁迫、欺诈等不正当手段或者乘人之危而使人与其订立合同。

（3）合同内容不违反法律或者社会公共利益。订立合同是一种法律行为，合同的内容、形式与订立的程序都要合法，不得违背国家的法律和行政法规。这既包括不得违反现行法律、法规和行政规章中的强制性规范，也包括不得违反国家政策的禁止性规定和命令性规范，同时不得扰乱社会经济秩序，损害社会公共利益。

（4）合同标的须确定且可能。合同标的是合同必备条款之一，缺少该条款的合同为无效合同。合同标的应自始确定或可能确定，并且合同的给付应可能实现，否则合同就不成为合同，也就谈不上生效。

（三）合同的生效时间

合同的生效时间主要有以下 3 种情形：①依法成立的合同，自合同成立之日起生效；②法律、行政法规规定应当办理批准、

案例分析

2007 年 3 月，王某与某房地产公司签订了购买 1 套 3 居室住房（期房）的商品房买卖合同，但未办理房产登记手续。同年 7 月，该房地产公司又以高出 10 万元的价格将该套房子卖给了刘某，且办理了房产登记手续。入住时三方发生纠纷。问：房地产公司分别与王某和刘某签订的商品房买卖合同是否有效，该案应如何处理？

登记手续的合同，合同生效时间为办理完毕批准、登记手续的时间；③附条件的合同，合同生效的时间为条件成就时间。

二、无效合同

（一）无效合同的概念

无效合同，是指虽经当事人双方或多方协商签订，但因违反法律、行政法规或者出现法律规定的情况，从订立的时候起就没有法律效力的合同。

无效合同可分为全部无效合同和部分无效合同。无效的原因存在于合同内容的全部时，合同全部无效；无效的原因存在于合同内容的一部分，而该部分又不影响其余部分时，其余部分仍然有效。如甲乙签订一份质押合同，双方约定，甲不能如期履行合同义务，乙取得质物的所有权。在该合同中，质押合同本身是有效的，但约定乙取得质物所有权的规定因违反担保法而无效。

（二）无效合同的种类

根据《合同法》第 52 条规定，有下列情形之一的为无效合同：

（1）一方以欺诈、胁迫的手段订立合同，损害国家利益；

（2）恶意串通，损害国家、集体或者第三人利益；

（3）以合法形式掩盖非法目的；

（4）损害社会公共利益；

（5）违反法律、行政法规的强制性规定。

（三）无效合同的法律后果

无效合同在社会经济生活中往往会危害合同当事人的利益或社会和国家的利益，是引起合同纠纷的一个重要原因。因此在仲裁或审判活动中，对无效合同的确认及处理就成为其中一项重要的内容。我国合同法规定，合同的无效由人民法院或者仲裁机构确认。无效合同从订立时起就没有法律约束力，当事人双方确立的权利义务关系随之无效。合同尚未履行的，不得履行；正在履行的，应当立即终止履行。对无效合同所引起的法律后果，应依据合同法作以下处理。

（1）返还财产。合同被确认无效后，当事人依据该合同所取得的财产，应返还给对方。如果合同标的物已不复存在或者已由第三人善意取得，无法返还时，可以用赔偿损失的方法抵偿。

（2）赔偿损失。合同被确认无效后，当事人中有过错的一方应赔偿对方因此所受的损失；如果双方都有过错的，应当各自承担相应的责任。

（3）收归国库或者返还集体、第三人。对损害国家利益和社会公共利益的合同，其当事人已经取得或约定取得的财产均应收归国库或返还集体、第三人。双方都是故意的，应追缴双方已经取得或约定取得的财产，收归国库；只有一方是故意的，故意的一方从对方取得的财产应返还非故意的一方；非故意的一方已经取得或约定取得的财产，应予追缴，收归国库。

三、可撤销合同

（一）可撤销合同的概念

可撤销合同，是指当事人的意思表示与其内心的真实意思表示不一致，一方有权请求人民法院或仲裁机构予以撤销的合同。可撤销合同与无效合同和效力未定合同不同。首先，可撤销合同在未撤销之前已发生了法律效力，只有经合同当事人提出争议，人民法院或仲裁机构撤销该合同时，才归于无效。效力未定合同须经享有形成权的第三人同意或拒绝来确定合同是否有效。无效合同自始都不会产生法律效力；其次，对于无效合同，任何人都可以主张确认其无效。效力未定合同，是由享有形成权的第三人通过拒绝来确认其无效。而可撤销合同则只有当事人才可以提出请求由人民法院或仲裁机构依法进行确认。

（二）可撤销合同的种类

根据《合同法》第54条规定，下列合同当事人一方有权请求人民法院或者仲裁机构变更或者撤销。

1. 因重大误解而订立的合同

重大误解，是指误解人作出意思表示时，对涉及合同法律效果的重大事项存在着认识上的显著缺陷，其后果是使误解人受到较大损失，以至于根本达不到缔约目的。它主要体现在以下几方面：①对合同性质的误解，如误以出租为出卖；②对合同主体的误解，如把甲公司误当作乙公司；③对标的物品种的误解，如把车床误当作铣床；④对标的物质量的误解，如把劣质品误当作合格品；⑤对标的物规格的误解，如把18K金误当作24K金；⑥对标的物数量、包装以及合同的履行方式、履行地点、履行期限等内容的误解，给误解人造成重大损失的；⑦对标的物本身的误解，如误把铝当作铅。

2. 显失公平的合同

显失公平，是指合同当事人的权利义务明显不对等，一方当事人显然处于极端不利的条件之下。从该定义可把显失公平的合同的特点归纳如下：①对合同的一方当事人有重大不利，而另一方当事人因此获得了超出法律许可的利益；②不利一方的当事人接受不利条件不是出于自愿，而是不得已；③对一方有重大不利的行为，违背了公平责任原则，是法律所不允许的。当然，如果双方当事人愿意，即使合同双方的权利义务不对等，也不构成显失公平。

3. 一方以欺诈、胁迫手段或者乘人之危订立的合同

一方以欺诈、胁迫的手段或者乘人之危，使对方在违背真实意思的情况下订立的合同，只要未损害国家利益的，也为可撤销合同。

（三）可撤销合同的法律后果

可撤销合同因撤销权人是否行使了撤销权而不同：①撤销权人放弃了撤销权或在除斥期间（1年）内未行使撤销权的，可撤销合同具有法律效力，当事人任何一方不履行合同义务均构成违约并应承担相应的违约责任；②撤销权人行使了撤销权的，可撤销合同从合同签订之日起就不具法律效力，未履行的不再履行，已履行的应停止履行。已从合同对方取得的财产，应返还对方；财产不复存在或已由第三人善意取得的，应折价偿还。因自己的过错给对方当事人造成损失的，应承担赔偿损失的责任；双方都有过错的，则各自承担相应的责任。

四、效力未定合同

（一）效力未定合同的概念

效力未定合同，是指合同是否有效处于待定状态，须经享有形成权的第三人同意或拒绝才能确定的合同。

效力未定合同的特点是：①效力未定合同的成立效力是确定的，而效果效力是不确定的；②效力未定合同的悬而未决的效力的确定，取决于享有形成权的第三人的行为；③效力未定合同一旦经享有形成权的第三人同意后，其效果效力始于合同成立之时；④效力未定合同一旦经享有形成权的第三人拒绝，其合同自始无效。

（二）效力未定合同的种类

根据《合同法》第 47 条、48 条、51 条等的规定，下列合同是效力未定合同。

1. 限制民事行为能力人依法不能独立订立的合同

该合同属于效力未定合同。经法定代理人追认，具有法律效力。合同相对人可以催告法定代理人在 1 个月内予以追认。法定代理人未作表示的，视为拒绝追认。合同被追认之前，善意相对人有撤销的权利，但撤销合同应当以通知的方式作出，否则不发生效力。

这里需注意的是，限制民事行为能力人订立的下列合同是有效合同，无需法定代理人追认：①纯获利益的合同，如未成年人接受赠与的合同；②与其年龄、智力、精神健康相适应而订立的合同。

2. 无权代理人以他人名义订立的合同

该合同是行为人没有代理权、超越代理权或者代理权终止后以被代理人名义订立的合同，属于效力未定合同。若经被代理人追认，该合同对被代理人发生效力，视为有效合同。反之，被代理人拒绝追认或者经催告不予追认的，对被代理人不发生效力，视为无效合同。无权代理人以他人名义订立的合同，相对人享有催告权和撤销权。相对人可以催告被代理人在一个月内予以追认，被代理人未作表示的，视为拒绝追认。合同被追认之前，善意相对人可以以通知的方式明示撤销该合同。

3. 代理人滥用代理权订立的合同

该合同包括三种情况：①代理人以被代理人的名义与自己订立的合同；②代理人以被代理人的名义与自己代理的第三人订立的合同；③代理人与第三人串通，订立的损害被代理人利益的合同。除了后一种情况肯定属于无效合同以外，前两种情

案例分析

甲将乙所有的一幢房屋冒充自己的房屋出租给丙，丙对于甲无权出租的事实并不知情。该房屋交付后，丙鉴于房屋简陋破旧，但面积颇大，院落宽敞，而且地理位置好，极有改造价值，便征得甲的同意，投入大量资金，将房屋改造成高档花园住宅。乙对房屋却另有规划，决定拆除，在原址建造写字楼大厦。当其请技术专家赴现场勘察时，发现房屋焕然一新，丙的一家居住在内。乙在问明原委之后，便请丙无条件迁出。问：（1）甲丙签订的房屋租赁合同属于何种性质的合同？（2）若乙对甲的出租行为予以追认，上述合同又是何种性质的合同？（3）若乙拒绝追认，乙可否请求丙无条件迁出？（4）若乙拒绝追认，丙可否请求乙返还改造费用？

况下订立的合同应属效力未定合同。若经被代理人同意，则该合同发生效力；若被代理人不予同意或拒绝，则该合同不发生效力。

4. 无处分权人订立的处分他人财产的合同

该合同属于效力未定合同，经权利人追认或者无处分权人订立合同后取得处分权的，该合同有效。反之，该合同无效。在此情况下需要注意的是，要保护善意第三人的利益。

（三）效力未定合同的法律后果

效力未定合同因追认或拒绝追认而产生不同的法律后果：①追认的法律后果。效力未定合同经追认权人追认后，自始有效；②拒绝追认的法律后果。效力未定合同经追认权人拒绝追认后，该合同自始无效。

第四节　合同的履行

一、合同履行的概念

合同履行，是指合同双方或多方当事人按照合同的规定，全面完成了各自承担的义务。这里所指的义务，既包括约定义务，也包括法定义务。约定义务，是指合同当事人之间的债务，由当事人双方在订立合同时协商确定。法定义务也称附随义务，是由我国合同法加以规定的，主要有：①及时通知的义务；②协助的义务；③提供必要条件的义务；④防止损失扩大的义务；⑤保密的义务。

二、合同履行的一般规则

（一）合同内容没有约定或约定不明时的履行规则

合同生效以后，当事人就质量、价款或报酬、履行地点等内容没有约定或约定不明的，可以协议补充，不能达成补充协议的，按合同有关条款或者交易惯例确定；按照有关条款或交易惯例仍不能确定的，按下列规则履行。

（1）质量要求不明确的，按照国家标准、行业标准履行；没有国家标准、行业标准的，按照通常标准或者符合合同目的的特定标准履行。

（2）价款或报酬不明确的，按照订立合同时履行地的市场价格履行；依法应当执行政府定价或者政府指导价的，按规定履行。

（3）履行地点不明确的，给付货币的，在接受货币一方所在地履行；交付不动产的，在不动产所在地履行；其他标的，在履行义务一方所在地履行。

（4）履行期限不明确的，债务人可以随时履行，债权人也可以随时要求履行，但应当给对方必要的准备时间。

（5）履行方式不明确的，按照有利于实现合同目的的方式履行。

（6）履行费用的负担不明确的，由履行义务一方负担。

（二）价格变动时的履行规则

在合同履行期限内，价格变动时应区分执行市场价格和执行国家定价两种情况。

（1）执行市场价格的，在合同履行期内价格变动的，仍按合同约定的价格履行，但双方当事人协商变更的除外。

（2）执行国家定价的，在合同规定的交付期限内国家价格调整时，按交付时的价格计价。逾期交货的遇价格上涨时，按照原价格执行；价格下降时，按新价格执行。逾期提货或逾期付款的遇价格上涨时，按新价格执行；价格下降时，按原价格执行。

三、合同履行的特别规则

（一）提前履行和部分履行的规则

1. 提前履行

提前履行，是指债务人在履行期限之前向债权人履行债务。提前履行债权人有权拒绝，但提前履行不损害债权人利益的，债权人应予受领，债权人由于受领而增加费用的，债务人应予负担。例如，工程提前竣工，债权人应予受领。

2. 部分履行

部分履行，是指债务人在履行期限内只能向债权人履行部分债务，其余部分无法履行。部分履行债权人有权拒绝，但债务人部分履行不损害债权人利益的，债权人应予受领；债权人由于受领而增加费用的，债务人应予承担。例如，偿还部分借款，债权人应予受领。同时，债务人对未履行的部分应承担违约责任。

（二）互负债务的履行规则

根据《合同法》第 66 条、67 条的规定，互负债务的履行有下列两种情况。

（1）无先后履行顺序的互负债务。当事人互负债务的合同，没有先后顺序的，应当同时履行。一方在对方未履行之前有权拒绝其履行要求；一方在对方履行债务不符合约定时有权拒绝其相应的履行要求。

（2）有先后履行顺序的互负债务。当事人互负债务的合同，双方约定了先后履行顺序的，则应按先后履行顺序履行。先履行一方未履行债务的，不得要求后履行一方履行，否则后履行一方有权拒绝其履行要求。同样，先履行一方履行债务不符合约定的，后履行一方亦有权拒绝其相应的履行要求。

（三）向第三人履行和第三人代为履行的规则

合同关系的当事人是债权人和债务人。一般情况下，债权人应积极地接受债权，债务人应积极地履行债务。当然，根据我国《合同法》第 64、65 条的规定，也允许向第三人履行和第三人代为履行。

1. 向第三人履行

向第三人履行，是指债务人依据合同的约定，向债权人指定的第三人履行债务。向第三人履行适用的规则是：①向第三人履行必须是基于合同债权人和债务人的约定；②债务人向第三人履行增加的费用，如联系费、运输费等，应由债权人承担；③第三人可以直接依据合同的规定向债务人请求履行；④债务人未向第三人履行债务或履行债务不符合约定的，应向债权人承担违约责任。

2. 第三人代为履行

第三人代为履行，是指第三人依据债务人的指示代替债务人向债权人履行合同约定的债务。第三人代为履行的适用规则是：①必须是合同约定，由第三人代为履行；②债务的性质必

想一想

什么是同时履行抗辩权和后履行抗辩权？

案例分析

甲、乙两公司签订一份货物买卖合同。双方约定：合同生效 10 日内甲支付 20%的定金，乙收到定金后 7 日内发货，甲收到货物并验收合格后结清余款。合同前期履行较为顺利，但当甲收到货物后发现质量不符合合同的约定。问：甲公司应如何保护自己的权益。

须是能够代为履行的；③债权人有权请求第三人履行；④第三人没有履行或者履行债务不符合约定的，债务人应当向债权人承担违约责任。

（四）中止履行的规则

合同的中止履行，是指在双务合同中负有先履行义务一方，在合同尚未履行或没有完全履行时，因法定事由暂时停止履行自己承担的合同义务。负有先履行义务的当事人中止履行合同的权利在合同法理论上称为不安抗辩权。

中止履行的适用条件是：①双方当事人的合同是双务合同；②后给付义务人的履行能力明显降低，有不能履行合同义务的现实危险；③后给付义务人未提供适当担保；④负有先履行义务的一方负有通知和举证义务。

债权人分立、合并或变更住所未通知债务人，致使履行债务发生困难的，债务人也可以适用中止履行。

只要具备中止履行的条件，负先履行义务一方在后给付义务人未提供适当担保前，有权拒绝自己的给付。后给付义务人恢复了履行能力或者提供了担保时，负先履行义务的一方应当履行合同。后给付义务人在约定或合理期限内未恢复能力或者不提供担保的，负先履行义务的一方有权解除合同。

第五节　合同的变更、
转让和终止

一、合同的变更

（一）合同变更的概念

合同变更有广义和狭义之分。广义的合同变更包括合同主体的变更和合同内容的变更。狭义的合同变更，仅指合同内容的变更，即合同当事人不变，合同的内容予以改变。我国合同法所指的合同变更是指狭义的合同变更。

（二）合同变更的条件

1. 原已存在合同关系

合同的变更是改变原合同关系，无原合同关系也便不存在合同变更。如无效合同、被撤销的合同和追认权人拒绝追认的效力未定合同均无合同关系，因此也就不存在合同的变更。

2. 合同内容已发生变化

合同内容的变化包括：①标的物数量的增减；②标的物品质的改变；③价款或酬金的增减；④履行期限、地点或方式的任何一项改变；⑤结算方式的改变；⑥所附条件的改变；⑦担保的设定或消灭；⑧利息的变化；⑨债权形式的改变。

3. 合同的变更须依当事人协议或依法律直接规定及裁决机构裁决，有时依形成权人的意思表示

基于法律直接规定而发生变更的合同，直接发生变更的法律效力，如债务人违约，则变合同债务为损害赔偿债务；基于裁决机构的裁决而发生变更的合同，主要有重大误解和显失公平的合同以及当事人意思表示不真实的合同；基于形成权人单方意思表示而变更合同的情况比较少见，如选择权人行使选择权使合同变更；基于当事人协议而变更合同的情况则最为普遍，根据《合同法》第77条规定，当事人只要协商一致就可以变更合同。但是，当事人对合同变更的内容约定不明确的，推定为未变更。

4. 须遵守法律要求的方式

《合同法》第77条规定，法律、行政法规规定变更合同应当办理批准、登记等手续的，应遵守法律、行政法规规定的方式。在其他情况下，合同变更则没有特殊的要求。

（三）合同变更的程序

合同变更的程序可分为协议变更程序和裁决变更程序。

在协议变更合同程序中，一方当事人提出变更合同内容的，应与对方当事人充分协商，达成一致意见，才能发生变更合同的效力。当事人双方未达成一致意见或对合同变更的内容约定不明确的，不发生变更合同的效力。

在裁决变更合同程序中，只有存在裁决变更合同的理由，即存在重大误解、显失公平及当事人意思表示不真实的情况下，一方当事人才可以在除斥期内向人民法院或仲裁机构申请裁决变更合同。是否裁决变更，由裁决机构认定。裁决机构一旦作出变更合同的裁决，则立即发生变更合同的效力。

（四）合同变更的效力

合同的变更原则上只对将来发生效力，未变更的权利义务继续有效，已经履行的债务不因合同的变更而发生影响。同时，合同的变更不影响当事人要求赔偿损失的权利，如对重大误解而成立的合同予以变更，在相对人遭受损失的情况下，误解人应当赔偿相对人的损矢。

二、合同的转让

（一）合同转让的概念

合同转让，是指在不改变合同内容的情况下，只对合同的债权人或债务人作出变更，将合同的权利或义务全部或部分转让给第三人。变更合同的债权人称为债权让与；变更合同的债务人称为债务转移。

合同的转让，不论是合同权利的转让，还是合同义务的转让，或是合同权利义务的概括转让，都必须是可转让的合同权利和义务。根据我国《合同法》第79条规定，禁止下列合同转让：①根据合同性质不得转让的；②按照当事人约定不得转让的；③依照法律规定不得转让的。

（二）合同转让的种类

1. 合同权利的转让

合同权利的转让，是指合同债权人将合同权利的全部或部分转让给第三人。合同权利的转让以合同债权人与第三人订立转让合同的形式进行。转让合同一经成立，受让人即取得了原债权人的地位。合同权利的转让无须取得合同债务人的同意，但应当通知债务人，否则该转让对债务人不发生效力，债务人可以拒绝履行对受让人的义务。合同权利转让合同成立后将产生下列效力：①合同债权人不得撤销转让其权利的通知，除非经受让人同意，否则给受让人造成损失的，债权人应承担赔偿责任；②债权人对受让人负有告知债务人地址、履行期限等有关情况的义务；③债权人对受让人负有及时交付证明合同权利文件的义务；④债权转让时，受让人取得与债权有关的从权利，如抵押权、赔偿损失请求权等；⑤债务人接到债务转移通知时，其对债权人的抗辩，可对受让人主张，如债务人主张债务无效、不安抗辩权等；⑥债务人对债权人享有到期债权的，可以向受让人主张抵消。

2. 合同义务的转让

合同义务的转让，是指合同债务人将合同义务的全部或部分转移给第三人。合同义务的转让应取得债权人的同意，否则合同义务转让无效。债权人在收到转移合同义务的通知时，明确表示同意的，视为同意；在规定答复期内不予答复的，视为拒绝。合同义务的转让经债权人同意即发生法律效力。第三人为新债务人，取得了原债务人的地位。债权人可以直接向新债务人要求履行义务，新债务人应积极向债权人履行义务，包括与主债务有关的从债务，如主债务的利息等。当然，新债务人也可以主张原债务人对债权人的抗辩。

3. 合同权利义务的概括转让

合同权利义务的概括转让，是指合同当事人一方经对方同意将合同的权利和义务一并转让给第三人。在合同实务中，合同一方当事人往往既享有权利又承担义务，合同权利义务的概括转让理所当然是最为常见。在合同权利义务的概括转让中，合同受让人既取得转让的有关从权利，也承担转让的有关从债务；既可以主张原合同当事人一方的抗辩权（债权人的抗辩和债务人的抗辩），也可以主张到期债权的抵消权。

（三）合同转让的程序

合同转让一般由合同当事人达成协议或通知对方或取得对方同意即可。合同权利转让由债权人与受让人达成协议并通知债务人即可；合同义务转让和权利义务的概括转让由债务人与受让人达成协议，并取得债权人同意即可。但是，法律、法规规定转让权利或转移义务应当办理批准、登记等手续的，应当依法办理批准、登记等手续。

三、合同的终止

根据我国《合同法》第 91 条规定，在下列情况下，合同的权利义务终止：

案例分析

甲公司欠乙公司 100 万元，乙公司欠丙公司 100 万元，乙公司与甲公司达成协议，将自己对丙公司的债务让与甲公司。

问：乙公司转让债务的行为是否有效？

（一）债务已经按照约定履行

在合同实务中，债务的履行是合同终止的最主要的原因。债务人履行债务或第三人代为履行债务，使债权人订立合同的目的得以实现，合同当事人的权利义务自然归于终止。

（二）合同解除

合同解除，是指在合同有效成立后、尚未履行或未完全履行时，当事人一方依法律规定或合同约定的条件，通知另一方提前结束合同规定的权利义务关系的行为。合同解除分为约定解除和法定解除。

约定解除分为两种情况：①在合同中约定了解除条件。解除合同的条件成就时，解除权人可以解除合同；②在合同中未约定解除条件。在合同履行完毕前，经双方当事人协商一致，可以解除合同。

法定解除，是指出现法律规定的解除事由，在合理期限内，享有解除权的一方当事人可以通知对方解除合同。这里所说的合理期限，是指法律规定或者当事人约定的解除权行使期限，以及虽无规定或约定但经对方催告后的合理期限。在该合理期限内未行使解除权的，该解除权消灭。若对方收到解除合同通知后有异议的，可以请求人民法院或仲裁机构确认解除合同的效力。根据《合同法》第 94 条规定，法定解除的解除事由有：①因不可抗力致使不能实现合同目的；②在履行期限届满之前，当事人一方明确表示或者以自己的行为表明不履行主要债务；③当事人一方迟延履行主要债务，经催告后在合理期限内仍未履行；④当事人一方迟延履行债务或者有其他违约行为致使不能实现合同目的；⑤法律规定的其他情形。

合同解除不论是约定解除，还是法定解除，如果是法律、法规要求办理批准、登记等手续的，当事人应当办理有关手续，否则不生解除合同的效力。

合同解除后，尚未履行的，不得履行；已经履行的，根据履行情况和合同的性质，当事人可以要求恢复原状，或采取其他补救措施，并有权要求赔偿损失。

（三）债务相互抵消

债务相互抵消，是指当事人双方互负债务时，各以其债权清偿其债务，从而使双方的债务在对等额内相互消灭。债务相互抵消简称抵消，可分为约定抵消和法定抵消两种。

约定抵消，是指当事人双方互负债务，其标的物的性质、种类不同，经双方协商一致而相互抵消债务。约定抵消贯彻当事人自愿的原则，不但抵消的构成要件由当事人自由商定，而且在抵消协议中可以约定条件或期限。

法定抵消，是指当事人双方互负同种类同性质的到期债务，为使相互间所负相当额之债务同归消灭的一方意思表示。法定抵消在性质上属于形成权，享有抵消权的当事人以单方意思表示即可发生效力，即发出抵消通知到达相对人时起发生法律效力。抵消通知发出后不得撤回，抵消也不得附条件或期限。法定抵消的构成要件有：①须当事人双方互为债务，互享债权；②须当事人双方互负同种类同性质的债务；③须当事人双方债务均届清偿期；④须当事人双方债务均非不能抵消的债务。

《合同法》第 99 条规定，依照法律规定或者按照合同性质不得抵消的债务不能抵消，如法律强制执行的债务、抚养费债务等。

（四）债务人依法将标的物提存

债务人依法将标的物提存，简称提存，是指由于债权人的原因，债务人无法交付债的标的物时，将其提交提存机关，从而使当事人双方的合同关系消灭。

提存应具备的条件是：①有可以提存的合法原因，包括：债权人无正当理由拒绝受领的；债权人下落不明的；债权人死亡未确定继承人或者丧失行为能力未确定监护人的；法律规定的其他情形；②债务已到履行期；③须经法定程序。债务人应提出申请，经批准后方可提存。如果标的物不适于提存或提存费过高，债务人也可以依法拍卖或变卖标的物，提存所得价款。

提存的法律后果是：从提存成立之日起，债务人与债权人之间的合同关系归于消灭。债权人不得再向债务人主张合同权利，而只能向提存机关行使领取请求权。但这项权利自提存之日起 5 年内如不行使则消灭，提存物扣除提存费用后归国家所有。在这 5 年内，债权人可以随时领取提存物，但债权人对债务人负有到期债务的，在债权人未履行债务或提供担保之前，提存机关根据债务人的要求应当拒绝让其领取提存物。提存期间，标的物的孳息归债权人所有，标的物的毁损、灭失的风险及提存费用由债权人承担。

（五）债权人免除债务

债权人免除债务，是指债权人自愿放弃债权，免除债务人所承担的债务，从而终止债权人与债务人之间的合同关系。债权人免除债务属单方法律行为，只要债权人一方意思表示即可成立。债权人既可以免除全部债务，导致合同全部终止，也可以免除部分债务，导致合同部分终止。但债权人一旦作出免除债务的意思表示便不得收回。

（六）债权债务同归于一人

债权债务同归于一人，在民法上称为债的混同，它是指某一合同的债权人和债务人合为一人。例如，东方公司欠大华公司货款 300 万元，后来两家公司合并为东华公司，成为一个新的法人，则原欠货款的债权债务关系归于消灭。这种合同终止的原因在合同实务中也时有发生。

（七）法律规定或者当事人约定终止的其他情形

☆★ 第六节　合同责任

一、合同责任的概念

合同责任，是指合同当事人在缔结合同和履行合同过程中，因违反法定义务和约定义务所应承担的民事责任。违反法定义务主要是指违反先合同义务，当事人对自己的故意过错或重大过失应承担缔约过失责任；违反约定义务则主要指违反合同给付义务，当事人只要违反了合同约定义务，给对方造成了损失，不论是否有过错，都要承担违约责任。缔约过失的赔偿范围是信赖利益的损失，违约责任的赔偿范围是履行利益的损失。

二、缔约过失责任

（一）缔约过失责任的概念

缔约过失责任有广义和狭义之分。广义的缔约过失责任，是指合同不成立、无效或被撤销，当事人一方因此受到损失，对方当事人对此有过错或重大过失时，应对受害人一方承担损失赔偿责任。狭义的缔约过失责任，是指在订立合同过程中，当事人一方借订立合同以实施损害对方利益为目的或实施其他违背诚实信用原则的行为，致使对方遭受损失时应承担的损失赔偿责任。我国合同法所指的缔约过失责任为狭义的缔约过失责任。

（二）缔约过失责任的适用条件

缔约过失责任的适用须具备下列条件。①缔约人一方违反先合同义务。所谓先合同义务，也称附随义务，是指缔约人双方在诚实信用原则基础上相互磋商，随着债的关系的发展而逐渐产生的法定义务。当事人一方假借订立合同，以损害对方利益为目的的恶意磋商及以其他违背诚实信用原则的行为损害对方利益的，就属于违反了先合同义务。②对方当事人遭受损失。该损失为信赖利益的损失，既包括缔约费用、准备履行所支出的费用以及上述费用的利息等直接损失，也包括机会损失等间接损失。③违反先合同义务与该损失之间有因果关系。④违反先合同义务有过错或重大过失。

三、违约责任

（一）违约责任的概念

违约责任，是指当事人一方不履行合同义务或者履行合同义务不符合约定所应承担的民事责任。违约责任区别于其他民事责任的特点有：①违约责任是当事人一方不履行合同债务时所产生的民事责任；②违约责任可以由当事人在法律允许的范围内约定；③违约责任原则上是违约方向对方承担的民事责任；④违约责任主要为过错责任，但在一些情况下也适用无过错责任；⑤违约责任一般在履行期届满后才承担。但是，当事人一方明确表示或者以自己的行为表明不履行合同义务的，对方可以在履行期满之前请求其承担违约责任。

（二）违约责任的承担条件和方式

1. 违约责任的承担条件

当事人承担违约责任的具体条件是。①有不履行合同债务的行为。这种行为包括部分不履行和全部不履行合同两种行为。无论哪种情况都是违反合同的行为，行为人要承担民事责任。②有财产上的损害事实。所谓损害事实，是指当事人一方违反合同而给对方造成的财产上的损失，这既包括直接损失，也包括可预期的间接损失，但不包括精神损害。③违约行为与损害事实间存在因果关系。因果关系是违约责任承担的必备条件，如果损害事实不是由于违约行为造成的，则不存在承担违约责任的问题。

2. 违约责任的承担方式

违约责任的承担方式，是指违约的当事人依据合同法的规定或合同的约定，应当承受的经济制裁方式。违约责任的经济制裁方式主要有以下几种。①支付违约金。违约金，是指由当事人在合同中约定的，当一方不能履行或不能完全履行合同时，应付给对方的一定数额的货币。违约金具有补偿性，约定的违约金视为违约的损害赔偿，损害赔偿额应相当于违约造成的损失。但约定的违约金过分高于或低于造成的损失的，当事人可以请求人民法院或仲裁机构予以适当减少或增加。支付违约金是我国合同违约责任中最常见的一种经济制裁方式。②支付赔偿金。赔偿金，是指合同当事人一方因违约行为给对方造成财产上的损失，在没有约定违约金时所支付给对方的一定数额的货币。违约方支付的赔偿金应相当于因违约所造成的损失，包括合同履行后可以获得的利益，但不得超过违反合同一方订立合同时预见到或者应当预见到的因违反合同可能造成的损失。但是，经营者对消费者提供商品或服务有欺诈行为的，依照《中华人民共和国消费者权益保护法》的规定承担损害赔偿责任。③强制履行。强制履行，是指经当事人一方请求由人民法院作出实际履行判决或下达特别履行命令，强迫违约方在指定期限内履行合同义务。违约方强制履行后还有其他损失的，对方可以请求赔偿损失。我国《合同法》第110条规定，当事人一方不履行非金钱债务或者履行非金钱债务不符合约定的，对方可以请求强制履行。但是，法律上或者事实上不能履行；债务的标的不适于强制履行或者履行费用过高；债权人在合理期限内未要求履行的，不适用强制履行。④支付价金及逾期利息。在金钱债务中，当事人一方未支付价款或报酬的，对方可以请求其支付其价款或报酬。当事人迟延支付价款或报酬的，应当支付该价款或报酬的逾期利息。⑤修理、更换、重作、减价或退货。当事人一方提供的标的物质量不符合约定的，受害方可以根据标的物的性质以及损失的大小，合理选择要求对方修理、更换、重作、减价或退货。若有其他损失，受害方还可以请求赔偿损失。

（三）违约责任的免除

违约责任的免除，是指法律明文规定或合同有特别约定，当事人对其不履行合同或迟延履行合同不承担违约责任。我国法律规定的免除事由主要有以下几种

1. 不可抗力

不可抗力，是指当事人在订立合同时不能预见，对其发生和后果不能避免且不能克服的自然事件和社会事件。不可抗力是免除合同当事人不履行合同债务的主要事由。在发生不可抗力情况下，究竟影响到合同不能履行，还是部分不能履行或需延期履行，要根据实际情况加以分析。只有确因不可抗力造成的违约才能免除责任，但迟延履行后发生不可抗力的，其违约责任不能免除。当事人一方因不可抗力不能履行合同时，应及时向对方通报不能履行、部分不能履行或延期履行的情况，以减轻可能给对方造成的损失，并应在合理期限内提供有关机关出具的证明。

2. 货物本身的自然性质、货物的合理损耗

在运输合同、仓储合同等合同中，由于货物本身的性质引起的碎裂、生锈、减量、变质或自燃等以及货物的合理损耗，导致合同的不适当履行，有关合同当事人可免除责任。

3. 债权人的过错

债权人的过错导致合同的不履行或不适当履行的，合同债务人免除合同责任。

4. 法律有特别规定

合同订立时，法律有特别规定，当发生合同不履行或不适当履行又符合这些免责条款时，也可免除违约者的责任。

5. 合同有特别约定

合同订立时，当事人有特别约定，当发生合同不能履行或不适当履行又符合这些免责条款时，通常也可以免除违约人的责任。但这种约定在标准合同中应需特别注意：①标准合同的免责条款要特别提示；②标准合同不能免除合同当事人的主要义务。违背上述两点，免责条款不发生法律效力。

法规索引

1.《中华人民共和国合同法》
2.《关于适用〈中华人民共和国合同法〉若干问题的解释（一）》
3.《中华人民共和国民法通则》

思考题

1. 合同的内容有哪些？
2. 合同的生效要件有哪些？
3. 哪些合同属于无效合同？
4. 哪些合同属于可撤销合同？
5. 哪些合同属于效力未定合同？
6. 中止履行的适用条件有哪些？
7. 在什么情况下合同的权利义务终止？

第 七 章

担保法律制度

本章导读

　　本章所说的担保，是指合同的担保，它是合同法的加强和补充，是确保合同得到履行的一种法律制度。《担保法》第 2 条规定，在借贷、买卖、货物运输、加工承揽等经济活动中，债权人需要以担保方式保障其债权实现的，可以设定保证、抵押、质押、留置和定金 5 种方式的担保。本章在介绍这 5 种方式的概念及特征的基础上，分别就其权利的设定、实现和效力等作了较为详细的诠释。

本章引例

　　某乡镇企业为购置设备，向银行贷款 100 万元，企业以厂房一栋作抵押（评估价 50 万元），其余由乡政府作保证。贷款到期后，企业无力偿还，为此，银行向法院提起诉讼，要求乡政府承担连带清偿责任。问：

　　（1）乡政府是否应承担连带责任？为什么？

　　（2）法院对此案应作何处理？

　　（3）如果保证人不是乡政府，而是大华有限责任公司，但保证方式没有约定，该案应当如何处理？

关 键 词

担保法　保证　抵押　质押　留置　定金

解析

　　（1）不应承担。因为乡政府是国家机关，不能作为保证人，其保证行为无效；（2）应作如下处理：拍卖或变卖企业用作抵押的厂房，以拍卖或变卖款偿还银行贷款。不足部分，由企业以其他方式偿还；（3）大华公司应当承担连带责任。因为《担保法》规定，保证方式没有约定的，保证人和债务人承担连带责任。银行可以就不足部分直接要求大华公司偿还。

第一节 担保法概述

一、担保法的概念

担保，是指依照法律规定，或由当事人双方经过协商一致而约定的，为保障当事人一方债权得以实现的法律措施。它具有以下特征。

1. 担保具有从属性和不可分性

所谓从属性，是指担保以主债的成立为前提，随主债的消灭而消灭。所谓不可分性，是指被担保的债权，其债权人可以就担保物的全部行使其权利，即使因清偿、让与等原因致使债权一部分消灭，债权人仍可就未清偿债权部分对担保物全部行使权利。

2. 担保具有明确的目的性

担保是以确定债务的履行为目的的，它是对主债权效力的加强和补充。担保一般可以保证主债务的履行，使得债权人对于担保财产享有优先受偿的权利或者享有要求保证人代为偿还的权利。

3. 担保是当事人双方自愿的民事行为

债权人为了保证自己的债权得以实施，可以请求债务人提供担保，但不能把自己的意志强加给对方，否则便违背了担保法的立法宗旨。

随着我国社会主义市场经济的不断发展，以债的形式发生的公民、法人之间的经济联系日益频繁，保障债尤其是合同之债的履行，对于维护社会主义商品流通秩序，保障债权人的合法权益，至关重要。为此，第八届全国人大常委会第十四次会议于 1995 年 6 月 30 日通过了《中华人民共和国担保法》，该法自 1995 年 10 月 1 日起施行。

担保法，是调整担保关系以及与担保关系密切联系的其他社会关系的法律规范的总称。

二、担保的适用范围

根据《担保法》第 2 条规定，在借贷、买卖、货物运输、加工承揽等经济活动中，债权人需要以担保方式保障其债权实现的，可以设定保证、抵押、质押、留置和定金 5 种方式的担保。由此可见，担保法所说的担保通常是指合同的担保，它是合同法的加强和补充。

合同的担保，一般在订立合同的同时成立，既可以是主合同中的担保条款，也可以是单独订立的书面合同，包括当事人之间的具有担保性质的信函、传真等。担保合同是主合同的从合同，担保合同的法律效力取决于主合同的法律效力，主合同无效，担保合同无效。担保合同另有约定的，依其约定。

三、担保的分类

按担保所涉及的对象不同，担保可分为对人担保、物上担保和给付担保 3 种。

1. 对人担保

对人担保，是指债务人不履行债务时，由第三人代为履行偿还债务责任的担保方式。这就是人们通常所说的保证。

2. 物上担保

物上担保，是指以债务人或第三人的特定财产供履行债务的担保方式，包括抵押、质押和留置。

3. 给付担保

给付担保，是指当事人约定一方向对方给付一定数额的货币以保证债权得以实现的担保方式。这就是人们通常所说的定金。债务人履行债务后，定金抵作价款或者收回。

第二节 保 证

一、保证的概念

保证，是指第三人为债务人的债务履行作担保，由保证人在一起债务案件执行程序中，法院依法要变卖被告王某的一辆汽车。王某的朋友刘某出具保证书保证被告10天内还款，如到期不还，王某所欠债务由他负责偿还。这个保证也得到了原告孙某的同意。10天后王某下落不明，孙某要求刘某替王某偿还债务。刘某反悔，不愿还款。原告要求法院处理。问：法院该如何处理，为什么？

想一想

为什么国家机关、学校、医院等以公益为目的的事业单位、社会团体不能成为保证人？

和债权人约定，当债务人不履行债务时，保证人按照约定履行债务或者承担责任的行为。保证具有以下特征。

1. 保证本身是一种合同关系

它是保证人与债权人签订的关于保证债务人履行债务的一种从属性的合同，其产生和存在的前提是债权人和债务人之间存在合同关系。这就是说主合同不存在，保证合同也就没有存在的可能和必要。

2. 一般的保证合同，其保证人并非主债的当事人

这与连带责任的保证合同具有本质的区别。一般的保证合同虽然与其所保证的债权的关系密不可分，但只有债务人不履行其义务时，债权人才可以要求保证人承担保证责任。

二、保证成立的条件

（一）保证人应当具有代偿能力

根据《担保法》第7条规定，具有代为清偿债务能力的法人、其他组织或者公民，可以作保证人。按照《民法通则》的有关规定，保证人还应当具有相应的民事行为能力。因此，担保法对保证人的资格作了以下限制性规定：①除经国务院批准为使用外国政府或国际经济组织贷款进行转贷外，国家机关不能担任保证人；②学校、幼儿园、医院等以公益为目的的事业单位、社会团体不得为保证人；③不具有法人资格的企业法人的分支机构，可以在法人书面授权的范围内提供担保，而不能以自己的名义对外签订保证合同，否则合同无效；④任何单位和个人不得强令银行等金融机构或者企业为他人提供担保。否则，银行等金融机构或者企业有权加以拒绝。

（二）保证人有承担保证责任的明确意思表示

保证是保证人和债权人通过合同自愿设立的，任何单位和个人不得强迫他人担任保证人，为债权人提供担保。只有保证人向债权人作出了承担保证责任的意思表示，保证合同才能成立。保证人是以自己的信用和名义为债务人作担保的，如果行为人只是向债权人介绍或者提供债务人的支付能力情况，而没有明确表示对债务人履行合同承担保证责任的，则不能认为保证合同成立，行为人也就不是保证人。

（三）保证合同应当采用书面形式

保证人与债权人应当以书面形式订立保证合同。保证合同应当载明以下内容：①被保证的主债权种类、数额；②债务人履行债务的期限；③保证的方式；④保证担保的范围；⑤保证的期间；⑥双方认为需要约定的其他事项。保证合同不完全具备上述规定内容的，可以补正。未订立独立的保证合同，而在主合同上加上保证条款或保证人签章的，亦认为保证合同成立。

三、保证的方式

保证的方式有一般保证和连带责任保证两种。

（一）一般保证

一般保证，是指当事人在保证合同中约定，当债务人不能履行债务时，由保证人承担保证责任。也就是说，一般保证的债权人首先应向债务人追偿债务，而不能直接向保证人主张权利，保证人在主合同纠纷未经审判或者仲裁，并就债务人财产依法强制执行仍不能履行债务前，对债权人可以拒绝承担保证责任。但是，出现下列情形之一时，保证人不得行使上述权利：①债务人住所变更，致使债权人要求其履行债务发生重大困难的；②人民法院受理债务人破产案件中，中止执行程序的；③保证人以书面形式放弃上述权利的。

（二）连带责任保证

连带责任保证，是指债务人在主合同规定的履行期届满而没有履行债务的，债权人可以要求债务人履行债务，也可以要求保证人在其保证范围内承担保证责任。可见，连带责任保证是一种比一般保证更为严格的保证方式，只要主债务履行期限届满债务人未履行债务，债权人就可以直接向保证人主张权利，要求保证人履行保证义务。

当事人可以在保证合同中约定采用哪一种保证方式。如果当事人对保证方式没有约定或约定不明确，则按连带保证承担保证责任。

四、保证的效力

（一）保证责任的范围

保证担保的范围包括主债权及利息、违约金、损害赔偿金

讨论

一般保证和连带责任保证，哪种保证方式风险更大？

和实现债权的费用。当事人可以约定保证责任范围的大小，选择其中一项或几项或全部进行担保。当事人对保证担保的范围没有约定或者约定不明确的，保证人应当对全部债务承担责任。同一债权既有保证又有物的担保的，保证人对物的担保以外的债权承担保证责任。债权人放弃物的担保的，保证人在债权人放弃权利的范围内免除保证责任。

（二）主合同的变更对保证责任的影响

债权人与债务人协议变更主合同的，应当取得保证人书面同意，未经保证人书面同意的，保证人不再承担保证责任。保证合同另有约定的，按照约定。在保证期间，如果债权人依法将主债权转让给第三人，不影响保证的效力，保证人仍应在原保证担保的范围内继续承担保证责任；如果债权人许可债务人转让债务，应当取得保证人书面同意，保证人对未经其同意转让的债务，不再承担保证责任。

（三）保证责任的期间

保证人在与债权人约定的保证期间或者法律规定的保证期间内承担保证责任。这里包括两个方面的内容：一是当事人可以在保证合同中约定保证人承担保证责任的期间，二是保证人与债权人未约定保证期间的，保证期间为法定期间，即主债务履行期届满之日起 6 个月。在合同约定的保证期间或者法律规定的保证期间，一般保证的债权人未对债务人提起诉讼或者申请仲裁的，或者连带责任保证的债权人只对债务人而未对保证人要求承担责任的，保证人免除保证责任。

（四）共同保证

共同保证，是指同一合同债务由两个或两个以上的保证人共同提供担保，共同承担偿债义务。同一债务有两个以上保证人的，保证人应当按照保证合同约定的保证份额，承担保证责任。没有约定保证份额的，保证人承担连带责任，债权人可以要求任何一个保证人承担全部保证责任，保证人都负有担保全部债权实现的义务。已经承担保证责任的保证人，有权向债务人追偿，或者要求承担连带责任的其他保证人清偿其应当承担的份额。

第三节 抵 押

一、抵押的概念

抵押，是指债务人或者第三人不转移对其确定的财产的占有，将该财产作为债权的担保。当债务人不履行债务时，债权人有权依照法律规定，将该财产折价或者以拍卖、变卖该财产的价款优先受偿。该债务人或者第三人为抵押人，债权人为抵押权人，提供担保的财产为抵押物，在抵押物上所设定的权利为抵押权。由此可见，抵押具有以下几个方面的特征。

（1）抵押具有明确的目的性。抵押权是抵押权人直接对抵押物所享有的权利，它可以对抗抵押物的所有人及第三人。但是，抵押的目的不在于对抵押物的使用和收益，而在于担保债的履行。

（2）用于抵押的物是债务人或第三人提供担保的不动产及其他财产，主要是不动产。

（3）抵押权人不占有抵押的物品。也就是说抵押人不必将抵押物的占有权移转给抵押权人，而由自己继续对抵押物进行使用、收益和处分。当然，抵押人处分抵押物时，抵押权人有就该抵押物优先受偿的权利。

二、抵押物的范围

抵押人只能以法律规定可以抵押的财产提供担保；法律规定不可以抵押的财产，抵押人不得用于提供担保。可以用以抵押的财产有：①抵押人所有的房屋和其他地上定着物；②抵押人所有的机器、交通运输工具和其他财产；③抵押人依法有权处分的国有的土地使用权、房屋和其他地上定着物；④抵押人依法有权处分的国有的机器、交通运输工具和其他财产；⑤抵押人依法承包并经发包方同意抵押的荒山、荒沟、荒丘、荒滩等荒地的土地使用权；⑥依法可以抵押的其他财产。抵押人可以将上述所列财产一并抵押。而下列财产不得用于抵押：①土地所有权；②耕地、宅基地、自留地、自留山等集体所有的土地使用权（但法律另有规定的除外）；③学校、幼儿园、医院等以公益为目的的事业单位、社会团体的教育设施、医疗卫生设

想一想

土地所有权可以抵押吗？

139

施和其他社会公益设施；④所有权、使用权不明或者有争议的财产；⑤依法被查封、扣押、监管的财产；⑥依法不得抵押的其他财产。

此外，乡（镇）、村企业的土地使用权不得单独抵押。以乡（镇）、村企业的厂房等建筑物抵押的，其占用范围内的土地使用权同时抵押。同样，以依法取得的国有土地上的房屋抵押的，该房屋占用范围内的国有土地使用权同时抵押。以出让方式取得的国有土地使用权抵押的，应当将抵押时该国有土地上的房屋同时抵押。

抵押人所担保的债权不得超出其抵押物的价值。财产抵押后，该财产的价值大于所担保债权的余额部分，可以再次抵押，但不得超出其余额部分。

三、抵押权的设立

抵押权依抵押行为而设立。抵押行为是当事人双方以意思表示设定抵押权的法律行为，其具体表现形式为抵押合同。

1. 抵押合同的内容

抵押人和抵押权人应当以书面形式订立抵押合同。一般来说，抵押合同应包括下列内容：①被担保的主债权种类、数额；②债务人履行债务的期限；③抵押物的名称、数量、质量、状况、所在地、所有权权属或者使用权权属；④抵押担保的范围，包括主债权及利息、违约金、损害赔偿金和实现抵押权的费用。但抵押合同另有约定的，按照约定；⑤当事人认为需要约定的其他事项。抵押合同不完全具备以上规定内容的，可以补正。

2. 抵押物登记

当事人以法律需要办理抵押物登记的财产作抵押的，应当向有关部门办理抵押物登记，抵押合同自登记之日起生效。下列财产的抵押，应当办理抵押物登记：①无地上定着物的土地使用权，其登记部门为核发土地使用权证书的土地管理部门；②城市房地产或者乡（镇）、村企业的厂房等建筑物，其登记部门为县级以上地方人民政府规定的部门；③森林，其登记部门为县级以上林木主管部门；④航空器、船舶、车辆，其登记部门为运输工具的登记部门；⑤企业的设备和其他财产，其登记部门为财产所在地的工商行政管理部门。

当事人以上述之外的其他财产抵押的，可以自愿办理抵押物登记，抵押合同自签订之日起生效。当事人未办理抵押物登记的，不得对抗第三人。当事人办理抵押物登记的，登记部门为抵押人所在地的公证部门。

办理抵押物登记，应当向登记部门提供下列文件或者其复印件：①主合同和抵押合同；②抵押物的所有权或者使用权证书。

登记部门登记的资料，应当允许查阅、抄录或者复印。

四、抵押权的实现

债务履行期届满，债务人未履行债务的，抵押权人可以与抵押人协议以抵押物折价或者以拍卖、变卖该抵押物所得的价款受偿；协议不成的，抵押权人可以向人民法院提起诉讼。抵押物折价或者拍卖、变卖后，其价款超过债权数额的部分归抵押人所有，不足部分由债务人清偿。

同一财产向两个以上债权人抵押的，拍卖、变卖抵押物所得的价款按照以下规定清偿：①抵押合同已登记生效的，按照抵押物登记的先后顺序清偿。顺序相同的，按照债权比例清偿；②抵押合同自签订之日起生效的，该抵押物已登记的，按照登记的先后顺序清偿。未登记的，按照合同生效时间的先后顺序清偿。顺序相同的，按照债权比例清偿。抵押物已登记的先于未登记的受偿。

抵押权因抵押物灭失而消灭。因灭失所得的赔偿金，应当作为抵押财产。

五、抵押的效力

抵押期间，抵押人转让已办理登记的抵押物的，应当通知抵押权人并告知受让人转让物已经抵押的情况；抵押人未通知抵押权人或者未告知受让人的，转让行为无效。转让抵押物的价款明显低于其价值的，抵押权人可以要求抵押人提供相应的担保；抵押人不提供担保的，不得转让抵押物。抵押人转让抵押物所得的价款，应当向抵押权人提前清偿所担保的债权或者向与抵押权人约定的第三人提存。超过债权数额的部分，归抵押权人所有，不足部分由债务人清偿。

债务履行期届满，债务人不履行债务致使抵押物被人民法院依法扣押的，自扣押之日起抵押权人有权收取由抵押物分离的天然孳息以及抵押人就抵押物可以收取的法定孳息。抵押权人未将扣押抵押物的事实通知应当清偿法定孳息的义务人的，抵押权的效力不及于该孳息。

抵押权与其担保的债权同时存在，债权消灭的，抵押权也消灭。

☆★ 第四节　质　　押

讨论

抵押和质押有什么不同？

一、质押的概念

质押，是指债务人或者第三人将其动产或权利移交债权人占有，将该动产或权利作为债权的担保。当债务人不履行债务时，债权人有权依照法律规定，以其占有的财产优先受偿。其中，债务人或第三人为出质人，债权人为质权人，移交的动产或权利为质物。由此可见，质押具有以下特征。

1. 质押所涉及的标的是动产和权利

这是质押与抵押在本质上的区别。在动产上所设定的质权，称之为动产质权；在权利上设定的质权，称之为权利质权。

2. 质押具有明确的目的性

它是为担保债权的履行而设定的，其形成的权利是从属于主债权的担保物权。

3. 质押应当移交债权人占有

这也是质押与抵押的区别之一。质权的设立，是以占有质物为成立要件的。

二、质押的范围

质物包括动产质物和权利质物。动产质物是指出质人合法占有的一切动产。权利质物是指出质人享有的合法权利，包括：①汇票、支票、本票、债券、存款单、仓单、提单；②依法可以转让的股份、股票；③依法可以转让的商标专用权，专利权、著作权中的财产权；④依法可以质押的其他权利。

三、质权的设立

质权的设立，通常都是按合同进行的。其当事人是质权人和出质人。当事人双方应当以书面形式订立质押合同。质押合同包括下列内容：①被担保的主债权种类、数额；②债务人履行债务的期限；③质物的名称、数量、质量、状况；④质押担保的范围，包括主债权及利息、违约金、损害赔偿金、质物保管费用和实现质权的费用；但质权合同另有约定的，按照约定；⑤质物移交的时间；⑥当事人认为需要约定的其他事项。质押合同不完全具备以上规定内容的，可以补正。

质押合同自质物移交于债权人占有时生效。以汇票、支票、债券、存款单、仓单、提单出质的，质押合同自权利凭证交付之日起生效。以依法可以转让的股票、商标专用权、专利权、著作权中的财产权出质的，应当向有关部门办理出质登记，质押合同自登记之日起生效。

四、质权的实现

债务履行期届满，债务人履行债务的，或者出质人提前清偿所担保的债权的，质权人应当返还质物。债务履行期届满，质权人未受清偿的，可以与出质人协议以质物折价，也可以依法拍卖、变卖质物。质物折价或者拍卖、变卖后，其价款超过债权数额的部分归出质人所有，不足部分由债务人清偿。

质权因质物灭失而消灭。因灭失所得的赔偿金，应当作为出质财产。

五、质押的效力

出质人和质权人在合同中不得约定在债务履行期届满，质权人未受清偿时，质物的所有权转移为质权人所有。

质权人在享有收取质物所生孳息权利的同时，负有妥善保管质物的义务。质权人因保管不善致使质物灭失或者毁损的，应当承担民事责任。

质物有损坏或者价值明显减少的可能，足以危害质权人权利的，质权人可以要求出质人提供相应的担保。出质人不提供的，质权人可以拍卖或者变卖所得的价款用于提前清偿所担保的债权或者向与出质人约定的第三人提存。

股票、商标专用权，专利权、著作权中的财产权出质后不得转让或者许可他人使用，但经出质人与质权人协商同意的，可以转让或者许可他人使用。出质人所得的价款应当向质权人提前清偿所担保的债权或者向与质权人约定的第三人提存。

质权与其担保的债权同时存在，债权消灭的，质权也消灭。

第五节 留 置

一、留置的概念

留置，是指债权人按照合同约定占有债务人的动产，债务人不按照约定的期限履行债务的，债权人有权依照法律规定留置该财产，以该财产折价或者以拍卖、变卖该财产的价款优先受偿。留置具有以下特征。

1. 留置具有明确的目的性

留置和抵押、质押一样，其目的都是为了保证债权按时受偿，而不在于对物的使用和收益。

2. 留置的标的是债务人的动产

债权人在自己的债权受偿前，可以拒绝返还所占有的债务人的动产。在债务人超过法定期限仍不履行债务时，债权人即可以就留置物受偿，以满足其债权。

3. 留置是依《担保法》及其他法律规定所进行的行为

凡因保管合同、运输合同、加工承揽合同发生的债权，债务人不履行债务的，债权人有留置权，但当事人可以在合同中约定不得留置的物。可见，在留置物上所设定的权利是一种法定担保物权，它在符合一定的条件时，依法律的规定产生，而不是依当事人之间的协议而设定。这是留置权与抵押权和质权的主要区别所在。

二、留置权的成立

留置权的成立，一般应同时具备以下条件：①债权人合法占有债务人的一定动产；②债权人占有债务人的动产须基于事先存在的债权；③债权人占有的动产与被担保债权有牵连关系，表现为该动产与被担保债权的标的物为同一物；④债权已届清偿期而债务人未履行债务。

三、留置的主要内容

1. 留置标的物

在债务人不履行债务时，债权人便可以留置标的物，拒绝债务人返还留置物的请求。伍留置物为可分物的，债权人只能留置与自己的债权额相当的部分，其余部分仍应交付债务人。留置物的孳息，归债权人享有。保管留置物所支出的必要费用，由债务人承担。

2. 留置担保的范围

包括主债权及利息、违约金、损害赔偿金、留置物保管费用和实现留置权的费用。

3. 留置担保的期间

债权人和债务人应当在合同中约定，债权人留置财产后，债务人应当在不少于 2 个月的期限内履行债务。债权人与债务人在合同中未约定的，债权人留置财产后，应当确定 2 个月以上的期限，通知债务人在该期限内履行债务。债务人逾期仍不履行的，债权人可以与债务人协议以留置物折价，也可以依法拍卖、变卖留置物。

4. 留置担保的债权人责任

在留置所担保的债权消灭，或者债权虽未消灭，但债务人另行提供担保时，债权人应返还留置物于债务人。债权人因其保管不善造成留置物灭失或毁损的，应当承担民事责任。

第六节 定 金

一、定金的概念

定金，是指合同当事人约定一方向对方给付一定数额的货币以保证债权得以实现的担保方式。定金具有以下特征：

1. 定金具有担保作用

这是定金和预付款的主要区别所在：定金支付是保证主债务得以履行的一种担保手段，而预付款则是一种债务履行方法。

2. 定金是支付一定数额的金钱

这与抵押、质押、留置等担保方式的标的物是完全不同的。

3. 定金应当以书面形式由当事人约定

但定金的数额不得超过主合同标的额的 20%，超过部分，人民法院不予支持。

4. 定金应当交付相对人占有

这是定金合同的主要成立要件之一，《担保法》规定定金合同从实际交付定金之日起生效。

二、定金罚则

当事人约定以交付定金作为订立主合同担保的，给付定金一方拒绝订立主合同的，无权要求返还定金；收受定金一方拒绝订立主合同的，应当双倍返还定金。当事人约定以交付定金作为订立主合同成立或生效要件的，给付定金的一方未支付定金，但主合同已经履行或者已经履行主要部分的，不影响主合同的成立或生效。

因当事人一方延迟履行或者其他违约行为，致使合同目的不能实现，可以适用定金罚则，但法律另有规定或当事人另有约定的除外；当事人一方不完全履行合同的，应当按照未履行部分所占合同约定内容的比例，适用定金罚则；因不可抗力、意外事件致使主合同不能履行的，不适用定金罚则。

法规索引

1.《中华人民共和国担保法》
2.《关于适用（中华人民共和国担保法）若干问题的解释》
3.《中华人民共和国民法通则》

思考题

1．保证的方式有哪些？
2．简述保证人的责任。
3．可作抵押物的财产有哪些？

第 八 章

金融法律制度

金融法律制度涉及的范围非常广泛，包括银行、票据、证券、保险、外汇等许多方面的内容。票据和证券将另外探讨，这里不再赘述。本章重点对保险法进行了深入细致的探讨，而对银行法只作了粗略的介绍。关于保险法，首先介绍了保险和保险法的概念以及保险公司的相关具体内容。其次，就保险公司的方方面面作了详细的介绍分析。最后，对财产保险合同、人身保险合同作了必要的勾勒与诠释。

本章引例

2007 年 3 月，客户宋先生到上海市某人寿保险公司咨询为自己公司的员工购买意外伤害险的有关事项。当时该保险公司的代理人张某介绍了一种累进型意外险。该险种每年只要缴纳300 元保费，就有 6 万元的身故保险金和 18 万元的意外伤残金保障，另付 80.80 元还可增加意外伤害医疗保险（保障金额为3 000 元）。宋先生当时就确认了投保意向。第二天张某打电话来询问公司员工的工种情况，宋先生如实告知为冲床工，张某当即告知每人保费为 530.80 元，提供 6 万元的身故金和 18 万元的意外伤残金保障。于是，宋先生就约张某于 2007 年 3 月 25日来公司办理投保手续。张某来到公司时，宋先生再次与她就保额事项进行了确认，随后当场就为 3 名员工办理了投保手续，并付了 3 份保险的保费共计 1 592.40 元。2007 年 4 月 15 日中午，保险公司的代理人将保费发票和保险单送到公司。宋先生看过保单后发现了 3 个问题：第一，代理人擅自提高保费；第二，身故保险金和意外伤残金都变成了 6 万元，和当初约定的差别太大；第三，投保人由他的公司变成了员工本人。鉴于以上原因，宋先生当时就没有签收保单。随后，他又向该保险公司的主管反映，但却未能解决此事。于是他要求退保，但保险公司提出只能退保费的 60%。问：

（1）保险公司的做法是否正确，为什么？

（2）宋先生能否得到全额退保？

关键词

金融法　金融管理体制　保险法　保险代理　外汇管理

（1）保险公司的做法不正确。因为保险法规定，投保人和保险人订立合同，应当遵循公平互利、协商一致、自愿订立的原则。保险代理机构在开展业务过程中不得隐瞒与保险合同有关的重要情况或不如实向投保人转告投保声明事项，欺骗投保人、被保险人或受益人；（2）可以。因为该案的保险合同是无效合同，保险公司应全额退还客户已付的 1 592.40 元保费。

第一节　金融法概述

一、金融法的概念

金融，一般是指货币资金的融通。凡是与货币流通、货币信用和银行信用有关的经济活动，包括货币的发行与回笼，存款的吸收与付出，货币的发放与收回，国外汇兑往来，金银、外汇的买卖，有价证券的发行与交易，国内、国际的货币支付结算，票据的贴现和银行同业拆借，各种财产和人身保险、信托投资、融资租赁等，都属于金融的范围。

金融法，是调整货币流通和信用等金融活动及在金融管理中发生的经济关系的法律规范的总称。这些经济关系主要表现为金融关系，即在货币资金融通过程中所发生的资金流转关系、金融管理关系和金融监督关系。

1979 年以来，我国陆续制定了一系列金融法律、法规和规定，推动了金融法的发展。其中，有全国人大及其常委会发布的《中华人民共和国中国人民银行法》、《中华人民共和国商业银行法》、《中华人民共和国票据法》、《中华人民共和国保险法》、《中华人民共和国证券法》等重要法律；国务院发布的《金银管理条例》、《现金管理条例》、《储蓄管理条例》、《股票发行与交易管理暂行条例》、《外汇管理条例》等重要行政法规；还有《支付结算办法》、《禁止证券欺诈行为暂行办法》等部门规章。这些金融法律、法规和规章等构成了我国的金融法体系。

二、我国的金融管理体制

我国现行的银行体系，是以中国人民银行为核心的，包括政策性银行、商业银行以及其他金融机构在内的，在社会主义市场经济建设中承担筹集资金、调度资金等金融业务的金融机构体系。

（一）中央银行

我国的中央银行是中国人民银行，是国务院领导和管理全国金融业务的国家机关，是全国唯一的发行银行。其具体的职责是：①依法制定和执行货币政策；②发行人民币，管理人民币的流通；③按照规定审批、监督管理金融机构；④办理票据贴现；⑤发布有关金融监督管理和业务命令和规章；⑥持有、管理、经营国家外汇储备和黄金储备；⑦经理国库；⑧维护支付、清算系统的正常运行；⑨负责金融业的统计、调查、分析和预测；⑩作为国家的中央银行，从事有关的国际金融活动；⑪国务院规定的其他职责。

（二）政策性银行

政策性银行是执行国家政策性金融职能和义务，不与商业银行竞争的国有金融机构。目前我国的政策性银行有以下几类。

1. 国家开发银行

国家开发银行主要办理政策性国家重点建设贷款及贴息业务。其资金来源主要靠财政部拨款和发行债券，中国建设银行吸收的部分存款也可以作为开发银行的资金来源之一。

2. 中国农业发展银行

中国农业发展银行是一家承担国家粮、棉、油储蓄和农副产品合同收购、农业开发、代理财政支农资金拨付及监督使用的政策性银行。其资金来源是财政支农资金、对金融机构发行的金融债券、农业政策性贷款、企业的存款。

3. 中国进出口信贷银行

中国进出口信贷银行的主要业务是为大型机电成套设备进出口提供买方信贷和卖方信贷，为中国银行的成套机电产品出口信贷办理贴息及出口信用担保，不办理商业银行业务。资金来源以财政专项资金和对金融机构发行的金融债券为主。

（三）商业银行

商业银行，是指依照商业银行法和公司法设立的吸收公众存款，办理发放贷款、转账结算等业务的企业法人，包括国有商业银行和其他商业银行两类。国有商业银行有 4 家，它们是中国工商银行、中国农业银行、中国银行和中国建设银行。其他商业银行有全国性和地方性两类，主要有中信实业银行、光大银行、华夏银行、招商银行、福建兴业银行、广东发展银行、深圳发展银行、上海浦东发展银行等。

知识点

商业银行是以盈利为目的，并以追求利润最大化为目标的企业法人。目前，在我国成为上市公司的银行都是商业银行。

151

根据《商业银行法》第 3 条的规定，商业银行的经营范围是：①吸收公众存款；②发放短期、中期和长期贷款；③办理国内外结算；④办理票据承兑与贴现；⑤发行金融债券；⑥代理发行、代理兑付、承销政府债券；⑦买卖政府债券；⑧从事同业拆借；⑨买卖、代理买卖外汇；⑩从事银行卡业务；⑪提供信用证服务及担保；⑫代理收付款项及代理保险业务；⑬提供保管箱服务；⑭经中国人民银行批准的其他业务。

（四）非银行金融机构

非银行金融机构主要有以下几类：①信托投资公司，其业务是办理信托存款、信托投资和信托贷款，委托投资或贷款，房地产投资开发，发行和代理发行人民币有价证券和外币有价证券，国内、国际融资性租赁业务等；②保险公司，专门经营国内外保险和再保险业务的企业；③证券公司，经营证券发行和证券交易业务的企业；④融资租赁公司。

第二节 保 险 法

一、保险法的概念

保险，是指投保人根据合同约定，向保险人支付保险费，保险人对于合同约定的可能发生的事故因其发生所造成的财产损失承担赔偿保险金责任，或者当被保险人死亡、伤残、疾病或者达到合同约定的年龄、期限时承担给付保险金责任的商业保险行为。可见，保险既是一种商业活动，也是一种合同行为。

保险法，是调整保险活动中保险人与投保人、被保险人以及受益人之间保险关系的法律规范的总称。新中国成立以后，我国曾发布过一系列的保险法规和规章。其基本法是 1995 年 6 月 30 日第八届全国人大常委会第十四次会议通过、同年 10 月 1 日起施行的《中华人民共和国保险法》，它对保险合同和保险业作了全面的规定。该法已于 2002 年 10 月 28 日第九届全国人大常委会第三十次会议作了修正，自 2003 年 1 月 1 日起施行。

二、保险公司

保险公司，是指依照我国的保险法和公司法设立的金融机构。其他任何单位和个人不得经营商业保险业务。我国的商业保险是指除了劳动保险和养老保险之外的营利性保险业务。

（一）保险公司的组织形式

《保险法》第 70 条规定，保险公司应当采取股份有限公司或者国有独资公司形式。

股份保险公司依照公司法的规定组成股东大会、董事会、监事会和经理部门，以及各种必要的组织机构。

保险公司在我国境外设立分支机构，须经金融监督管理部门批准，取得分支机构经营保险业务许可证，分支机构不具有法人资格，其民事责任由保险公司承担。

（二）保险公司的设立、变更和解散

1. 保险公司的设立

《保险法》第 72 条规定，设立保险公司应当具备下列条件：①有符合本法和公司法规定的章程；②有符合本法规定的注册资本最低限额；③有具备任职专业知识和业务工作经验的高级管理人员；④有健全的组织机构和管理制度；⑤有符合要求的营业场所和与业务有关的其他设施。其设立程序参照《公司法》的有关规定。

保险公司成立后，应当按照其注册资本总额的 20%提存保证金，存入金融监督管理部门指定的银行，除保险公司清算时用于清偿债务外，不得动用。

2. 保险公司的变更

保险公司不得擅自变更公司的注册事项。保险公司变更下列事项之一，须报经保险监督管理机构批准后才能生效：①变更名称；②变更注册资本；③变更公司或者分支机构的营业场所；④调整业务范围；⑤公司分立或者合并；⑥修改公司章程；⑦变更出资人或者持有公司股份百分之十以上的股东；⑧保险监督管理机构规定的其他变更事项。同样，保险公司更换其董事长和总经理，也应当报经保险监督管理机构审查其任职资格。

3. 保险公司的解散

保险公司出现下列情况时，经保险监督管理机构批准后解散：①分立、合并或公司章程规定的解散事由；②违反法律和行政法规；③依法宣告破产。保险公司解散后，应依法成立清

知识点

保险公司的最低注册资本不得低于人民币 2 亿元，且必须为实缴货币资本。

算组，进行清算。破产财产在优先支付破产费用后，应当按照下列顺序进行清偿：①所欠职工工资和劳动保险费用；②赔偿或者给付保险金；③所欠税款；④清偿公司债务。破产财产不足清偿同一顺序清偿要求的，按照比例分配。但是，经营有人寿保险业务的保险公司，除分立或合并外，不得解散，以保护受益人的合法权益。

三、保险代理

（一）保险代理人

保险代理人，是指根据保险人的委托，向保险人收取代理手续费，并在保险人授权的范围内代为办理保险业务的单位和个人。保险代理人根据保险人的授权代为办理保险业务的行为，由保险人承担责任。保险代理人包括专业代理人、兼业代理人和个人代理人。

1. 专业代理人

专业代理人，是指专门从事保险代理业务的保险代理公司。这种公司的组织形式必须是有限责任公司。在保险代理公司的资格中，个人资本之和不得超过资本金总额的 30%，每一个人资本不得超过资本金总额的 5%。各级政府及政府的职能部门、社团法人、银行和保险公司不得投资于保险代理公司。保险公司的在职人员不得在保险代理公司兼职。

2. 兼业代理人

兼业代理人，是指受保险人委托，在从事自身业务的同时，指定专人为保险人代为保险业务的单位。兼业代理人代理保险业务，须由被代理的保险公司为其申请办理《经营保险业务许可证》，其业务范围只有代理销售保险单和代理收取保险费。

3. 个人代理人

凡持有《保险代理人资格证书》者，均可申请专职从事保险代理业务，但不得兼职从事保险代理业务。个人代理人不得办理企业财产保险和团体人身保险。个人代理人不得同时为两家保险公司代理保险业务，其业务范围与兼业代理人相同。

（二）执业管理

（1）保险代理人只能为经中国人民银行批准设立的保险公司代理保险业务。其中代理人寿保险业务的保险代理人只能为一家人寿保险公司代理业务；保险代理人只能为其注册登记的行政辖区内的保险公司代理保险业务。

（2）保险代理人在从事代理业务前应与保险人签订代理合同，明确双方的权利和义务及有关代理事项，如代理期限、手续费、代理范围等。

（3）保险代理人应遵循诚实信用原则，将被保险人应该知道的保险公司的业务情况和保险条款的内容及含义如实告诉被保险人。保险代理人不得利用行政权力、职务或者职业便利及其他不正当手段，强迫、引诱或者限制投保或转换保险人。

四、保险合同

（一）保险合同订立的原则

保险合同，是指投保人与保险人约定保险权利义务关系的协议。订立保险合同必须遵守下列原则。

1. 诚实信用原则

投保人在订立保险合同时，应如实向保险人告知保险标的情况。当危险增加与保险事故发生后，投保人应及时通知保险人。保险人在订立合同时也应如实向投保人解释保险条款。

2. 公平互利原则

保险合同的订立，应当保证双方当事人的利益。双方当事人的权利与义务是对等的，任何一方享有权利的同时承担相应的义务，负担义务的同时享受相应的权利。

3. 协商一致原则

保险合同的双方当事人法律地位是平等的。在订立、变更和终止保险合同的过程中，双方处在平等的法律地位上，以法律为依据进行协商而无高低贵贱之分。保险合同是当事人双方意思表示一致的结果，任何一方不得把自己的意志强加给对方。

4. 自愿订立原则

当事人有权在法律允许的范围内，自主决定保险合同的订立、变更与终止，任何在威胁、强迫与欺诈等不自愿的情况下签订的保险合同都是无效的。

5. 社会公共利益原则

保险合同的订立、变更与终止不能损害他人利益和社会公共利益。保险合同的内容必须符合法律、行政法规的规定。

6. 保险利益原则

保险利益原则是保险合同特有的原则。保险利益，是指投保人对保险标的具有法律上承认的利益。投保人对保险标的不具有保险利益的，保险合同无效。

（二）保险合同的当事人、关系人及辅助人

1. 保险合同的当事人

保险合同的当事人是保险合同的缔结者，是与保险合同有直接利害关系的人，包括保险人和投保人。①保险人。又称承保人，是指与投保人订立保险合同，并承担赔偿或者给付保险金责任的保险公司；②投保人。又称要保人，是指与保险人订立保险合同，并按照保险合同负有支付保险费义务的人。

2. 保险合同的关系人

保险合同的关系人是与保险合同有间接利害关系的人，享受或履行法律及保险合同所规定的某些权利和义务，包括被保险人和受益人。①被保险人。被保险人，是指其财产或者人身受保险合同保障，享有保险金请求权的人；②受益人。受益人，是指人身保险合同中由被保险人或者投保人指定的，享有保险金请求权的人。

3. 保险合同的辅助人

保险合同的辅助人是指对保险合同的订立和履行起辅助作用或中介作用的人，包括保险代理人、保险经纪人和保险公证人。其中，保险经纪人是基于投保人的利益，为投保人与保险人订立合同提供中介服务，并依法收取佣金的单位。

（三）保险合同的主要内容

保险合同的主要内容即保险合同条款。保险合同的条款一般可分为基本条款和特约条款。基本条款是指保险合同一般都

应具备的条款。特约条款是指当事人在满足法律规定的基本条款之外，认为还需要将一些没有被基本条款包括的权利义务以合同的形式确定下来的条款，包括协议条款、保证条款和附加条款。如在保险合同中增加有关保证的条款，被保证人承诺保证履行某些义务的内容。

保险合同的基本条款一般包括以下几方面。

（1）保险人的名称和住所，投保人、被保险人的名称和住所，以及人身保险的受益人的名称和住所。

（2）保险标的及价值。保险标的决定了保险的险种，并且是判断投保人或被保险人是否有保险利益存在的根据。保险价值是指保险标的的价值。对财产保险而言，保险价值是确定保险金额的依据。保险金额不得超过保险价值，超过部分无效；保险金额低于保险价值的，除合同另有约定，保险人按照保险金额与保险价值的比例承担赔偿责任。

（3）保险金额。保险金额，是指投保人和保险人约定在保险事故或事件发生时，保险人应当赔偿或交付的最高限额，是计算保险费的依据。在财产保险中，保险金额要由保险价值来确定且不得超过；在人身保险中，保险金额是合同约定保险人承担的最高限额或实际给付金额。

（4）保险费的支付和保险期限。保险费是被保险人向保险人支付的费用，它是保险人根据保险金额、保险费率和保险期限来决定的。保险费率是由保险标的的风险率来制定的，应力求接近实际损失率。保险期限是指保险责任从开始到终止的一段期间。

（5）违约责任和争议的处理。违约责任，是指当事人一方或双方由于自己的过错致使保险合同不能履行或不能完全履行时应承担的法律责任，主要指财产方面的责任。保险合同的争议，是指当事人对合同中约定的各项内容及履行有不同的意见或解释。保险合同争议的处理方式与普通合同争议的处理方式一样。

（6）保险责任及责任的免除。保险责任，是指保险人按照保险合同对被保险人所承担的保障责任，即保险金赔偿或给付责任。但在下列情况下所造成的损失，保险人可以免除保险责任：①战争或军事行为；②保险标的的正常损耗；③货物固有的瑕疵；④货物自然属性；⑤被保险人的故意行为。保险责任及责任的免除是保险合同的重点条款。

（7）订立合同的年、月、日时间。

知识点

保险责任条款一般由保险人事先制定而由投保人选择确定。

（四）保险合同的变更、解除、无效、终止

1. 保险合同的变更

保险合同的变更，是指保险合同存续期间，其主体、客体、内容和期限的变动。保险合同的变更与其他合同的变更相似。应经双方当事人协商同意，任何一方当事人不得擅自变更保险合同。如投保人擅自变更了保险标的的产权关系，而不去保险公司办理有关变更主体的手续，其保险利益将得不到保障。

2. 保险合同的解除

保险合同的解除，是指保险合同的当事人基于合同成立后所发生的原因使保险合同失去效力的行为。保险合同的解除原因可以是法律规定的，也可以是合同约定的。

3. 保险合同的无效

保险合同的无效，是指当事人所签订的合同的内容或其程序违反了法律的规定，法律不予承认和保护。无效的保险合同自合同订立时起就没有法律效力。部分无效的保险合同不影响其他部分的效力，如投保人善意超额保险，应视超额保险部分无效。

4. 保险合同的终止

保险合同的终止，是指在保险合同的存续期间，一定的法律事实可使保险合同的效力消失。它分为自然终止和因当事人行使终止权而终止。如保险期届满、保险标的全部灭失、人寿保险中投保人不再按约交纳保险费等。保险合同的终止，不溯及以往的效力，终止前的保险费不必偿还，终止后的保险费可以返还给投保人或受益人。

五、财产保险合同

（一）财产保险合同的概念和种类

财产保险合同，是指以各种物质财产及有关利益为保险标的的保险合同。财产保险合同的种类主要有财产损失保险合同、责任保险合同和信用保险合同 3 种。

1. 财产损失保险合同

财产损失保险合同，是指以补偿有形财产的直接损失为目的的财产保险合同，包括企业财产保险合同、家庭财产保险合同、运输工具保险合同、货物运输保险合同等。

2. 责任保险合同

责任保险合同，是指以被保险人对第三人的民事损害赔偿责任作为保险标的的保险合同，包括公众责任保险合同、产品责任保险合同、雇主责任保险合同、职业责任保险合同等。

3. 信用保险合同

信用保险合同，是指以信用借款合同或信用销售合同中权利人因义务人不履行合同义务而遭受的经济损失为保险标的的保险合同，包括合同保证保险合同、产品保证保险合同、商业信用保证保险合同等。

（二）财产保险的程序

1. 投保单

投保单，是指由投保人提交保险人表示对保险合同的要约。投保单中列出投保人对投保财产的名称、数量、金额、坐落地点、保险金额和特别约定等条件。

2. 保险单

保险单，是指保险人承认投保单的各项条件，交给投保人的书面文件。保险单有正本二份，由保险人和投保人保存，副本若干，包括交给投保人一份。保险单可以附加批单，以改正或增加保险单的内容。投保人和保险人双方都有权要求更改保险单的内容。保险单一经批改，保险单就以经改正或增加的内容为准。

3. 保险标的的转让和解除

在保险公司签发保险单后，被保险人的保险标的转让应当通知保险人，经保险人同意后，双方依照保险法的规定办理合同的变更。但是，货物运输保险合同和双方另有约定保险标的物不可转让的保险合同不得转让。《保险法》第 14 条规定，在保险责任开始后，投保人可以解除合同，但在货物运输保险合同和运输工具航程保险合同中，保险责任开始后，合同的当事

案例分析

个体户张某以其所有且已投保的厂房为抵押向某工商银行申请了一笔贷款，但该厂房却因意外失火而被焚毁。保险公司经勘查，同意理赔。此时，张某已无力承担全部财产责任，贷款银行则请求张某以保险金清偿贷款。问：工商银行的主张是否合法？为什么？

人不得解除合同。

4. 保险标的监管

被保险人应对保险标的妥善照管。在保险合同的有效期内，保险标的危险程度增加的，被保险人按照合同的约定，应当及时通知保险人。

六、人身保险合同

（一）人身保险合同的概念及分类

人身保险合同，是指以人的寿命和身体作为保险标的的保险合同。根据承保危险和标的的不同，可将人身保险合同分为人寿保险合同、健康保险合同和意外伤害保险合同。

1. 人寿保险合同

人寿保险合同，是指保险人以被保险人在一定时期或终身的死亡或生存为给付条件的一种保险合同。人寿保险合同可以因保险内容、期限、金额、交费方式和给付方式等条件的不同组合而构成多种保险合同。

2. 健康保险合同

健康保险合同，是指保险人以被保险人患病、分娩以及所致残废或死亡为给付条件的一种保险合同。疾病保险不包括意外伤害引起的损失。

3. 意外伤害保险合同

意外伤害保险合同，是指保险人以被保险人在保险期内的意外伤害为给付条件的一种保险合同。意外伤害保险合同的保险期为 1 年，期满时须续办保险手续。

（二）人身保险合同的一些具体规定

1. 保险利益

根据《保险法》第 53 条规定，投保人对下列人员具有保险利益：①本人；②配偶、子女、父母；③与投保人有抚养、赡养或者扶养关系的家庭其他成员、近亲属；④被保险人同意投保人为其订立合同的，视为投保人对被保险人具有保险利益。

案例分析

李华和张茜系夫妻。2005 年 5 月，张茜经李华同意为李华投了以死亡为给付保险金条件的人寿保险，期限为 5 年。2006 年 4 月，李华和张茜离婚。不幸的是，2007 年 3 月李华因病去世。张茜依据保险合同，作为受益人向保险公司请求偿付保险金 5 000 元，保险公司认为，李华已与张茜离婚，不再享有保险利益，故拒绝支付。问：（1）何为人身保险合同？（2）本案应如何处理？

2. 投保

投保人不得为无民事行为能力人投保以死亡为给付保险金的人身保险，以免诱发道德风险。但是，父母为其未成年子女投保的人身保险不受此限制。以死亡为给付保险金条件的合同，未经被保险人的书面同意，并认可保险金额的，合同无效。

3. 保险费及时效

付费方式有一次性支付保险费和分期支付保险费两种方式。合同约定分期支付保险费，投保人支付首期保险费后，除合同另有约定外，投保人超过规定的期限 60 日未支付当期保险费的，合同效力中止，或者由保险人按照合同约定的条件减少保险金额。

4. 保险金

保险金原则上归受益人享有。投保人、受益人故意造成被保险人死亡、伤残或者疾病的，保险人不承担给付保险金的责任。被保险人自杀或者故意犯罪导致自身伤残或死亡的，保险人同样不承担给付保险金的责任。但是，如果被保险人是在合同生效 2 年以后自杀的，保险人可以按照合同给付保险金。人身保险的被保险人因第三人的行为而发生死亡、伤残或者疾病等保险事故，保险人向被保险人或者受益人给付保险金后，不得享有向第三者追偿的权利。

5. 解除合同

投保人解除合同，已经交足 2 年以上保险费的，保险人应当自接到解除合同通知之日起 30 日内，退还保险单的现金价值；未交足 2 年保险费的，保险人按照合同的约定在扣除手续费后，退还保险费。

第三节　外汇管理法

一、外汇管理概述

（一）外汇的概念

外汇，是指外国货币和以外国货币表示的可以用作国际清

讨论

人民币升值给我国外汇管理体制带来哪些影响？

偿的支付手段和资产。主要包括：①外国货币，包括纸币和铸币；②外汇支付凭证，包括各种票据、银行存款凭证和邮政储蓄凭证等；③外币有价证券，包括政府债券、公司债券、股票等；④特别提款权、欧洲货币单位及其他外汇资产。

（二）外汇管理法律制度的主体

1. 外汇管理机构

我国的外汇管理机构是国务院外汇管理局及其分支机构，统称外汇管理机关。

2. 外汇管理对象

凡在我国境内的企业事业单位、国家机关、社会团体、部队、外商投资企业、个人、驻华机构、来华人员的外汇收支或者经营活动，都必须受《中华人民共和国外汇管理条例》管辖。这里的"个人"是指中国公民和在中华人民共和国境内居住满1年的外国人；"驻华机构"是指外国驻华外交机构、领事机构、国际组织驻华代表机构、外国驻华商务机构和国外民间组织驻华业务机构等；"来华人员"是指驻华外交机构的常驻人员、短期入境的外国人、应聘在境内机构工作的外国人及外国留学生等。

（三）外汇管理的客体

1. 外汇申报

国家实行国际收支统计申报制度，凡有国际收支活动的单位和个人，必须向外汇机关进行国际收支统计申报。

2. 国家对经常性的国际支付和转移不予限制

经常性项目包括贸易收支、劳务收支及单方面转移等。

3. 境内禁止外币流通

在我国境内，禁止外币流通，并不得以外币计价结算。任何单位和个人都有权检举、揭发违反外汇管理的行为和活动。对检举、揭发或者协助查处违反外汇管理案件有功的单位和个人，由外汇管理机关给予奖励，并负责保密。

二、外汇管理的主要内容

（一）境内机构的外汇管理

实行外汇收入结汇制，取消外汇分成。境内机构的经常项目外汇收入必须调回境内，不得违反国家有关规定将外汇擅自存放在境外。境内机构的经常项目外汇收入，应当按照国务院关于结汇、售汇及付汇管理的规定卖给指定银行，或者经批准在外汇指定银行开立外汇账户。

境内机构的经常项目用汇，应当按照国务院关于结汇、售汇及付汇管理的规定，持有效凭证和商业单据向外汇指定银行购汇支付。境内机构的出口收汇和进口付汇，应当按照国家关于出口收汇核销管理和进口付汇核销管理的规定办理核销手续。

（二）对个人的外汇管理

属于个人所有的外汇，可以自行持有，也可以存入银行或者卖给外汇指定银行。个人的外汇储蓄存款，实行存款自愿、取款自由、存款有息、为储户保密的原则。

个人因私用汇，可以在规定的限额以内购汇。超过规定限额的个人因私用汇，应当向外汇管理机关提出申请。个人携带外汇进出境，应当向海关办理申报手续；超过规定限额的，还应当向海关出具有效凭证。

居住在境内的中国公民持有的外币支付凭证、外币有价证券等形式的外汇资产，未经外汇管理机关批准，不得携带或者邮寄出境。

（三）对外国驻华机构及来华人员的外汇管理

外国驻华机构和来华人员由境外汇入或者携带入境的外汇，可以自行保存，可以存入银行或者卖给外汇指定银行，也可以持有效凭证汇出或者携带出境。各国驻华机构及来华人员的合法人民币收入，需要汇出境外的，可以持有关证明材料和凭证到外汇指定银行兑付。

（四）人民币汇率和外汇市场

人民币汇率实行以市场供求为基础的、单一的、有管理的浮动汇率制度。中国人民银行根据银行间外汇市场形成的价格，公布人民币对主要外币的汇率。

外汇市场，是指以外汇银行为中心，由外汇供给者和需求者组成的场所或者交易网络。外汇市场交易的币种和形式由国务院外汇管理部门规定和调整。

三、法律责任

（一）套汇行为的法律责任

属于下列行为之一的，构成套汇：①违反国家规定以人民币支付或者以实物偿付应当以外汇支付的进口货款或者其他类似支出的；②违反国家规定以人民币为其他人支付在境内的费用，由对方付给外汇的；③未经外汇管理机关批准，境外投资者以人民币或者境内所购物资在境内进行投资的；④以虚假或者无效的凭证、合同、单据等向外汇指定银行骗购外汇的；⑤其他非法套汇行为。对于上述行为，外汇管理机关可以给予警告、强制收兑，并处套汇金额30％以上3倍以下的罚款；构成犯罪的，依法追究刑事责任。

（二）逃汇行为的法律责任

属于下列行为之一的，构成逃汇：①违反国家规定擅自将外汇存放在境外的；②不按国家规定将外汇卖给外汇指定银行的；③违反国家规定擅自将外汇汇出或者携带出境的；④未经外汇管理机关批准，擅自将外币存款凭证、外币有价证券携带或者邮寄出境的；⑤其他逃汇行为。对于上述行为，外汇管理机关可以责令限期调回外汇，强制收兑，并处逃汇金额30%以上5倍以下的罚款；构成犯罪的，依法追究刑事责任。

（三）违法经营外汇业务的法律责任

（1）未经外汇管理机关批准，擅自经营外汇业务的，由外汇管理机关没收违法所得，并予以取缔；构成犯罪的，依法追究刑事责任。

（2）对于境内机构违反规定擅自办理对外借款、擅自在境外发行外币债券、擅自对外提供担保等行为，由外汇管理机关给予警告，通报批评，并处10万元以上50万元以下的罚款；构成犯罪的，依法追究刑事责任。

（3）对于境内机构以外币在境内计价结算，擅自以外汇作质押、私自改变外汇用途等非法使用外汇的行为由外汇管理机关责令改正，强制收兑、没收违法所得，并处违法外汇金额等值以下的罚款；构成犯罪的，依法追究刑事责任。

（4）对于境内机构违反外汇账户管理规定，擅自在境内、境外开立外汇账户、出借、串用、转让外汇账户，或者擅自改变外汇账户使用范围等，由外汇管理机关责令改正，撤销外汇账户，通报批评，并处 5 万元以上 30 万元以下的罚款。

（5）对于境内机构违反外汇核销管理规定，伪造、涂改、出借、转让或者重复使用进出口核销单证的，或者未按规定办理核销手续的，由外汇管理机关给予警告，通报批评，没收违法所得，并处 5 万元以上 30 万元以下的罚款；构成犯罪的，依法追究刑事责任。

境内机构违反外汇管理规定的，除给予上述处罚外，对直接负责的主管人员和其他直接责任人员，应当给予纪律处分；构成犯罪的，依法追究刑事责任。

法规索引

1. 《中华人民共和国中国人民银行法》
2. 《中华人民共和国商业银行法》
3. 《中华人民共和国保险法》
4. 《中华人民共和国外汇管理条例》
5. 《中华人民共和国刑法》

思考题

1. 我国的金融管理体制是怎样规定的？
2. 保险合同订立的原则有哪些？
3. 保险合同的基本条款一般包括哪些？
4. 哪些行为属于套汇行为？
5. 哪些行为属于逃汇行为？

第 九 章

市场管理法律制度

本章导读

　　市场管理法，是指国家对生产和经营者在市场上从事商品交易活动实行管理和监督的法律规范的总称。它包括产品质量法、标准化法、价格法、反不正当竞争法、广告法和消费者权益保护法等一系列市场管理方面的法律、法规。由于篇幅的限制，本书只能就产品质量法、反不正当竞争法和消费者权益保护法作系统的介绍和分析。本章在深入研究这三部法律条文的基础上，分三节分别就监督管理的主要内容、如何对消费者和经营者的利益进行保护及违反法律、法规所应承担的法律责任等问题进行了深入细致的探讨，并对它们的概念、调整对象和基本原则及消费者的权利和生产者、消费者的义务等问题作了适当的铺陈和勾勒。

本章引例

　　王某伙同李某从某电扇厂仓库盗窃未经检验的轮船用小型电扇 2 台，二人各分得 1 台。王某将电扇以 80 元的价格卖给张某。张某在使用时，被飞出的扇叶削掉半截右耳。张某以扇叶、保护网设计及制造中有瑕疵为由向电扇厂提出索赔。请问：张某是否有权向电扇厂索赔，其法律依据是什么？

关键词

　　市场管理法　产品质量法　反不正当竞争法　消费者权益保护法　法律规范　监督管理

解 惑

　　张某无权向电扇厂索赔。《产品质量法》规定："生产者能够证明有下列情形之一的，不承担赔偿责任：（1）未将产品投入流通的；（2）产品投入流通时，引起损害的缺陷尚不存在的；（3）将产品投入流通时的科学技术水平尚不能发现缺陷存在的。"本案中轮船用小型电扇尚未投入流通，因此电扇厂不承担赔偿责任。

第一节　产品质量法

一、产品质量法的概念及原则

（一）产品质量法的概念

产品质量，是指由国家法律、专门标准规定，以及由合同约定的对产品的适用、安全等特性的综合要求。

产品质量法，是调整产品质量监督管理关系和产品质量责任关系的法律规范的总称。可见，产品质量法的调整对象包括两个方面：①在国家对企业的产品质量进行监督管理过程中所产生的产品质量管理关系；②产品的生产者、销售者与产品的用户和消费者之间因产品缺陷而产生的产品质量责任关系。

为了加强对产品质量的监督管理，防止产品质量给人身、财产造成损害，保护用户、消费者的合法权益，明确产品质量责任，维护社会经济秩序，利用法律手段来调整产品质量关系，已成为一项重要的立法内容。自改革开放以来，我国着手制定实施了《食品卫生法》、《药品管理法》、《产品质量监督试行办法》、《产品质量认证管理条例》、《关于进一步加强质量工作的决定》等一系列法律、法规。尤其是 1993 年 2 月 22 日通过、自 1993 年 9 月 1 日起施行的《中华人民共和国产品质量法》，标志着我国产品质量监督管理和产品质量责任进入了法制化的新阶段。该法已于 2000 年 7 月 8 日第七届全国人大常委会第十三次会议作了修正。《中华人民共和国产品质量法》规定，在中华人民共和国境内从事产品生产、销售活动，必须遵守该法。但是，建筑工程不适用该法规定；军工产品质量监督管理办法，由国务院、中央军事委员会另行规定。该法中所称产品，是指经过加工、制作，用于销售的产品。

（二）产品质量法的原则

1. 加强产品质量的监督管理原则

国家根据国际适用的质量管理标准和国际先进的产品标准，推行企业质量体系认证制度和产品质量认证制度，从而在国家监督管理的同时，发挥舆论导向和社会监督的作用。

想一想

现实生活中哪些产品不适用产品质量法的规定？为什么？

2. 严格产品质量责任原则

对一般产品质量实行过错责任，由销售者对存在一般质量问题的产品负责修理、更换、退货，并赔偿损失，属于生产者或供货者责任的，向其追偿。对缺陷产品造成的损害，由生产者承担无过错责任，销售者承担过错责任。

3. 保护用户、消费者的合法权益原则

《产品质量法》规定，对可能危及人体健康和人身、财产安全的工业产品，必须符合保障人体健康和人身、财产安全的国家标准、行业标准；未制定国家标准或行业标准的，必须符合保障人体健康和人身、财产安全的要求。这一标准的建立，对于促进产品质量的提高，保护用户、消费者的合法权益具有十分重要的意义。

4. 贯彻奖优罚劣原则

对于生产、销售不合格产品的行为，执法机关可以责令停止生产或销售，没收违法生产或销售的商品及其违法所得，并可以吊销营业执照，处以违法所得一倍以上五倍以下的罚款。造成严重后果构成犯罪的，依法追究刑事责任；对于名优企业和产品颁发企业质量体系认证证书和产品质量认证标志。

二、产品质量的监督管理

（一）产品质量监督管理体制

根据《产品质量法》的规定，我国产品质量监督管理体制是：①国务院产品质量监督管理部门负责全国质量监督管理工作；②县级以上地方人民政府的技术监督部门或标准化、计量部门负责本行政区域内的产品质量监督管理工作；③国务院有关部门及县级以上地方人民政府有关部门在各自的职责范围内负责产品质量监督管理工作。

（二）产品质量监督管理的主要内容

1. 产品质量标准制度

《产品质量法》规定，产品质量必须达到的基本标准是：①产品质量应符合一定的标准；②产品均应检验合格，不得以不合格产品冒充合格产品；③可能危及人体健康和人身、财产安

讨论

为什么说消费者是弱势群体？

知识点

产品标准，是指对产品的结构、规格、质量和检验方法等所作的技术规定。

全的工业产品，必须符合保障人体健康和人身、财产安全的国家标准、行业标准；未制定国家标准或行业标准的，必须符合保障人体健康和人身、财产安全的要求。

2. 企业质量体系认证制度

《产品质量法》规定，国家根据国际通用的质量管理标准，推行企业质量体系认证制度。企业根据自愿原则可以向国务院产品质量监督管理部门或其授权的部门认可的认证机构提出认证申请，经认证合格后，由认证机构颁发企业质量体系认证证书。

3. 产品质量认证制度

《产品质量法》规定，国家参照国际先进的产品标准和技术要求，推行产品质量认证制度。企业根据自愿原则可以向国务院产品质量监督管理部门或其授权的部门认可的认证机构提出认证申请，经认证合格后，由认证机构颁发产品质量认证证书，准许企业在产品或其包装上使用产品质量认证标志。

4. 产品质量监督检查制度

根据《产品质量法》的有关规定，产品质量的监督检查制度包括以下 4 个方面。①国家的质量监督。国家主要采取抽查的方式，对涉及人身安全、影响国计民生的产品实行强制性监督检查，杜绝不合技术标准的产品出厂和销售。②社会的质量监督。主要通过舆论导向，对不合格产品的质量状况和生产企业的名称进行曝光，以震慑那些患得患失的企业，促使他们迅速进行质量整改，从而对用户和消费者负责。③用户、消费者的质量监督。王海购假索赔事件的发生，说明用户、消费者的产品质量意识已悄然形成，他们是产品质量监督的生力军，对促进生产者和销售者把好质量关作用相当大。④企业自身的监督。这是产品质量监督的基础。企业只要在每个环节把好产品质量检验关，就可以把一切不合格产品杜绝在出厂之前。

三、生产者、销售者的产品质量义务

（一）生产者的产品质量义务

1. 对产品质量的要求

《产品质量法》规定，生产者应当对其生产的产品质量负责，同时还规定了对其生产的产品质量的要求：①不存在危及人身、财产安全的不合理的危险，在产品质量方面有保障人体健康和人身、财产安全的国家标准、行业标准的，应当符合该标准；②具备产品应当具备的使用性能，但已对产品存在使用性能的瑕疵作出说明的除外；③符合在产品或者其包装上注明采用的产品标准，符合以产品说明、实物样品等方式表明的质量状况。

2. 对产品或者包装上的标志的要求

①有产品质量检验合格证明；②有中文标明的产品名称、生产厂厂名和厂址；③凡根据产品的特点和使用要求，需要标明产品规格、等级、所含主要成分的名称和含量的，用中文相应予以标明；④限期使用的产品，应当标明生产日期和安全使用期或者失效日期；⑤对于由于使用不当，容易造成产品本身损坏或者可能危及人身、财产安全的产品，应当附有警示标志或者中文警示说明。

3. 生产者不得从事的行为

①生产者不得生产国家明令淘汰的产品；②生产者不得伪造产地，不得伪造或者冒用他人的厂名、厂址；③生产者不得伪造或者冒用认证标志、名优标志等质量标志；④生产者生产产品，不得掺杂、掺假，不得以假充真、以次充好，不得以不合格产品冒充合格产品。

（二）销售者的产品质量义务

《产品质量法》规定，不仅生产者应承担产品质量保证义务，销售者在其销售活动中也应承担相应的产品质量保证义务，具体有以下 7 个方面的内容：

（1）销售者应当执行进货检查验收制度，验明产品合格证明和其他标志；

（2）销售者应当采取措施，保持销售产品的质量；

（3）销售者不得销售失效、变质的产品；

（4）销售者销售的产品的标志应当符合上述有关对生产者生产的产品或其包装上的标志的要求；

（5）销售者不得伪造产地，不得伪造或者冒用他人的厂名、厂址；

（6）销售者不得伪造或者冒用认证标志、名优标志等质量标志；

案例分析

某日，小王在街边士多店花 10 元购买了一瓶"雷达"牌杀虫剂。回家一用，发现质量很差，杀不死蚊虫，便找到店主要求退货。店主拒不退货，还用讥讽的口吻说："谁叫你贪便宜？外面这种产品正常要卖 28 元一瓶，你花 10 元钱到哪儿去买正品货。"请问：店主的行为错在哪里？

（7）销售者销售产品，不得掺杂、掺假，不得以假充真、次充好，不得以不合格产品冒充合格产品。

四、违反产品质量法的法律责任

违反产品质量法的法律责任，是指产品的生产者、销售者以及对产品质量负有直接义务的人违反产品质量义务应承受的法律后果。《产品质量法》规定，对违反产品质量法的行为人，应根据其情节轻重和造成损失的大小，分别承担民事责任、行政责任和刑事责任。

（一）民事责任

1. 修理、更换或退货

《产品质量法》规定，出售的产品具备下列情形之一，销售者应当负责修理、更换或退货：①产品不具备产品应当具备的使用性能而事先未作声明的；②产品质量不符合在产品或其包装上采用的产品标准的；③产品质量不符合产品说明书、实物样品等对质量的承诺或质量表示的。

上述如属生产者或者供货者的责任，销售者承担责任后，有权向生产者、供货者追偿。

2. 赔偿损失

因产品存在缺陷，造成人身、他人财产损害的，生产者或销售者应承担赔偿责任。受害人可以向生产者要求赔偿，也可以向销售者要求赔偿。属于生产者的责任，销售者赔偿的，销售者有权向生产者追偿。反之亦然。

在下列情况下，生产者、销售者对缺陷产品造成的损害可免除赔偿责任：①未将产品投入流通的；②产品投入流通时，引起损害的缺陷尚不存在的；③将产品投入流通时的科学技术水平尚不能发现缺陷的存在的。

因产品存在缺陷造成损害赔偿的诉讼时效为 2 年，自当事人知道或应当知道其权益受到损害之日起计算。

（二）行政责任

（1）《产品质量法》规定，对于下列行为，执法机关可以责令停止生产或销售，没收违法生产或销售的产品及其违法所得，并可以吊销营业执照，处以违法所得一倍以上五倍以下的

知识点

构成产品质量责任的依据主要包括违反默示担保、违反明示担保和产品质量缺陷 3 个方面。

罚款：①生产或销售不符合保障人体健康，人身、财产安全的国家标准、行业标准的产品的；②生产者生产国家明令淘汰的产品的；③生产者、销售者在产品中掺杂、掺假，以假充真、以次充好，或者以不合格产品冒充合格产品的；④销售者销售失效、变质的产品的。

（2）生产者、销售者伪造产品的产地的，伪造或冒用他人的厂名、厂址的，伪造或冒用认证标志、名优标志等质量标志的，执法机关可责令其公开更正，没收违法所得，也可以并处罚款。

（3）伪造检验数据或伪造检验结论的，责令改正，可以处以所收检验费一倍以上三倍以下的罚款；情节严重的，吊销营业执照。

（4）产品标志不符合上述"对产品或其包装上的标志的要求"的，执法机关有权责令其改正；有包装的产品标志不符合上述"对产品或其包装上的标志的要求"中的④⑤两项且情节严重的，执法机关可以责令停止生产、销售，并可处以其违法所得15%至20%的罚款。

当事人对行政处罚决定不服的，可以在接到处罚通知之日起15日内向作出处罚决定的机关的上一级机关申请复议；也可在接到处罚通知之日起15日内直接向人民法院起诉。

当事人逾期不申请复议，也不向人民法院起诉，又不履行处罚决定的，作出处罚决定的机关可以申请人民法院强制执行。

（三）刑事责任

（1）生产者、销售者违反产品质量法的有关规定，情节严重构成犯罪的，对其直接负责的主管者和其他直接责任人员依法追究刑事责任。

（2）从事产品质量监督管理的国家工作人员滥用职权、玩忽职守，构成犯罪的，依法追究刑事责任。

（3）国家工作人员利用职务，对明知有违反产品质量法有关规定构成犯罪的行为的企事业单位或个人故意包庇使其不受追诉的，依法追究刑事责任。

（4）妨碍国家工作人员依法执行公务，情节严重构成犯罪的，依法追究刑事责任。这里所说的情节严重是指，以暴力、威胁方法阻碍、拒绝国家工作人员依法执行公务。若阻碍、拒绝国家工作人员依法执行公务时未使用暴力、威胁方法的，由公安机关依照《治安管理处罚条例》的规定处罚。

☆★ 第二节 反不正当竞争法

一、反不正当竞争法的概念及原则

（一）反不正当竞争法的概念

不正当竞争，是指经营者违反法律规定，损害其他经营者的合法权益，扰乱社会经济秩序的行为。它有广义和狭义之分，广义的不正当竞争包括垄断、限制竞争和以不正当的手段从事竞争三大类行为；狭义的不正当竞争仅指以不正当竞争手段从事竞争的行为。我国《反不正当竞争法》主要是针对狭义的不正当竞争，不包括垄断行为，但包括一部分限制竞争行为。

反不正当竞争法，是调整在制止不正当竞争过程中发生的社会关系的法律规范的总称。这种社会关系包括：①经营者之间的竞争关系；②各级政府部门、国家工商行政管理部门与从事不正当竞争行为的人之间的监督与被监督的关系；③经营者与消费者之间的关系；等等。

1980 年国务院发布《关于开展和保护社会主义竞争的暂行规定》，是我国反不正当竞争立法的正式开始。此后，《商标法》和《广告法》等市场管理法规对反不正当竞争相应作了一些规定。1993 年 9 月 2 日颁布、自同年 12 月 1 日起施行的《中华人民共和国反不正当竞争法》，是由国家立法机关制定的我国第一部反不正当竞争的法律。它的颁布和施行，对鼓励和保护公平竞争，保护经营者和消费者的合法权益，促进社会主义市场经济发展起到重要作用。

讨论

诚信离我们还有多远？

（二）反不正当竞争法的原则

《反不正当竞争法》的法律规定中包含了以下4个基本原则：①自愿、平等原则；②公平和诚实信用原则；③遵守公认的商业道德原则；④不滥用竞争权利原则。

二、不正当竞争行为的种类

《反不正当竞争法》列举了不正当竞争行为的 11 种类型，并明文规定对其加以禁止。

（一）假名冒牌行为

假名冒牌行为，是指假用和冒充其他经营者或者商品的名称、商标、质量和产地标志等以使人混淆和误解的行为。它包括以下行为：①假冒他人的注册商标；②擅自使用知名商品特有的名称、包装、装潢，造成和他人的知名商品相混淆，使购买者误认为是该知名商品；③擅自使用他人的企业名称或者姓名，引人误认为是他人的商品；④在商品上伪造或者冒用认证标志、名优标志等质量标志，伪造产地，对商品质量作引人误解的虚假表示。

（二）限购排挤行为

限购排挤行为，是指公用企业或者其他依法具有独占地位的经营者为了排挤其他经营者而限定他人购买其指定的经营者的商品的行为。这种不正当竞争行为在目前经济生活中比较常见，主要有：①电信部门在安装电话时，要求用户、消费者只能购买其提供的电话机；②煤气公司在安装煤气管道时，要求用户、消费者必须购买某企业生产或经销的煤气灶；③煤气公司自行制定标准垄断热水器的安装业务，甚至指定用户、消费者必须购买某个牌子的热水器。

（三）滥用政府权力行为

滥用政府权力行为，是指政府及其所属部门滥用行政权力，限定他人购买其指定的经营者的商品以及限制其他经营者正当的经营活动，或者限制外地商品进入本地市场以及限制本地商品流向外地市场的行为。行政机关的这种不正当竞争行为，不仅损害了广大消费者和其他经营者的合法权益，影响了社会主义市场经济的健康发展，而且阻碍了资源的优化配置，无法发挥地区之间的优势互补，从而加剧了地区之间的经济矛盾和经济发展的不平衡。

（四）商业贿赂行为

商业贿赂行为，是指经营者在市场活动中，为了取得商品交易机会，采用财物或其他手段贿赂交易相对人的行为。《反不正当竞争法》规定，经营者赊买或销售商品，可以以明示方式给对方折扣，也可以给中间人佣金，但无论何方都必须如实入账。凡在账外暗中给对方单位或者个人回扣的，以行贿论处；对方单位或者个人在账外暗中收受回扣的，以受贿论处。

案例分析

某市邮电局在其营业大厅内张贴一则通告，通告规定：在市邮电局安装电话的用户，一律到市邮电器材集团汇丰公司（系市邮电局下属企业）购买电话机。用户在办理装机手续的同时，须先交电话机款，否则不予办理。问：（1）该市邮电局的行为是否合法？为什么？（2）如果违法，该如何处理？

175

（五）虚假宣传行为

虚假宣传行为，是指经营者利用广告或者其他方法，对商品的质量、制作成分、性能、用途、生产者、有效期限、产地等作引人误解的虚假宣传的行为。虚假宣传包括两种形式，一是宣传内容不真实，二是宣传引人误解。

（六）侵犯商业秘密行为

侵犯商业秘密行为，是指经营者通过不正当手段，违法获取、披露、使用或者允许他人使用权利人的商业秘密的行为。这里的商业秘密指不为公众知悉，能为权利人带来经济利益，具有实用性并经权利人采取保密措施的技术信息和经营信息。侵犯商业秘密所采取的不正当手段包括：①以盗窃、利诱、胁迫或者其他不正当手段获取权利人的商业秘密；②披露、使用或者允许他人使用以上述手段获取的权利人的商业秘密；③违反约定或者违反权利人有关保守商业秘密的要求，披露、使用或者允许他人使用其所掌握的商业秘密。另外，第三人明知或者应知上述违法行为，仍获取、使用或者披露他人的商业秘密，视为侵犯商业秘密。

（七）降价排挤行为

降价排挤行为，是指经营者为了排挤竞争对手而以低于成本的价格销售商品的行为。但依据《反不正当竞争法》的规定，有下列情形之一的，不属于不正当竞争行为：①销售鲜活商品；②处理有效期限即将到期的商品或者其他积压的商品；③季节性降价；④因清偿债务、转产、歇业降价销售商品。

讨论

"买一送一"是附条件的交易行为吗？

（八）附条件交易行为

附条件交易行为，是指经营者在销售商品或提供服务时，违背购买者的意愿搭售商品或者附加其他不合理的条件的行为。搭售行为包括两种情况：一是违背购买人的意愿搭售商品，通常是销售紧俏商品时搭售滞销商品；二是向购买者提出附加的不合理条件，主要是增加购买者的附加义务。

（九）不正当奖售行为

不正当奖售行为，是指经营者违反法律规定而进行的不正当的有奖销售行为。符合商业道德的有奖销售可以起到活跃市场、增加销售额、加速流通的积极作用，而不正当的有奖销售，则会损害其他经营者的合法权益，损害消费者的利益，进而扰乱社会经济秩序。为此，《反不正当竞争法》规定下列行为为不正当竞争行为，应加以制止：①采用谎称有奖或故意让内定人员中奖的欺骗方式进行有奖销售；②利用有奖销售的手段推销质次价高的商品；③抽奖式的有奖销售，最高奖的金额超过5 000元。

（十）诋毁竞争对手的行为

诋毁竞争对手的行为，是指经营者为了削弱或挤垮竞争对手，故意捏造、散布虚假事实，损害竞争对手的商业信誉和商品信誉的行为。经营者的商业信誉和商品信誉的好坏直接影响到企业的经营状况和生存空间，它是企业在提高产品质量、改善售后服务等方面积极努力的结果。有的经营者利用散布公开信、向有关经济监督管理部门寄假检举信，唆使他人造谣、中伤等来损害竞争对手的商誉，从而达到取代竞争对手的目的。这种不正当竞争行为，违背了公认的商业道德和市场竞争规则，理所当然地应受到法律的制裁。

（十一）串通投标行为

串通投标行为，是指投标者之间私下串通，抬高或压低标价，以及投标者与招标者之间相互勾结以排挤竞争对手的行为。由此定义可知，这种不正当竞争行为有两种：①投标者串通投标，抬高标价或压低标价的行为。其目的是为了避免相互竞争，或协议轮流中标，损害招标人的利益；②投标者和招标者之间相互勾结，以排挤竞争对手中标的行为。其后果是使招标流于形式，损害招标人的利益。所以，在招标活动中，投标者的投标或招标者的招标都应该在公开、公正、公平的条件下进行，这样才能避免这种不正当竞争行为的发生。

三、对不正当竞争行为的监督检查

（一）监督检查机关

《反不正当竞争法》规定："县级以上监督检查理部门对不正当竞争行为进行监督检查；法律、行政法规规定由其他部门监督检查的，依照其规定。"可见，我国对不正当竞争行为进行监督检查的部门主要是县级以上的工商行政管理部门。此外，也包括法律、行政法规规定的有权进行监督检查的其他部门。

（二）监督检查机关的职权

（1）按照规定程序询问被检查的经营者、利害关系人、证明人，并要求提供证明材料或者与不正当竞争行为有关的其他资料。

（2）查询、复制与不正当竞争行为有关的协议、账册、单据、文件、记录、业务函电和其他资料。

（3）检查与假冒他人商品标志的不正当竞争行为有关的财物，必要时，可以责令被检查的经营者说明该商品的来源和数量，暂停销售，听候检查，不得转移、隐匿和销毁该财物。

监督检查部门的工作人员监督检查不正当竞争行为时，应该出示检查证件。

四、违反反不正当竞争法的法律责任

违反反不正当竞争法的法律责任，是指行为人由于实施了不正当竞争行为而应承担的法律后果。依据《反不正当竞争法》的规定，不正当竞争行为的法律责任包括民事责任、行政责任和刑事责任三种形式。

（一）民事责任

《反不正当竞争法》对不正当竞争行为的经济责任只作了原则性的规定，即经营者违反本法规定，给被侵害的经营者造成损害的，应当承担损害赔偿责任。被侵害的经营者的损失难以计算的，赔偿额为侵权人在侵权期间所获得的利润，并承担被侵害的经营者因调查该经营者侵害其合法权益的不正当竞争行为所支付的合理费用。

（二）行政责任

行政责任的形式主要有：责令停止违法行为、责令改正、没收违法所得、罚款和吊销营业执照等。具体表现在以下几方面。

（1）经营者假冒他人的注册商标，擅自使用他人的企业名称或者姓名，伪造或者冒用认证标志、名优标志等质量标志，伪造产地，对商品质量作引人误解的虚假表示的，依照《商标法》和《产品质量法》的规定处罚。具体的行政责任是：停止侵权行为、罚款、责令改正、没收违法所得。

（2）经营者擅自使用知名商品特有的名称、包装、装潢，或者使用与知名商品近似的名称、包装、装潢，造成和他人的知名商品相混淆，使购买者误认为是该知名商品的，监督检查部门应当责令其停止违法行为，没收违法所得，可以根据情节处以违法所得的一倍以上三倍以下的罚款；情节严重的，可以吊销营业执照。

（3）公用企业或者其他依法具有独占地位的经营者，限定他人购买其指定的经营者的商品，以排挤其他经营者的公平竞争的，省级或者设区的市的监督检查部门应当责令停止违法行为，可以根据情节处以5万元以上20万元以下的罚款。被指定的经营者借此销售质次价高的商品或者滥收费用的，监督检查部门应当没收违法所得，可以根据情节处以违法所得一倍以上三倍以下的罚款。

（4）经营者采用财物或其他手段进行贿赂以销售商品或购买商品，未构成犯罪的，监督检查部门可以根据情节处以1万元以上20万元以下的罚款，有违法所得的予以没收。

（5）经营者利用广告或其他方法，对商品作引人误解的虚假宣传的，监督检查部门应当责令其停止违法行为，消除影响，可以根据情节处以1万元以上20万元以下的罚款。

（6）违反本法规定侵犯商业秘密的，监督检查部门应当责令停止违法行为，可以根据情节处以1万元以上20万元以下的罚款。

（7）经营者违法进行有奖销售的，监督检查部门应当责令停止违法行为，可以根据情节处以1万元以上20万元以下的罚款。

（8）投标者串通投标，抬高标价或者压低标价，投标者与招标者相互勾结，以排挤竞争对手公平竞争的，其中标无效。监督检查部门可以根据情节处以1万元以上20万元以下的罚款。

（9）经营者有销售被责令暂停销售的商品，转移、隐匿、销毁有关财物的不正当竞争行为的，监督检查部门可以根据情节处以被销售、转移、隐匿、销毁的财物的价款一倍以上三倍以下的罚款。

（10）政府及其所属部门违反本法规定，限定他人购买其指定的经营者的商品，限制其他经营者正当的经营活动，或者限制商品在地区之间正常流通的，由上级机关责令改正；情节严重的，由同级或上级机关给予直接责任人员以行政处分。

（11）监督检查不正当竞争行为的国家工作人员滥用职权、玩忽职守，未构成犯罪的，给予行政处分。

当事人对监督检查部门作出的处罚决定不服的，可以自收到处罚决定之日起 15 日内向上级主管机关申请复议。对复议决定不服的，可以自收到复议决定书之日起 15 日内向人民法院提起诉讼，也可以直接向人民法院提起诉讼。

（三）刑事责任

（1）经营者侵犯他人注册商标，销售伪劣商品，以贿赂手段销售商品，侵犯商业秘密等情节严重，构成犯罪的，依法追究刑事责任。

（2）监督检查不正当竞争行为的国家机关工作人员滥用职权、玩忽职守，构成犯罪的，或者明知有违反本法规定构成犯罪的经营者故意包庇不使其遭受追诉的，依法追究刑事责任。

第三节　消费者权益保护法

一、消费者权益保护法的概念及原则

（一）消费者权益保护法的概念

消费者权益，是指消费者依法享有的权利及该权利受到保护时而给消费者带来的应得的利益。这里所说的消费者是指为生活消费需要而购买、使用商品或者接受服务的市场主体。

消费者权益保护法，是调整国家、经营者和消费者三者之间在保护消费者权益的过程中发生的社会关系的法律规范的总称。这种社会关系主要包括：①国家基于保护消费者与生产经营者之间发生的监督管理关系；②国家为了协助消费者解决消费纠纷与消费者之间发生的服务指导关系；③生产经营者与消费者之间在自愿公平、诚实信用的基础上发生的商品交换关系。

1993 年 10 月 31 日第八届全国人大常务委员会第四次会议通过、自次年 1 月 1 日起施行的《中华人民共和国消费者权益保护法》，是我国目前保护消费者权益的基本法，在保护消费者权益的法律规范中处于核心和主导地位。它的实施必将有助于把市场经济纳入法制轨道，推动市场经济的健康发展。

（二）消费者权益保护法的原则

消费者权益保护法的基本原则是贯穿于国家关于保护消费者权益的立法过程中，体现在保护消费者权益的具体法律规定上。根据我国经济文化发展水平及消费者的素质状况，它体现了以下几个基本原则：

1. 经营者与消费者进行交易，应当遵循自愿、平等、公平、诚实信用的原则

消费者在与经营者进行交易时，应当完全自愿，等价公平，双方要依据社会主义市场经济规律来合理取得自己的权利和履行自己的义务，任何经营者都不得违反这一原则，强迫、利诱、欺骗消费者，损害消费者的合法权益。

2. 国家对消费者权益实行特殊保护的原则

消费者在社会经济生活中，特别是在与生产经营者的关系中所处的特殊法律地位，决定了在消费者权益受到侵害时，国家将采取有力措施对消费者的合法权益予以特殊保护或称优先保护。这些措施包括：①国家适时制定保护消费者权益的政策、法律，使消费者合法权益的保护做到有法可依；②有关国家机关免费对实际生活中发生的侵犯消费者权益的行为进行监督、查处；③国家司法机关采取迅速、便捷的方式解决消费者与经营者发生的消费纠纷，维护消费者的利益；④国家设立专门的保护消费者权益的组织机构，专门从事保护消费者权益的活动。

3. 保护消费者的权益是全社会的共同责任的原则

《消费者权益保护法》规定，国家鼓励、支持一切组织和个人对损害消费者合法权益的行为进行社会监督。不仅各级消费者保护组织要与侵害消费者权益的行为作斗争，更重要的是每一个消费者都要能像"王海打假"那样站出来维护自己的合法权益。

4. 充分、及时、有效保护的原则

对消费者提供充分、及时、有效保护的原则，体现在消费者权益保护法的具体规定中。它是国家保护原则和全社会保护原则的具体落实，这样才能确保消费者的合法权益不受侵害，也才能尊重和保障消费者的人身权利和财产权利。

二、消费者权利和经营者义务的法律规定

消费者权利的实现，离不开经营者义务的履行，这是一个问题的两个方面。为了保护消费者的合法权益，《消费者权益保

护法》不仅明确规定了消费者的权利，同时也明确规定了经营者的义务。

（一）消费者的权利

根据我国《消费者权益保护法》的规定，消费者依法享有广泛的权利，这些权利主要包括以下几个方面。

1. 安全保障权

消费者在购买、使用商品和接受服务时，依法享有人身、财产安全不受损害的权利。

2. 知情权

消费者享有知悉其购买、使用的商品或者接受的服务的真实情况的权利。消费者有权根据商品或者服务的不同情况，要求经营者提供商品的价格、产地、生产者、用途、性能、规格、等级、主要成分、生产日期、有效期限、检验合格证明、使用方法说明书、售后服务，或者服务的内容、规格、费用等有关情况。

3. 自主选择权

消费者有权自主选择提供商品或者服务的经营者，自主选择商品品种或者服务方式，自主决定购买或者不购买任何一种商品、接受或者不接受任何一项服务。

4. 公平交易权

消费者在购买商品或接受服务时，有权获得质量保障、价格合理、计量正确等公平交易条件，有权拒绝经营著的强制交易行为。

5. 请求赔偿权

消费者在购买、使用商品或者接受服务时受到人身、财产损害时，享有依法获得赔偿的权利。

6. 组织权

消费者享有依法成立维护自身合法权益的社会团体的权利。

7. 知识获取权

消费者享有获得有关消费和消费者权益保护方面的知识的权利。

8. 受尊重权

消费者在购买、使用商品和接受服务时，享有其人格尊严、民族风俗习惯得到尊重的权利。

9. 监督批评权

消费者享有对商品和服务及保护消费者权益工作进行监督的权利。消费者有权检举、控告侵害消费者权益的行为和国家机关及其工作人员在保护消费者权益工作中的违法失职行为，有权对保护消费者权益工作提出批评、建议。

（二）经营者的义务

《消费者权益保护法》规定，为了保护消费者权益，经营者必须履行一系列义务，这主要包括以下几个方面：

1. 依法定或约定履行义务

经营者向消费者提供商品或者服务，应当依照《产品质量法》和其他有关法律、法规的规定履行义务。经营者和消费者有约定的，应当按照约定履行义务，但双方的约定不得违背法律、法规的规定。

2. 听取意见和接受监督的义务

经营者应当听取消费者对其提供商品或者服务的意见，接受消费者的监督。

3. 保障人身和财产安全的义务

经营者应当保证其提供的商品或者服务符合人身、财产安全的要求。对可能危及人身、财产安全的商品和服务，应当向消费者作出真实的说明和明确的警示，并说明和标明正确使用商品或者接受服务的方法及防止危害发生的方法。

经营者发现其提供的商品或者服务存在严重缺陷，即使正确使用商品或者接受服务仍然可能对人身、财产安全造成危害的，应当立即向有关行政部门报告和告知消费者，并采取防止危害发生的措施。

4. 如实介绍情况的义务

为了保障消费者的知悉真情权的实现,法律规定:①经营者应当向消费者提供有关商品或者服务的真实信息,不得作引人误解的虚假宣传;②经营者对消费者就其提供的商品或者服务的质量和使用方法等问题提出的询问,应当作出真实、明确的答复;③商店提供的商品应当明码标价;④经营者应当标明其真实名称和标记;⑤租赁他人柜台或者场地的经营者,应当标明其真实名称和标记。

5. 出具相应的凭证和单据的义务

经营者提供商品或者服务,应当按照国家有关规定或者商业惯例向消费者出具购货凭证或者服务单据;消费者索要购货凭证或者服务单据的,经营者必须出具。

6. 保证商品或服务质量的义务

经营者应当保证在正常使用商品或者接受服务的情况下其提供的商品或者服务应当具有的质量、性能、用途和有效期限,但消费者在购买该商品或者接受该服务前已经知道其存在瑕疵的除外。

经营者以广告、产品说明、实物样品或者其他方式表明商品或者服务的质量状况的,应当保证其提供的商品或者服务的实际质量与表明的质量状况相符。

7. 公平合理交易的义务

经营者不得以格式合同、通知、声明、店堂告示等方式作出对消费者不公平、不合理的规定,或者减轻、免除其损害消费者合法权益应当承担的民事责任。格式合同、通知、声明、店堂告示等含有前款所列内容的,其内容无效。

8. 尊重消费者人身权利的义务

经营者不得对消费者进行侮辱、诽谤,不得搜查消费者的身体及其携带的物品,不得侵犯消费者的人身自由。

9. 履行承诺的义务

经营者提供商品或者服务,按照国家规定或者与消费者的

讨论

经营者是否有权作出"偷一罚十"的规定?

案例分析

某公民去一超市购物,被超市保安人员以怀疑偷拿商品为由,强行带至办公室,并进行嘲讽和搜查。该公民不服。问:(1)超市的行为是否合法,为什么?(2)该案应如何处理?

约定，承担包修、包换、包退或者其他责任的，应当按照国家规定或者约定履行，不得故意拖延或者无理拒绝。

三、消费者权益的保护和争议的解决

（一）消费者权益的保护

《消费者权益保护法》规定，对消费者权益的保护主要通过国家和消费者组织两方面进行。

1. 国家对消费者权益的保护

国家主要通过立法、执法和司法等手段来加强对消费者权益的保护：①国家在听取消费者意见和要求的基础上，制定出保护消费者权益的法律、法规和政策；②各级人民政府及其工商行政管理部门、技术监督部门、卫生监督部门等运用行政手段加强对消费者权益的保护；③各级公安、检察和审判机关依照法律、法规的规定，对那些情节严重、触犯刑律、严重损害消费者合法权益的行为进行严惩。

2. 消费者组织对消费者权益的保护

消费者组织，是指依法成立的对商品和服务进行社会监督的保护消费者合法权益的社会团体，包括消费者协会和其他消费者组织。《消费者权益保护法》规定，保护消费者的合法权益是全社会的共同责任。因此，全社会都应支持消费者组织的合法活动，对损害消费者合法权益的行为进行舆论监督。为了保证消费者组织在维护消费者利益方面的公正性和独立性，消费者组织不得从事商品经营和营利性服务，不得以牟利为目的向社会推荐商品和服务。

（二）消费者权益争议的解决

1. 争议解决的途径

《消费者权益保护法》规定，消费者和经营者发生消费者权益争议的可以通过以下途径解决：①与经营者协商和解；②请求消费者协会调解；③向有关行政部门申诉；④根据与经营者达成的仲裁协议提请仲裁机构仲裁；⑤向人民法院提起诉讼。

2. 争议解决的方法

消费者权益争议的解决方法，按照《消费者权益保护法》

案例分析

2006 年 6 月 9 日下午，消费者罗某、李某在特克斯县阿扎提街一环的明圆金店购买首饰时，明圆金店的营业员说罗某、李某看过的一副价值 277 元的金耳环不见了，在找不到的情况下，明圆金店的营业员怀疑是这两名消费者偷窃了金耳环，消费者罗某、李某对此拒不承认，营业员在得到金店负责人吴天武同意的情况下，对两名消费者的身体及随身携带的手提包进行了搜查，未搜到丢失的金耳环，事后消费者投诉到了特克斯县工商行政管理局。问：消费者和经营者发生消费者权益争议时，可否通过工商行政管理局解决？

的规定主要有以下几种情形。

（1）消费者在购买、使用商品时，其合法权益受到损害的，可以向销售者要求赔偿；消费者或者其他受害人因商品缺陷造成人身、财产损害的，可以向销售者要求赔偿，也可以向生产者要求赔偿；消费者在接受服务时，其合法权益受到损害的，可以向服务者要求赔偿。

（2）消费者在购买、使用商品或者接受服务时，其合法权益受到损害，因原企业分立、合并的，可以向变更后承受其权利义务的企业要求赔偿。

（3）使用他人营业执照的违法经营者提供商品或服务，损害消费者合法权益的，消费者可以直接向其要求赔偿，也可以向营业执照的持有人要求赔偿。

（4）消费者在展销会、租赁柜台购买商品或者接受服务，其合法权益受到损害的，可以向销售者或者服务者要求赔偿。展销会结束或者柜台租赁期满后，也可以向展销会的举办者、柜台的出租者要求赔偿。

（5）消费者因经营者利用虚假广告提供商品或者服务，其合法权益受到损害的，可以向经营者要求赔偿。广告的经营者发布虚假广告的，消费者可以请求行政主管部门予以惩处。广告的经营者不能提供经营者的真实名称、地址的，应当承担赔偿责任。

四、违反消费者权益法的法律责任

（一）民事责任

（1）经营者提供商品或服务有下列情形之一的，除《消费者权益保护法》另有规定外，应依照《产品质量法》和其他有关法律、法规的规定，承担民事责任：①商品存在缺陷的；②不具备商品应当具备的使用性能而出售时未作说明的；③不符合在商品或包装上注明采用的商品标准的；④不符合商品说明、实物样品等方式表明的质量状况的；⑤生产国家明令淘汰的商品或销售失效、变质的商品的；⑥销售的商品数量不足的；⑦服务的内容和费用违反约定的；⑧对消费者提出的修理、重作、更换、退货、补足数量、退还货款和服务费用或赔偿损失的请求，故意拖延或者无理拒绝的；⑨法律、法规规定的其他损害消费者权益的情形。

（2）经营者提供商品或者服务，造成消费者或其他受害人人身伤害的，应当支付医疗费、治疗期间的护理费、因误工减少的收入等费用；造成残疾的，还应当支付残疾者生活自助具费、生活补助费、残疾赔偿金以及由其扶养的人所必需的生活费等费用。

（3）经营者提供商品或者服务，造成消费者或其他受害人死亡的，应当支付丧葬费、死亡赔偿金以及由死者生前扶养的人所必需的生活费等费用。

（4）经营者侵害消费者的人格尊严或者侵犯消费者人身自由的，应当停止侵害、恢复名誉、消除影响、赔礼道歉，并赔偿损失。

（5）经营者提供商品或服务，造成消费者财产损害的，应当按照消费者的要求，以修理、重作、更换、退货、补足商品数量、退还货款和服务费用或者赔偿损失等方式承担民事责任。

（6）对国家规定或者经营者与消费者约定包修、包换、包退的商品，经营者应当负责修理、更换或退货。

（7）经营者以邮购方式提供商品的，应当按照约定提供。未按约定提供的，应当依消费者的要求履行约定或者退回货款，并应当承担消费者必须支付的合理费用。

（8）经营者以预付款方式提供商品或者服务的，应当按照约定提供。未按约定提供的，应当依消费者的要求履行约定或者退还预付款，并应当承担预付款的利息、消费者必须支付的合理费用。

（9）经营者提供商品或者服务有欺诈行为的，应当按照消费者的要求增加赔偿其受到的损失，增加赔偿的金额为消费者购买商品的价款或接受服务费用的一倍。

（二）行政责任

《消费者权益保护法》规定，经营者有下列情形之一的，《产品质量法》和其他有关法律、法规对处罚机关和处罚方式有规定的，依照法律、法规的规定执行；法律、法规未作规定的，由工商行政管理部门责令改正，可以根据情节单处或者并处警告、没收违法所得、处以违法所得一倍以上五倍以下的罚款；没有违法所得的，处以 1 万元以下的罚款；情节严重的，责令停业整顿、吊销营业执照：

（1）生产、销售的商品不符合保障人身、财产安全要求的；

（2）在商品中掺杂、掺假，以假充真，以次充好，或者以不合格商品冒充合格商品的；

（3）生产国家明令淘汰的商品或者销售失效、变质的商品的；

（4）伪造商品的产地，伪造或者冒用他人的厂名、厂址，伪造或冒用认证标志、名优标志等质量标志的；

（5）销售的商品应当检验、检疫而未检验、检疫或者伪造检验、检疫结果的；

（6）对商品或者服务作引人误解的虚假宣传的；

（7）对消费者提出的修理、重作、更换、退货、补足商品数量、退还货款和服务费用或者赔偿损失的要求，故意拖延或无理拒绝的；

（8）侵害消费者人格尊严或者侵犯消费者人身自由的；

（9）法律、法规规定的对损害消费者权益应当予以处罚的其他情形。

经营者对行政处罚决定不服的，可以自收到处罚决定之日起 15 日内向上一级机关申请复议，对复议决定不服的，可以自收到复议决定书之日起 15 日内向人民法院提起诉讼，也可以直接向人民法院提起诉讼。

（三）刑事责任

（1）经营者提供商品或者服务，造成消费者或其他受害人人身伤害或死亡；在商品中掺杂掺假、冒用他人商标生产国家明令淘汰产品或销售失效、变质商品等情节严重，构成犯罪的，依法追究刑事责任。

（2）以暴力、威胁等方法阻碍有关行政部门工作人员依法执行职务，构成犯罪的，依法追究刑事责任。

（3）国家机关工作人员玩忽职守或者包庇经营者侵害消费者合法权益的行为的，由其所在单位或者上级机关给予行政处分；情节严重，构成犯罪的，依法追究刑事责任。

法规索引

1.《中华人民共和国产品质量法》
2.《中华人民共和国反不正当竞争法》
3.《中华人民共和国消费者权益保护法》
4.《欺诈消费者行为处罚办法》
5.《中华人民共和国民法通则》

思考题

1. 根据《产品质量法》的规定，生产者不得从事哪些行为？

2. 产品质量责任的内容是什么？

3. 不正当竞争行为的种类有哪些？

4. 反不正当竞争法的原则是什么？

5. 消费者依法享有哪些权利？

6. 消费者和经营者发生消费者权益争议的，可以通过什么途径解决？

第 十 章

知识产权法律制度

本章导读

　　本章从工业产权和著作权两方面对我国的知识产权进行了深入浅出的探讨。在工业产权这一部分,用两节的篇幅分别对专利法和商标法进行了系统的分析和介绍。"专利法"这一节中,首先从专利权的概念入手,对专利权的法律关系进行了认真的剖析和详细的阐述,并对授予专利权的条件进行了细致的分析;其次,就如何取得专利权作了篇幅较大的铺陈,并对专利权人的权利和义务作了适当的介绍;最后,对专利权的期限、终止、无效及违反专利法应承担的法律责任作了恰到好处的简介。"商标法"这一节中,首先从商标注册的原则出发探讨如何取得注册商标,其次对商标权的法律关系进行剖析,最后用一定篇幅分析介绍如何对商标使用进行管理及注册商标专用权的保护。最后用篇幅不大的一节内容对著作权的法律关系和邻接权等问题进行了粗略的勾勒和简单的介绍。

本章引例

　　王某在 A 研究所从事医疗器械研发工作。2006 年 1 月,王某从 A 研究所退职,并与 B 公司签订了一份合作开发合同。该合同约定:B 公司提供研发经费、设施等必要的研究条件,由王某主持一项治疗骨质增生的医疗器械的研发工作,该医疗器械被称为"骨质增生治疗仪";该产品研发成功之后,B 公司付给王某 30 万元报酬;该产品的发明人为王某。2007 年 6 月,王某主持研发的"骨质增生治疗仪"获得成功,B 公司依约付给王某 30 万元报酬。问:王某退职后与 B 公司合作开发的"骨质增生治疗仪"是否属于 A 研究所的职务发明,为什么?

关键词

　　知识产权　专利法　商标法　著作权法

解析

　　不属于。因为根据《专利法》规定,退职后 1 年内作出的、与其原单位承担的本职工作有关的发明创造,属于职务发明。本案中,王某退职时间与王某和 B 公司合作开发的"骨质增生治疗仪"的完成时间相距已超过 1 年。

第一节 知识产权概述

一、知识产权的概念

知识产权，是指人们对自己的创造性的智力活动成果依法享有的某种专有权利。知识产权的内容包括人身权利和财产权利。依据《民法通则》的规定，我国知识产权是指著作权、专利权、商标权、发明权、发现权及其他科技成果权。其中，专利权和商标权被称为工业产权。所谓工业产权，是指人们依法对在商品生产和流通中的创造发明和显著标志等智力成果，在一定期限和地区内享有的专有权利。根据《保护工业产权巴黎公约》的规定，工业产权的保护对象除上文提到的专利权和商标权外，还包括厂商名称、原产地名称、货源标志、服务标志和制止不正当竞争的权利等。

知识产权法，是指调整因确认、保护和使用知识产权而发生的各种社会关系的法律规范的总称。

二、知识产权的特征

知识产权作为一种民事权利，在法律上有以下特征。

（一）知识产权是一种专有性的民事权利

知识产权同所有权一样，具有排他性和独占性的特点。这种权利为权利人所专有，除权利人同意和法律规定的以外，其他任何人不得享有或使用该项权利，否则便构成侵权。权利人对这种权利可以自己行使，也可以转让他人行使，并从中收取一定的转让费用。

（二）知识产权是以人身权和财产权为内容的

知识产权是一种智力成果，是创造人凭借自己的智慧和艰苦劳动创造出来的精神财富。因此，它一方面表现为创造人的人身权利，如著作权中的发表权、署名权、修改权和保护作品完整权等；另一方面表现为创造人的财产权，如著作权中的使用权和获得报酬权等。前者基于智力成果同它的创造人的人身不能分离；后者基于智力成果具有价值和使用价值，能产生明显的经济效益和社会效益。所以说，知识产权包括人身权和财产权两个方面的内容。

（三）知识产权的保护是有一定期限的

知识产权的保护具有时间性限制，只有在法律规定的有效时间内才受法律保护，一旦超过法律规定的有效期限，这一权利就自行终止。这时，该智力成果就成为全社会的公共财富，任何人都可以无偿使用。如我国《专利法》规定，发明专利的有效期限为 20 年。

（四）知识产权的保护是有严格地域限制的

知识产权只能在一定地区范围内有效，它是依特定国家的法律而产生并获得保护的。除签有国际公约或双边互惠协定的以外，知识产权没有域外效力，其他国家对这种权利没有保护的义务。若要得到某国法律的保护，则必须依照该国的法律规定，履行必要的手续，经审查批准后才能获得该国的承认和保护。

第二节 专 利 法

一、专利法的概念

专利一词源自拉丁文"Patere"，原意为摆出来的衣服挂钩，就其接受公众挑剔的含义来看，与专利的公开性的特点是一致的。专利一词通常有 3 种含义：一是指专利局授予申请人的专利权；二是指受专利法保护的专利技术；三是指专利局颁发的专利证书。

专利权，是指专利权人对取得的专利发明、实用新型和外观设计依法享有的专有权利。

专利法，是调整在申请、取得、使用、转让和保护发明创造专利过程中发生的社会关系的法律规范的总称。这种社会关系主要表现为：①国家有关机关利用《专利法》在确认和保护专利权的过程中所形成的法律监督关系；②国家专利主管机关在审批、授予专利权过程中所形成的经济管理关系；③专利使用人在发明创造过程中所形成的经济协作关系。

为了保护发明创造专利权，鼓励发明创造，以利于发明创造的推广应用，促进科学技术的发展，适应社会主义现代化建设的需求，第六届全国人大常委会第四次会议于 1984 年 3 月 12 日通过了《中华人民共和国专利法》（以下简称《专利法》），并自次年 4 月 1 日起施行。为了保证《专利法》的贯彻实施，1985 年 1 月 19 日，经国务院批准，国家专利局公布了《中华人民共和国专利法实施细则》。基于形势发展的需要，在总结多年实施专利法经验的基础上，全国人大常委会于 2000 年 8 月对《专利法》进行了第二次修正。这标志着我国保护发明创造的专利制度进入了一个新的发展阶段，对推动我国经济、科技体制的完善和促进科学技术转化为现代化的生产力起到了巨大的推动作用。

二、专利权的主体和客体

（一）专利权的主体

专利权的主体，即专利权人，是指可以提出专利申请并依法取得专利权的单位和个人，包括专利权的所有人和持有人。按我国《专利法》规定，专利权的主体有以下几种。

1. 职务发明创造的单位

职务发明创造，是指执行本单位的任务或者主要是利用本单位的物质条件完成的发明创造。执行本单位的任务所完成的发明创造包括：①在本职工作中作出的发明创造；②履行本单位交付的本职工作之外的任务所作出的发明创造；③退职、退休或调动工作后一年内作出的与其在原单位承担的本职工作或者分配的任务有关的发明创造。利用本单位的物质条件，是指利用本单位的资金、设备、零部件、原材料或者不向外公开的技术资料等。职务发明创造申请专利的权利属于职务发明创造者所在单位。

2. 非职务发明创造的发明人或设计人

非职务发明创造，是指发明人或设计人自由作出的职务发明创造以外的发明创造。非职务发明创造由发明人或设计人申请，被批准后，专利权归申请人个人所有。对发明人或设计人的非职务发明创造专利申请，任何单位或个人不得压制。

3. 共同发明人、设计人，或共同发明创造的单位

共同发明创造，是指由两个或两个以上的单位或个人共同完成的发明创造。共同发明创造申请专利的权利归共同发明人

或共同设计人，申请批准后的专利权，归共同发明人或共同设计人所有。2个以上单位协作或1个单位接受其他单位的研究、设计任务所完成的发明创造，除另有协议的以外，申请专利的权利属于共同完成的单位，申请批准后的专利权，归共同申请的单位所有或持有。

4. 外国人、外国企业或外国其他组织

在中国没有经常居所或营业所的外国人、外国企业或外国其他组织在中国申请专利的，依照其所属国同中国签订的协议或共同签署的国际条约，或依照互惠原则，根据《专利法》办理；在中国有经常居所或营业所的外国人、外国企业或外国其他组织在中国申请专利的，依照我国参与签署的《保护工业产权巴黎公约》的规定，可以享受和中国公民、企业或其他组织相同的待遇。

（二）专利权的客体

专利权的客体，是指专利权主体的权利和义务所指向的对象，包括发明、实用新型和外观设计。按我国《专利法》规定，专利权的客体有以下几种。

1. 发明

发明，是指对产品、方法或者其改进提出的新的技术方案。它包括产品发明和方法发明两类，产品发明是指对一切有形物体的发明，如制造品的发明、材料的发明等；方法发明是指一种新的技术手段的发明，主要表现为各种工艺程序和操作方法，如将产品用于新用途的方法、制造产品的方法等。

2. 实用新型

实用新型，是指对产品的形状、构造或者其组合所提出的适于实用的新的技术方案。实用新型相对于发明来说比较简单，并且仅指对具有一定形状和构造的产品的发明，故此有人把实用新型叫作小发明。如将铅笔由圆柱形改进为六角形，既节约了材料，又可以防止铅笔从桌上滚落地上，具有一定的实用功能。

3. 外观设计

外观设计，是指对产品的形状、图案、色彩及其组合所作出的富有美感并适于工业上应用的新设计。外观设计不能离开产品而单独存在，但不涉及技术和制造技术。一种外观设计只

知识点

实用新型仅仅涉及对有形物品的革新设计，不涉及无一定形状的物品，也不涉及制作的方法。

能用于一类产品。《专利法》作出了对专利权客体的限制《专利法》规定，对下列发明创造和项目不授予专利权：①违反国家法律、社会公德或者妨害公共利益的发明创造；②科学发现；③智力活动的规则和方法；④疾病的诊断和治疗方法；⑤动物和植物品种；⑥用原子核变换方法获得的物质。但动物和植物品种的生产方法可以授予专利权。

三、授予专利权的条件

（一）授予发明和实用新型专利的条件

根据我国《专利法》的规定，要取得发明、实用新型的专利权，应当同时具备新颖性、创造性和实用性 3 个条件。

1. 新颖性

新颖性是指在申请日以前没有同样的发明或者实用新型在国内外出版物上公开发表过，在国内公开使用过或者以其他方式为公众所知，也没有同样的发明或者实用新型由他人向专利局提出过申请并记载在申请日以后公布的专利申请文件中。根据我国《专利法》的规定，确定发明创造的新颖性，应以专利申请日作为确定新颖性的时间界限。凡在申请日以前已公开的技术即丧失新颖性，但有些情况例外，即申请专利的发明创造在申请日以前 6 个月内，有下列情形之一的，不丧失新颖性：①在中国政府主办或承认的国际展览会上首次展出的；②在规定的学术会议或者技术会议上首次发表的；③他人未经申请人同意而泄露其内容的。

2. 创造性

创造性是指同申请日以前已有的技术相比，该发明或者实用新型有突出的实质性特点和显著的进步。所谓实质性特点，是指该发明有独创性的构思，它与现有技术相比有本质上的区别，能产生更好的技术效益、经济效益和社会效益。

3. 实用性

实用性是指该发明或者实用新型能够制造或者使用，并且能够产生积极效果。"能够制造或者使用"，是指该发明或实用新型能够在工业、交通运输、农业、林业和渔业等部门中生产制造或者在这些领域内使用。"能够产生积极效果"，是指该发明或实用新型能够带来经济效益、社会效益和技术效果，对促进我国国民经济和科学技术的发展有积极的作用。

（二）授予外观设计专利的条件

《专利法》规定，授予专利权的外观设计，应当同申请日以前在国内外出版物上公开发表过或者国内公开使用过的外观设计不相同或者不相近似。可见，授予外观设计专利的条件应该是新颖性。

四、专利权的取得

（一）提出专利申请

一项发明创造，必须向专利主管机关提出申请，并经审查批准，才能取得专利。专利申请必须遵循下列原则。

1. 先申请原则

一个发明创造，只能授予一项专利权。对于 2 个以上的申请人，分别就同一项发明创造申请专利的，专利权授予最先申请的人。

我国以申请日作为判断的标准。以专利局收到专利申请文件之日为申请日，如果申请文件是邮寄的，以寄出的邮戳日为申请日。如果 2 个以上的申请人在同一日分别就同样的发明创造申请专利的，由相关申请人自行协商确定最终申请人。

2. 优先权原则

申请人自发明或实用新型在外国第一次提出专利申请之日起 12 个月内，或者自外观设计在外国第一次提出专利申请之日起 6 个月内，又在中国就相同主题提出专利申请的，依照该国同中国签订的协议或者共同参与签署的国际条约，或者依照相互承认优先权的原则，可以享有优先权。

申请人自发明或者实用新型在中国第一次提出专利申请之日起 12 个月内，又向专利局就相同主题提出专利申请的，可以享有优先权。

申请人要求优先权的，应当在申请的时候提出书面声明，并且在 3 个月内提交第一次提出的专利申请文件的副本；未提出书面声明或者逾期未提交专利申请文件副本的，视为未要求优先权。

想一想

如果协商不成该怎么办？

3. 一发明一专利原则

一件发明或实用新型专利申请，应当限于一项发明或实用新型，一件外观设计专利申请，应当限于一种产品所使用的一项外观设计。

任何一项专利申请必须提交的专利申请文件主要包括请求书、说明书和摘要及权利要求书。专利申请文件必须以书面形式进行提交。

（二）审批专利申请

专利局受理和审查专利申请。对符合专利法规定的发明创造授予专利权，一般要经过下列 4 个审批程序：①初步审查；②早期公开；③实质审查；④登记公告。不同的专利，对其申请有不同的要求。

1. 发明专利的审批

发明相对于实用新型和外观设计来说较为复杂，必须经过上述 4 个程序才能获得专利权。具体程序是，专利局收到发明专利申请后，经过初步审查，认为符合专利法要求的，自申请日起满 18 个月，即行公布。专利局也可以根据申请人的请求早日公布其申请。申请人自申请日起 3 年内，可随时向专利局提出进行实质审查的要求，专利局根据申请人的请求，对发明专利申请的具体内容是否符合授予专利权的条件进行审查。审查合格的，即授予发明专利权，发给专利证书，并予以登记和公告。申请人无正当理由逾期不请求实质审查的，该申请即被视为撤回。

2. 实用新型和外观设计的审批

实用新型和外观设计的技术比较简单，所以我国采用初审登记制，即实用新型和外观设计的专利申请经初步审查后没有发现驳回理由的，专利局应当作出授予实用新型专利权和外观设计专利权的决定，发给申请人相应的专利证书，并予以登记和公告。

自专利局公告授予专利权之日起 6 个月内，任何单位或个人认为该专利权的授予不符合专利权的，都可以请求专利局撤销该专利权。专利权进行审查后，作出撤销或者维持专利权的决定，并通知当事人。对专利局驳回申请的决定，或者对撤销或者维持专利权的决定不服的，可以自收到通知之日起 3 个月内，向专利复审委员会申请复审。

对发明专利的复审决定不服的，当事人可以自收到通知之日起 3 个月内向人民法院起诉。但是，专利复审委员会对实用新型和外观设计的复审请求所作出的决定为终局决定，当事人不能起诉。

五、专利权人的权利和义务

（一）专利权人的权利

专利权人的权利分为人身权利和财产权利。人身权利，是指发明人对发明创造所享有的署名权；财产权利，是指专利权人通过对专利技术的占有而取得物质利益的权利。财产权利主要有以下几种：

（1）有权制造、使用和销售专利产品，或者使用其专利方法；

（2）有权许可他人实施专利和获得专利使用费；

（3）有权转让和继承专利权；

（4）有权在其专利产品或者该产品的包装上标明专利标记或专利号。

（二）专利权的限制

1. 专利实施的强制许可

强制许可，是指在一定条件下，专利局无须征得权利人的同意，准许其他单位和个人实施其发明创造的一种行政强制措施。这里所说的一定条件主要有：

（1）具备实施条件的单位以合理的条件请求发明或者实用新型专利权人许可实施其专利，而未能在合理的时间内获得这种许可时，可向专利局提出申请；

（2）在国家出现紧急状态或者非常情况时，或者为了公共利益的维护；

（3）一项取得专利权的发明或者实用新型比以前已经取得专利权的发明或者实用新型在技术上先进，其实施又有赖于前一发明或者实用新型的实施的。

取得实施强制许可的单位或者个人不享有独占的实施权，也无权允许他人实施，并要向专利权人支付使用费。

2. 不视为侵权的实施专利行为

这些行为主要有：

（1）专利权人制造或者经专利权人许可制造的专利产品售

想一想

我国采取专利实施的强制许可，这种措施的目的是什么？

出后，使用或销售该产品的；

（2）使用或者销售不知道是未经专利权人许可而制造并售出专利产品的；

（3）在专利申请日前已经制造相同产品、使用相同方法或者已经做好制造、使用的必要准备，并且仅在原有范围内继续制造、使用的；

（4）临时通过中国领土、领水、领空的外国运输工具，依照其所属国同中国签订的协议或者共同签署的国际条约，或者依照互惠原则，为运输工具自身需要而在其装置和设备中使用有关专利的；

（5）专为科学研究和实验而使用有关专利的。

（三）专利权人的义务

（1）专利权人有义务实施专利；

（2）专利权人有义务按规定缴纳专利年费；

（3）职务发明的所有者，即单位，有义务向发明人或设计人发给奖金或报酬；

（4）专利权人有不得滥用专利权的义务。

六、专利权的期限、终止和无效

（一）专利权的期限

《专利法》规定，发明专利权的期限为20年，实用新型专利权和外观设计专利权的期限为10年，均自申请日起计算。专利权仅在上述法定的期限内受法律保护，超过了法律规定的有效期限，专利权即自动消灭。

（二）专利权的终止

专利权除期限届满终止外，有下列情形之一的，提前终止：

（1）没有按规定缴纳年费的；

（2）专利权人以书面声明放弃其专利权的。专利权的终止，由专利局登记和公告。专利权终止后，自动进入公有领域，任何人均可无偿使用。

（三）专利权的无效

专利权的无效，是指专利复审委员会对无效宣告请求人的请求进行审查，认为已授予的专利权确实不符合专利法规定的，作出宣告专利权无效的决定。复审委员会对实用新型和外观设计宣告的无效为终局决定。发明专利的专利权人对无效宣告，可以在收到通知之日起 3 个月内向人民法院起诉。宣告无效的专利权视为自始即不存在。

七、违反专利法的法律责任

（一）民事责任

对未经专利权人许可而实施其专利的行为，专利权人可以请求专利管理机关处理，也可以直接向人民法院起诉。专利管理机关有权责令侵权人停止侵权行为，并赔偿损失。侵犯专利权的诉讼时效为 2 年，自专利权人得知或者应当得知侵权行为之日起计算。

（二）行政责任

（1）违反专利法规定，擅自向外国申请专利、泄露国家机密的，由所在单位或者上级主管机关给予行政处分。

（2）将非专利产品冒充专利产品的或者将非专利方法冒充专利方法的，由专利管理机关责令当事人停止冒充行为，公开更正，并对其处以罚款。

（3）侵犯非职务发明创造的发明人或者设计人的专利申请权和其他合法权益的，由当事人所在单位或者上级主管机关给予其行政处分。

（4）专利局工作人员及有关国家工作人员徇私舞弊的，由专利局或者有关主管机关给予其行政处分。

（三）刑事责任

对假冒他人专利，擅自向外国申请专利，泄露国家机密的，以及专利局工作人员或有关国家工作人员徇私舞弊，情节严重的，比照《刑法》规定追究刑事责任。

第三节 商 标 法

一、商标法的概念

商标，是由文字、图形、符号或它们的组合构成，用以区

案例分析

某服装公司于2005 年 6 月成功设计了一种服装七彩面料，当月向专利局递交了外观设计专利申请。2007 年 3 月，该公司获得了该项成果的专利权。为了扩大生产，该公司与某服装厂联营，许可其实施该项专利生产服装。某服装厂又将实施该项专利作为条件和一个体户联营。为此，某服装公司以某服装厂和这个体户为被告起诉到人民法院。经查：该个体户并不知道其实施的专利未经专利权人许可。问：该案应如何处理？

别同类商品的标志。商标俗称商品的"牌子"，它可以使不同的生产者和经营者所生产和经营的同类商品有所区别，便于经营者销售自己的商品，消费者选购中意的商品，以及管理者加强对商品的质量监督。

商标权，即商标专用权，是指商标所有人在一定期限内依法对其注册商标所享有的一种专有的权利。

商标法，是调整在确认、保护商标专用权和商标使用过程中发生的社会关系的法律规范的总称。这些社会关系主要包括：

（1）国家工商行政管理局所属的商标局与地方各级工商行政管理机关之间在商标管理中发生的社会关系；

（2）商标管理机关与企、事业单位和个体工商户在商标注册、使用、转让、保护和管理过程中发生的社会关系；

（3）企、事业单位相互之间因注册商标转让、使用许可和商标权属争议而发生的社会关系。

商标法的立法宗旨是为了加强商标管理，保护商标专用权，促使生产者保证商品质量和维护商标信誉，以保障消费者的利益，促进社会主义商品经济的发展。为适应商品生产和商品交换不断扩大的需要，第五届全国人大常委会第二十四次会议于1982年8月23日通过了《中华人民共和国商标法》（以下简称《商标法》），该法于次年3月1日起施行。为了保证《商标法》的贯彻实施，1983年3月10日国务院发布了《中华人民共和国商标法实施细则》，并于1988年1月3日由国务院批准进行了第一次修订，1993年7月15日进行了第二次修订，1995年4月23日进行了第三次修订。随着我国社会主义市场经济的进一步发展，1993年2月22日，第七届全国人大常委会第三十次会议通过了《关于修改〈中华人民共和国商标法〉的决定》，对《商标法》进行了修改，同时还制定了《关于惩治假冒商标犯罪的补充规定》，这两个法律规定均自同年7月1日起施行。《商标法》及相关法律、法规的颁布和施行，对于进一步完善商标法律制度、加强商标管理、保护商标专用权、发挥商标作用，具有重要意义。

二、商标注册

（一）商标注册的概念

商标注册，是指商标使用人将其使用的商标依照《商标法》规定的注册条件、原则和程序，向商标管理机关提出注册申请，

小贴点

《商标法》已于2001年10月进行了第二次修正。

小贴点

驰名商标，是指由商标局认定的在市场上享有较高声誉并为相关公众所熟知的注册商标。

经商标管理机关审查批准，在商标注册簿上登录，发给申请人商标注册证，并予以公告，授予申请人以商标专用权的法律活动。国务院工商行政管理部门之一的商标局，主管全国商标注册和管理工作，经商标局核准注册并刊登在商标公告上的商标，即为注册商标，商标注册人享有商标专用权，并受法律保护。

（二）商标注册的原则

我国《商标法》对商标注册采用以下原则。

（1）自愿注册和强制注册相结合的原则。我国对大多数商品的商标注册采用自愿原则，而对一些与人民生活关系比较密切、直接关系到人民身体健康的少数商品实行强制商标注册，即不经商标局核准注册的，不能在市场上销售。《商标法实施细则》第7条："国家规定并由国家工商行政管理局公布的人用药品和烟草制品，必须使用注册商标。国家规定必须使用注册商标的其他商品，由国家工商行政管理局公布。"

（2）"申请在先"和"使用在先"互补的原则。《商标法》规定，两个或两个以上的申请人，在同一种或类似的商品上，以相同或近似的商标申请注册的，初步审定并公告申请在先的商标。同一日申请的，初步审定并公告使用在先的商标，驳回其他人的申请，不予公告。各申请人应当按照商标局的通知，在30日内送交第一次使用该商标的日期的证明。同时使用或者均未使用的，各申请人应当进行协商，协商一致的，应当在30日内将书面协议报送商标局；超过30日未达成协议的，在商标局主持下，由申请人抽签决定。

（3）优先权原则。商标注册申请人自其商标在外国第一次提出商标注册申请之日起6个月内，又在中国就相同商品以同一商标提出商标注册申请的，依照该外国同中国签订的协议或者共同参与签署的国际条约，或者按照相互承认优先权的原则，可以享有优先权。商标在中国政府主办的或者承认的国际展览会展出的商品上首次使用的，自该商品展出之日起6个月内，该商标的注册申请人可以享有优先权。

（三）商标注册的申请

《商标法》规定，凡具备商标注册申请资格，需要取得商标专用权的，应当向商标局提出申请注册。申请人要按规定的商品分类表填报使用商标的商品类别和商品名称，向商标局递交商标注册申请书、商标图样和黑白墨稿。申请国家规定必须使用注册商标的商标注册，还应提交生产许可证或主管机关批准生产的证明文件。外国人、外国企业在我国申请商标注册，应当由国家工商行政管理部门指定的组织代理。

商标注册的申请日期，以商标局收到申请文件的日期为准。

（四）商标注册的审批

我国商标注册审批的程序主要有。

1. 初步审定

对申请注册的商标进行初步的形式和实质审查。形式审查的内容主要包括：①审查商标申请人的申请资格及商标申请的程序；②审查商标的申请日期，即确定申请商标是否具有新颖性；③审查申请人报送的有关文件是否齐全；④审查商标申请是否符合一类商品、一件商标、一份申请的原则。实质审查的内容主要包括：①商标是否具有法定的构成要素；②商标是否违反了有关的禁用条款；③商标是否具有显著特征。对于符合上述法律规定的，予以公告；否则，由商标局驳回申请，不予公告。

2. 公告

通过初步审定的商标要在商标局编印的《商标公告》上进行公告，让公众知晓并监督。公告期为 3 个月，任何人在此期间均可以对申请注册的商标提出异议。无异议或者经裁定异议不能成立的，公告期满，给予核准注册，发给商标注册证，予以登记、公告；否则，不予核准注册。

3. 复审和异议

对驳回申请、不予公告的商标，申请人不服的，应当在收到驳回通知之日起 15 日内申请复审，由商标评审委员会作出决定。对初步审定、予以公告的商标提出异议并不服裁定的，当事人可以在收到商标异议裁定通知之日起 15 日内申请复审，由商标评审委员会做出裁定。当事人对商标评审委员会的决定或裁定不服的，可以自收到通知之日起 30 日内向人民法院起诉。

三、商标权法律关系

（一）商标权的主体

商标权的主体，是指依法可申请商标注册并享有商标专用权的单位和个人。《商标法》规定，自然人、法人或者其他组织对其生产、制造、加工、拣选或者经销的商品，需要取得商标专用权的，应当向商标局申请商品商标注册。自然人、法人或者其他组织对其提供的服务项目，需要取得商标专用权的，应当向商标局申请服务商标注册。

（二）商标权的客体

商标权的客体，是指经过国家商标局核准注册的商标，即注册商标。作为注册商标，它必须具备下列条件。

1. 必须具备法定的构成要素

商标的构成要素是指商标的组成部分，包括文字、图形、字母、数字、三维标志和颜色组合，以及上述要素的组合。

2. 必须具备显著特征，便于识别

商标是经营者的相关商品与其他竞争对手类似商品相区别的标志，必须具有独特性和可识别性。

3. 商标使用的文字或图形，不得违背禁用规定

《商标法》规定，商标不得使用下列文字、图形：①同中华人民共和国的国家名称、国旗、国徽、军旗、勋章相同或者近似的，以及同中央国家机关所在地特定地点的名称或者标志性建筑物的名称、图形相同的；②同外国的国家名称、国旗、国徽、军旗相同或者近似的，但经该国政府同意的除外；③同政府间国际组织的名称、旗帜、徽记相同或者近似的，但经相关组织同意或者不易误导公众的除外；④与表明实施控制、予以保证的官方标志、检验印记相同或者近似的，但经授权的除外；⑤同"红十字"、"红新月"的名称、标志相同或者近似的；⑥带有民族歧视性的；⑦夸大宣传并带有欺骗性的；⑧有害于社会主义道德风尚或者有其他不良影响的。县级以上行政区划的地名或者公众知晓的外国地名，不得作为商标，但是，地名具有其他含义的除外，已经注册的使用地名的商标继续有效。

（三）商标权的内容

商标权的内容，是指商标权人享有的权利和应承担的义务。

1. 商标权人享有的权利

商标权人享有的权利是指商标权人在其注册商标有效期

知识点

下列标志不得作为商标注册：（1）仅有本商品的通用名称、图形、型号的；（2）仅仅直接表示商品的质量、主要原料、功能、用途、重量、数量及其他特点的；（3）缺乏显著特征的。

内，享有对其注册商标依法处分的权利，包括独占使用权、许可使用权和商标转让权。

2. 商标权人应履行的义务

商标权人在享有权利的同时，应当履行一定的义务。这些义务主要有：①商标权人应当按规定使用注册商标，并在注册商标的商品上标明"注册商标"或者注册标记（注）或（R）；②商标权人应当按规定缴纳各种商标费用，包括商标注册申请费和商标注册费；③商标权人应当保证其注册商标的商品质量。

四、注册商标的有效期、续展、转让和使用许可

（一）注册商标的有效期和续展

我国《商标法》规定，注册商标的有效期为10年，有效期自核准注册之日起计算。

注册商标有效期满，需要继续使用的，应当在期满前6个月内申请续展注册。在此期间未能提出申请的，可以给予其6个月的宽展期，宽展期满仍未提出续展申请的，注销其注册商标。申请注册商标续展的，应当按《商标法实施细则》的有关规定办理。每次续展注册的有效期为10年，续展的次数不限。续展注册经核准后，予以公告。

（二）注册商标的转让

注册商标的转让，是指商标注册人按一定的条件，将注册商标的所有权转让给其他单位或个人。《商标法》规定，转让注册商标的商标权人，转让人和受让人应当共同向商标局提出申请。受让人应当保证使用该注册商标的商品质量。商标局予以核准的，转让注册商标的行为才有效力，并由商标局予以公告。

（三）注册商标的使用许可

注册商标的使用许可，是指商标注册人通过签订商标使用许可合同的形式，允许他人使用其注册商标。许可人应当监督被许可人使用该注册商标的商品质量，被许可人应当保证使用该注册商标的商品质量。经许可使用他人注册商标的，必须在使用该注册商标的商品上标明被许可人的名称和商品产地。商标使用许可合同应当报商标局备案。

五、商标使用的管理

商标使用的管理，是指国家商标主管机关对商标使用过程的监督和管理。我国的商标主管机关是国家工商行政管理局的商标局和地方各级工商行政管理部门。商标使用的管理主要有以下两种。

（一）注册商标使用的管理

注册商标专用人应当保证使用注册商标的商品质量，对于使用注册商标的商品粗制滥造、以次充好、欺骗消费者的，由商标管理机关责令其限期改正，并可视情节轻重，予以通报或处以罚款，或由商标局撤销其注册商标。使用注册商标，有下列行为之一的，由商标局责令限期改正或撤销其注册商标：①自行改变注册商标的文字、图形或其组合的；②自行改变注册商标的注册人名义、地址或者其他注册事项的；③自行转让注册商标的；④连续3年停止使用注册商标的。

（二）未注册商标的使用管理

《商标法》规定，使用未注册商标，有下列行为之一的，由地方工商行政管理部门予以制止，责令限期改正，并可以予以通报或者处以罚款：①冒充注册商标的；②违反商标法的规定使用禁用的文字、图形作为商标的；③商品粗制滥造，以次充好，欺骗消费者的。

对于商标局撤销注册商标的决定，当事人不服的，可以在收到通知之日起15日内申请复审，由商标评审委员会做出终局决定，并书面通知申请人。

六、注册商标专用权的保护

商标经注册后，即取得商标的专用权，这种专用权是受法律保护的，其他任何人不得非法侵害。当然，商标专用权的法律保护是有一定范围的，必须以核准注册的商标和核定使用的商品为限。

（一）侵犯商标权的行为

《商标法》规定，凡有下列行为之一的，均属侵犯注册商标专用权：①未经商标注册人的许可，在同一类商品或者类似

案例分析

某餐具厂于2007年1月30日向商标局提出商标注册申请，请求在其生产的餐具上使用"玉兔"商标。4月5日商标局对该商标初步审定，并予以公告。7月5日某制药厂以该商标与其在所生产的"玉兔牌"药液制剂上使用的已注册商标相同为由提出异议。问：某制药厂的异议理由是否成立，为什么？

商品上使用与其注册商标相同或者近似的商标的；②销售侵犯注册商标专用权的商品的；③伪造、擅自制造他人注册商标标志或者销售伪造、擅自制造的注册商标标志的；④未经商标注册人同意，更换其注册商标并将该更换商标的商品又投入市场的；⑤给他人的注册商标专用权造成其他损害的。

（二）商标侵权行为的法律制裁

（1）民事责任。凡有上述 5 种侵犯商标专用权的行为之一的，被侵权人可以向侵权人所在地或侵权行为地县级以上工商行政管理部门控告，也可以直接向人民法院起诉，要求侵权人停止侵害，消除影响，赔偿损失。赔偿额为侵权人在侵权期间因侵权所获得的利润或者被侵权人在被侵权期间因被侵权所受到的损失。

（2）行政责任。对于商标侵权行为情节轻微，不构成犯罪的，由工商行政管理机关责令立即停止侵权行为，没收、销毁侵权商品和专门用于制造侵权商品、伪造注册商标标志的工具，并可处以罚款。

（3）刑事责任。假冒他人注册商标，伪造、擅自制造他人注册商标标志或者销售伪造、擅自制造的注册商标标记，销售明知是假冒注册商标的商品，构成犯罪的，依法追究刑事责任。

第四节 著作权法

一、著作权的概念

著作权又称版权，是指作者依法对其创作的文学、科学和艺术作品享有的权利。著作权和工业产权一样，都是知识产权的重要组成部分。

著作权法，是调整在确认、保护、管理科学、文学和艺术作品中产生的社会关系的法律规范的总称。

为了保护文学、艺术和科学作品作者的著作权，以及与著作权有关的权益，鼓励有益于社会主义精神文明、物质文明建设的作品的创作和传播，促进社会主义文化事业和科学事业的发展与繁荣，第七届全国人大常委会第十五次会议于 1990 年 9 月 7 日通过了《中华人民共和国著作权法》（以下简称《著作权法》），并于次年 6 月 1 日起施行。为了适应新形势的变化，2001 年 10 月 27 日，第九届全国人大常委会第二十四次会议对该法进行了修正。

（一）著作权的主体

著作权的主体，是指基于科学、文学、艺术等创造性活动所产生的成果而享有著作权的人。具体包括以下两类。

（1）作者。作者是指创作作品的人。作者既可以是自然人，也可以是法人或者非法人单位。

（2）其他依《著作权法》享有著作权的公民、法人或非法人单位。这主要包括下列两种情形：一是通过继承、赠与、委托关系获得著作权的公民，二是依照法律或者通过委托合同、劳务合同获得著作权的法人或者非法人单位。

（二）著作权的客体

著作权的客体，是指受《著作权法》保护的文学、艺术和科学作品，即智力劳动成果。主要包括以下几类。

（1）文学作品。指小说、诗词、散文、论文等以文字表现的作品。

（2）口述作品。指即兴的演说、授课、法庭辩论等以语言表现的作品。

（3）音乐、戏剧、曲艺、舞蹈作品。音乐作品指交响乐、歌曲等能够演唱或者演奏的带词或者不带词的作品；戏剧作品指话剧、歌剧、地方戏曲等供舞台演出的作品；曲艺作品指相声、快板、大鼓、评书等以说唱为主要形式表演的作品；舞蹈作品指通过连续的动作、姿势、表情表现的作品。

（4）美术、摄影作品。美术作品指绘画、书法、雕塑、建筑等以线条、色彩或者其他方式构成的有审美意义的平面或者立体的造型艺术作品；摄影作品指借助器械，在感光材料上记录客观物体形象的艺术作品。

（5）电影、电视、录像作品。指摄制在一定物质上，由一系列有伴音或者无伴音的画面组成，并且借助适当装置放映、播出的作品。

（6）工程设计、产品设计图纸及其说明。指为施工和生产绘制的图样及对图样的文字说明。

（7）地图、示意图等图形作品。指地图、线路图、解剖图等反映地理现象、说明事物原理或者结构的图形或者模型。

第十章

知识点

中国公民、法人或者其他组织的作品，不论是否发表，均依法享有著作权。

209

（8）计算机软件。

（9）法律、行政法规规定的其他作品。

（三）著作权的内容

著作权的内容，是指著作权人对自己创作的作品依法享有的权利和他人所应承担的义务。著作权作为一项民事权利，既具有人身权性质，也具有财产权性质。著作权的义务主体，对著作权人承担不作为的义务。具体地讲，著作权的内容主要包括以下 3 个方面。

1. 人身权和财产权

人身权主要有：①发表权，即决定作品是否公之于众的权利；②署名权，即表明作者身份，在作品上署名的权利；③修改权，即修改或者授权他人修改作品的权利；④保护作品完整权，即保护作品不受歪曲、篡改的权利。财产权是指那些能带来经济效益的权利，可概括为使用权和获得报酬权，即以复制、表演、播放、展览、发行和摄制电影、电视、录像或者改编、翻译、注释、编辑等方式使用作品的权利，以及许可他人以上述方式使用作品并由此获得报酬的权利。

2. 著作权的保护期

作者的署名权、修改权、保护作品完整权的保护期不受限制。公民的作品，其发表权、使用权和获得报酬权的保护期为作者终生及其死亡后 50 年内，截止于作者死亡后第 50 年的 12 月 31 日；如果是合作作品，截止于最后死亡的作者死亡后第 50 年的 12 月 31 日。

法人或者非法人单位的作品，著作权（署名权除外）由法人或者非法人单位享有的职务作品，其发表权、使用权和获得报酬权的保护期为 50 年，截止于作品首次发表后第 50 年的 12 月 31 日，但作品自创作完成后 50 年内未发表的，法律不予保护。

3. 著作权的限制

对著作权的限制，主要是指对著作权人行使财产权利的限制。《著作权法》规定，在下列情况下使用作品，可以指明作者姓名、作品名称，并且不得侵犯著作权人依法享有的其他权利：①为个人学习、研究或者欣赏，使用他人已经发表的作品；

②为介绍、评论某一作品或者说明某一问题，在作品中适当引用他人已经发表的作品；③为报道时事新闻，在报纸、期刊、广播电视节目或者新闻纪录影片中引用已经发表的作品；④报纸、期刊、广播电台、电视台刊登或者播放其他报纸、期刊、广播电台、电视台已经发表的社论、评论员文章；⑤报纸、期刊、广播电台、电视台刊登或者播放在公众集会上发表的讲话，但作者声明不许刊登、播放的除外；⑥为学校课堂教学或者科学研究，翻译或者少量复制已经发表的作品，供教学或者科研人员使用，但不得出版发行；⑦国家机关为执行公务使用已经发表的作品；⑧图书馆、档案室、博物馆、美术馆等为陈列或者保存版本的需要，复制本馆收藏的作品；⑨免费表演已经发表的作品；⑩对设置或者陈列在室外公共场所的艺术作品进行临摹、绘画、摄影、录像；⑪将中国公民、法人或者其他组织已经发表的以汉语言文字创作的作品翻译成少数民族语言文字作品在国内出版发行；⑫将已经发表的非盲文作品改成盲文出版。

以上规定同样适用于对出版者、表演者、录音录像制作者、广播电台、电视台的权利的限制

为实施九年制义务教育和国家教育规划而编写、出版教科书，除作者事先声明不许使用的外，可以不经著作权人许可，在教科书中汇编已经发表的作品片段或者短小的文字作品、音乐作品或者单幅的美术作品、摄影作品，但应当按照规定向作者支付报酬，同时指明作者姓名、作品名称，并且不得侵犯著作权人依照本法享有的其他权利。此规定同样适用于对出版者、表演者、录音录像制作者、广播电台、电视台的权利的限制。

三、著作权的许可使用合同

著作权许可使用合同，是指著作权人和著作权人以外的其他人就著作权作品的使用而订立的明确双方权利、义务关系的协议。

我国《著作权法》规定，使用他人作品应当同著作权人订立合同或者取得许可。著作权许可使用合同主要包括下列条款：

（1）许可使用作品的种类；

（2）许可使用的权利是专有使用权或者非专有使用权；

（3）许可使用的地域范围、期间；

（4）付酬标准和办法；

（5）违约责任；

（6）双方认为需要约定的其他内容。

著作权许可使用合同的有效期不超过 10 年，合同期满可以续订。

四、邻接权的行使和限制及其保护

（一）邻接权的行使和限制

邻接权，是指与著作权有关的权利，即出版者对其出版的图书和报刊享有的权利，表演者对其表演享有的权利，录音录像制作者对其制作的录音录像制品享有的权利，广播电台、电视台对其制作的广播、电视节目享有的权利。

1．图书、报刊的出版

图书出版者出版图书，应当和著作权人订立出版合同。著作权人应当按照合同约定的期限交付作品，图书出版者应当按照合同约定的出版质量、期限出版图书，并向作者支付报酬。图书出版者对著作权人交付出版的作品，经著作权人许可，可以对作品进行修改、删节，并在合同约定期间享有专有出版权，他人不得出版该作品。图书出版者有权根据出版行情决定对已出版的作品进行重印、再版，但应当通知著作权人，并支付报酬。

报社、杂志社可以对作品作文字性修改、删节，对内容的修改，应当经作者许可。作品刊登后，除著作权人声明不得转载、摘编外，其他报刊可以转载或者作为文摘、资料刊登，但应当按照规定向著作权人支付报酬。

2．表演

表演者使用他人未发表的作品演出，应当取得著作权人的许可，并支付报酬。表演者可以不经著作权人许可使用该著作权人已发表的作品进行营业性演出，但应当按照规定支付报酬，著作权人声明不许使用的不得使用。表演者使用改编、翻译、注释、整理已有作品产生的作品进行营利的商业性演出，应当按照规定向改编、翻译、注释、整理作品的著作权人和原作品的著作权人支付报酬。

3．录音录像

录音制作者使用他人未发表的作品制作录音制品，应当取得著作权人的许可，并支付报酬；使用他人已发表的作品制作录音制品，可以不经著作权人许可，但应当按照规定支付报酬，著作权人声明不许使用的不得使用。录像制作者使用他人作品制作录像制品，应当取得著作权人的许可，并支付报酬。录音录像制作者通过改编、翻译、注释、整理已有作品而产生的作品，应当向改编、翻译、注释、整理作品的著作权人和原作品的著作权人支付报酬。录音录像制作者制作录音录像制品，应当同表演者订立合同，并支付报酬。录音录像制作者对其制作的录音录像制品，享有许可他人复制发行并获取报酬的权利；被许可复制发行的录音录像制作者还应当按照法律规定向著作权人和表演者支付报酬。

4. 广播电台、电视台播放

广播电台、电视台使用他人未发表的作品制作广播、电视节目，应当取得著作权人的许可，并支付报酬。广播电台、电视台使用他人已发表的作品制作广播、电视节目，可以不经著作权人许可，但著作权人声明不许使用的不得使用。广播电台、电视台非营业性播放已经出版的录像制品，可以不经著作权人、表演者、录像制作者许可，不向其支付报酬。

广播电台、电视台对其制作的广播、电视节目，享有播放、许可他人播放和复制发行并获得报酬的权利。

五、违反《著作权法》的法律责任

（一）民事责任

有下列侵权行为之一的，应当根据情况，承担停止侵害、消除影响、公开赔礼道歉、赔偿损失等民事责任：

（1）未经著作权人许可，发表其作品的；

（2）未经合作者许可，将与他人合作创作的作品当作自己单独创作的作品发表的；

（3）没有参加创作，为牟取个人名利，在他人作品上署名的；

（4）歪曲、篡改他人作品的；

（5）剽窃他人作品的；

（6）未经著作权人许可，以展览、摄制电影或以类似摄制电影的方法使用作品，或者以改编、翻译、注释等方式使用作

案例分析

2007年10月，丁某将其所著《加入WTO对中国经济的影响》一书交由东方出版社出版。书出版后，丁某发现该书与原著相比有多处错误，其中有一处错误使得作者的某一观点与原作完全相反，以致受到多位学者的抨击，使丁某名誉造成严重损害。丁某找到出版社，出版社一查，原来是出版社在校对时发生了错误。对此，出版社愿意承担责任。并答应在一家报纸上向丁某公开道歉，给予丁某赔偿费，并在重印时全部更正有关错误。丁某表示满意。试问：核对错误也构成侵权吗？若构成侵权，则侵犯了什么权利，为什么？

品的（本法另有规定的除外）；

（7）使用他人作品，未按规定支付报酬的；

（8）未经电影作品或以类似摄制电影的方法创作的作品、计算机软件、录音录像制品的著作权人或者与著作权有关的权利人许可，出租其作品或者录音录像制品的（本法另有规定的除外）；

（9）未经出版者许可，使用其出版的图书、期刊的版式设计的；

（10）未经表演者许可，从现场直播或者公开传送其现场表演，或者录制其表演的；

（11）其他侵犯著作权以及与著作权有关的权益的行为。

（二）行政责任

有下列侵权行为的，除承担上述民事责任外，并可以由著作权行政管理部门责令停止侵权行为，没收违法所得，没收、销毁侵权复制品，并可处以罚款：

（1）未经著作权人许可，复制、发行、表演、放映、广播、汇编、通过信息网络向公众传播其作品的（本法另有规定的除外）；

（2）出版他人享有专有出版权的图书的；

（3）未经表演者许可，复制、发行录有其表演的录音录像制品，或者通过信息网络向公众传播其表演的（本法另有规定的除外）；

（4）未经录音录像制作者许可，复制、发行、通过信息网络向公众传播其制作的录音录像制品的（本法另有规定的除外）；

（5）未经许可，播放或者复制广播、电视的（本法另有规定的除外）；

（6）未经著作权人或者与著作权有关的权利人许可，故意避开或者破坏权利人为其作品、录音录像制品等采取的保护著作权或者与著作权有关的权利的技术措施的（法律、行政法规另有规定的除外）；

（7）未经著作权人或者与著作权有关的权利人许可，故意删除或者改变作品、录音录像制品等的权利管理电子信息的（法律、行政法规另有规定的除外）；

（8）制作、出售假冒他人署名的作品的。

（三）刑事责任

上述行为情节严重的，著作权行政管理部门还可以没收主要用于制作侵权复制品的材料、工具、设备等；构成犯罪的，依法追究刑事责任。

法规索引

1.《中华人民共和国专利法》
2.《中华人民共和国商标法》
3.《中华人民共和国著作权法》
4.《中华人民共和国民法通则》
5.《保护工业产权巴黎公约》

思考题

1．知识产权的特征有哪些？
2．专利权的主体有哪几种？
3．专利权人的权利和义务有哪些？
4．商标注册的原则有哪些？
5．我国商标注册的程序主要有哪些？
6．著作权许可使用合同主要包括哪些条款？

第 十一 章

证券法律制度

本章导读

近几年来,我国证券业发展迅猛,投资证券的人数日益增多,因此本书有必要对证券法进行深入细致的探讨。本章从介绍其概念和特征入手,对证券发行制度、证券交易制度、证券监管制度等相关法律规定进行了全方位的、详细的讨论。

本章引例

2007年7月,东方国有独资公司拟作为主要发起人,联合其他3家国有企业共同发起于2007年10月设立大海股份有限公司。大海公司的总注册资本额为人民币2亿元(每股面值人民币1元),其中发起人拟投入的资产总额为人民币5 000万元。问:上述做法有无法律障碍,为什么?

关键词

证券发行　证券交易　上市公司收购　证券监管

解析

有,所有发起人共认股5 000万元不符合规定。因为证券法规定,发起人认购的股本数额不拟少于公司拟发行的股本总额的35%,本案共发行2亿元,5 000万元只占25%,没有达到法定要求。

第一节　证券法概述

一、证券的概念

证券，是指证明或设定民事、经济权益的法律文书，即用以证明证券持有人有权按照证券所载内容享有相应权益的一种凭证。证券有广义和狭义之分。广义的证券包括货币证券（如汇票、本票和支票）、商品证券（如提单和货运单）和资本证券（如股票和公司债券）。狭义的证券仅指资本证券。

我国证券法所指的证券为狭义的证券，包括股票、公司债券和国务院依法认定的其他证券。股票，是指股份有限公司签发的证明股东按其所持股份享有权利和承担义务的书面凭证。公司债券，是指公司按照法定程序发行的、约定在一定期限还本付息的有价证券。其他证券主要包括投资基金凭证、非公司企业债券、国家政府债券等。

二、证券法的概念及其调整对象

证券法，是指调整因证券的发行、交易、管理、监督及其他相关活动而产生的社会关系的法律规范的总称。它所调整的社会关系包括：①证券发行人将证券自行发售或委托证券经营机构发售给投资人而发生的证券发行关系；②在证券市场上转让证券而发生的证券交易关系；③国家运用行政权力对证券市场进行规划、调控、监察和督导而产生的监督、管理关系；④为了便于证券发行与交易而由社会中介组织向有关方面提供服务而产生的各种协作关系。

《中华人民共和国证券法》（以下简称《证券法》）是1998年12月29日第九届全国人民代表大会常务委员会第六次会议通过，自1999年7月1日起开始实施的，它与许多先进国家的《证券法》相比仍有许多地方亟待完善，这就决定了我国证券法具有自身独有的特征，主要表现为：①证券交易安全性。确保高度的交易安全是我国证券法的首要特征；②法律规范强制性。由于证券市场秩序关系到整个经济秩序和社会生活秩序的安定，关系到广大投资公众的经济利益，所以证券法规范多为强制性规范；③证券行为要式性。证券发行或证券交易行为的

讨论

为什么说公开、公平、公正是证券法的基本原则？

实施、证券发行和交易法律关系的发生，都必须具备法律规定的形式和程序，否则就不能生效；④基本原则法定性。公开、公平、公正既是证券法的基本原则，也是我国公司法关于股份发行的原则，它是由法律所规定的，任何人也不能违背。该法已于 2005 年 10 月 27 日第十届全国人大常委会第十八次会议作了修订，自 2006 年 1 月 1 日起施行。

第二节　证券的发行

证券发行，是指发行主体以筹集资金为目的，第一次将证券直接或间接销售给证券投资人的活动。包括募集、制作、交付、直接销售或委托中介机构承销、代销证券等一系列活动。证券发行主要有股票发行和债券发行两种。

一、证券发行市场

证券发行市场，也是证券初级或一级市场，是指证券发行者为了筹集资金，首次将证券出售给投资者。它一般是由发行人、承销机构和投资人的活动等要素构成的。

（一）发行人

发行人主要是指通过发行证券来筹集资金的法人组织，包括金融机构、股份有限公司、有限责任公司、国有独资公司及其他企业法人。此外，国家和地方政府有时也是证券发行人之一，它们常以发行国家公债和地方公债的形式出现。发行人是证券发行的主体，如果没有证券发行，证券发行及其后的证券交易就无从展开，证券市场也就不可能存在。

（二）承销机构

承销机构是指具有证券承销业务资格的证券公司。证券公司应当依法承销发行人向社会公开发行的证券。由证券公司承办的证券发行称之为承销。按照承销机构在承销活动中所处地位和所负义务的不同，承销可分为包销、代销和承销团承销三种。证券的代销、包销期最长不超过 90 日。向社会公开发行的证券票面总值超过人民币 5 000 万元的，应当由承销团承销。承销团应当由主承销的证券公司和参与承销的证券公司组成。

知识点

公司债券的发行人只能是股份有限公司、国有独资公司和两个以上的国有企业或者两个以上的国有投资主体设立的有限责任公司。

（三）投资人

投资人是指通过证券而进行投资的各类法人机构和自然人，他们是证券市场的资金供给者。

二、股票的发行

（一）股票发行的概念和种类

股票发行，是指股份有限公司（包括经批准拟成立的股份有限公司）以募集资本为目的，分配或出售自己的股份，由投资人认购的行为。

股票发行按不同的标准有不同的分类：①按股票发行时间的不同可分为设立发行和新股发行。设立发行又可分为发起设立方式中的发行和募集设立中的发行；新股发行又可分为公开发行新股、配股和送股。②按股票发行方式的不同可分为公募发行和私募发行。公募发行是指股份有限公司通过证券承销机构公开向广大社会公众发行股票的方式。我国法律规定，股份公司采取募集设立方式发行股票，或向社会公开募集新股都应采用公募发行；私募发行是指股份公司直接向特定的认购人发行股票，如发起设立发行、送股发行、配股发行。③按发行的地域范围不同，可分为境内发行和境外发行两种。按股票投资者的不同，可分为内资股发行和外资股发行两种。不同种类的股票发行方式，其发行的条件和程序也不相同。境内企业直接或者间接到境外发行证券或者将其证券在境外上市交易，必须经国务院证券监督管理机构批准。

（二）股票发行的有关规定

公司公开发行新股，应当符合《证券法》和《公司法》中有关新股发行的规定，具体规定参见本书第四章。发行新股可以向社会公开募集，也可以向原股东配售。

上市公司对发行股票所募资金，必须按招股说明书所列资金用途使用。改变招股说明书所列资金用途，必须经股东大会批准。擅自改变资金用途而未作纠正的，或者未经股东大会认可的，不得发行新股。

股票依法发行后，发行人经营与收益的变化，由发行人自行负责；由此变化引致的投资风险，由投资者自行承担。

关于股票的发行价格，《证券法》规定，股票发行采取溢价

东方药业股份有限公司拟于 2006 年 6 月 17 日向社会公开发行优先股 5 000 万股，每股发行价人民币 0.8 元，每股面值人民币 1 元，由大华证券公司（经纪类）包销。大华证券公司在半年的包销期内未能将股票全部销售出去，遂于 2007 年元月 20 日请求个体户王某购买了余下的 2 700 万股。2 月 10 日，在省财厅的核准下，该公司的股票被安排上市交易。问：上述股票发行过程中，有无与法律相抵触的地方？若有，请一一指出。

发行的，其发行价格由发行人与承销的证券公司协商确定，报国务院证券监督管理机构核准。（本书第四章对此有更明确的介绍）

（三）股票的发行程序

向社会公开发行股票，必须依法报经国务院证券监督管理机构或者国务院授权的部门核准或者审批。具体的发行程序主要包括以下5个方面。

（1）申请。股票发行人制作申请文件，经省级人民政府或国务院有关部门同意后，由主承销商推荐并向中国证监会申报。发行人申请首次公开发行股票的，在提交申请文件后，应当按照国务院证券监督管理机构的规定预先披露有关申请文件。

（2）审核。中国证监会设发行审核委员会，依法审核股票发行申请。发行审核委员会以投票方式对股票发行申请进行表决，提出审核意见。中国证监会依据发行委员会的意见，对发行人的申请作出核准或不予核准的决定。予以核准的，出具核准公开发行文件；不予核准的，应当说明理由。

（3）公告。经核准发行股票的发行人应当依法在股票公开发行前，公告公开发行募集文件，并将该文件置备于指定场所供公众查阅。

（4）募集。发行人在公告公开发行募集文件期满后通过证券承销机构向社会公开发行股票。

（5）撤销。国务院证券监督管理机构或者国务院授权的部门对已做出的核准证券发行的决定，发现不符合法定条件或者法定程序时，尚未发行证券的，应当予以撤销，停止发行。已经发行尚未上市的，撤销发行核准决定，发行人应当按照发行价并加算银行同期存款利息返还证券持有人；保荐人应当与发行人承担连带责任，但是能够证明自己没有过错的除外；发行人的控股股东、实际控制人有过错的，应当与发行人承担连带责任。

三、债券的发行

债券的发行分政府债券的发行、金融债券的发行和公司债券的发行。国家对债券发行的管理主要体现在对公司债券的管理上。公司债券的发行主体是我国境内具有法人资格的企业，除此以外的任何单位和个人都不得发行公司债券。

公司债券发行的有关规定，参见本书第四章。

第三节　证券交易制度

一、证券交易的概念和特征

证券交易又称证券买卖，是指已经发行的证券在不同的证券投资者之间再次进行交换的行为。它有下列 3 个特征。

1. 证券交易法律关系的主体，是证券投资者

证券投资者一方在证券发行市场上已认购了某种证券，或已在证券交易市场购买了某种证券。

2. 证券交易法律关系的客体，是证券交易当事人依法买卖的证券

其交易的必须是依法发行并交付的证券。而且，依法发行的股票、公司债券及其他证券，法律对其转让期限有限制性规定的，在限定的期限内，不得买卖。

3. 证券交易法律关系的核心是证券买卖关系

证券交易法律关系有下列三种情况：①证券交易买卖法律关系；②证券交易行纪法律关系；③证券交易服务法律关系。证券交易法律关系在实质上是单纯的证券买卖法律关系，只要证券买卖完成，证券交易法律关系也就结束了。

二、证券交易市场

证券交易市场又称二级市场，是进行证券交易而形成的市场，它主要由客户、证券公司、证券交易的服务机构及证券交易场所构成。

（一）证券公司

证券公司，是指依照《公司法》和《证券法》相关规定批准设立的从事证券经营业务的有限责任公司或者股份有限公司。国家对证券公司实行分类管理，把证券公司分为综合类证券公司和经纪类证券公司，并由国务院证券监督管理机构按照其分类颁发业务许可证。

1. 证券公司的业务范围

证券法规定，综合类证券公司可以经营下列证券业务：①证券经纪业务；②证券自营业务；③证券承销业务；④经国务院证券监督管理机构核定的其他证券业务。而经纪类证券公司只允许专门从事证券经纪业务。

2. 证券公司的从业规定

证券公司是独立的法人，依法享有自主经营的权利，其财产所有权和独立经营权受法律保护。但是，证券公司的经营活动必须符合下列法律规定。

（1）综合类证券公司必须将其经纪业务和自营业务分开办理，业务人员、财务账户均应分开，不得混合操作。客户的交易结算资金必须全额存入指定的商业银行，单独立户管理。严禁挪用客户交易结算资金。

（2）证券公司办理经纪业务，必须为客户分别开立证券和资金账户，并对客户交付的证券和资金按户分账管理，如实进行交易记录，不得作虚假记录。同时还应当置备统一制定的证券买卖委托书供委托人使用。采取其他委托方式的，必须作出委托记录。并不得接受客户的全权委托而决定证券买卖、选择证券种类、决定买卖数量或者买卖价格。

（3）证券公司接受委托卖出的证券，必须是客户证券账户上实有的证券，不得为客户融券交易。证券公司接受委托买入证券必须以客户资金账户上实有的资金支付，不得为客户融资交易。不得以任何方式对客户证券买卖的收益或者赔偿证券买卖的损失作出承诺。

（4）证券公司及其从业人员不得未经过其依法设立的营业场所私下接受客户委托买卖证券。证券公司的从业人员在证券交易活动中，遵照其所属的证券公司的指令或者利用职务之便违反交易规则的，由所属的证券公司承担全部责任。

（二）证券交易的服务机构

证券交易的服务机构，是指在证券交易中专门从事证券投资咨询业务、证券资信评级业务、证券发行与交易业务的机构。

1. 证券投资咨询机构

证券投资咨询机构一般称为证券投资咨询公司，是指在证

案例分析

王某在某证券公司营业部开立账户，从事证券投资。某日，王某发出以 10 元价格卖出本账户 A 公司股票 1 000 股的指令。但由于该营业部场内交易员小李操作不慎，将王某卖出指令敲成买入，以每股 10 元的价格为王某购入 A 公司股票 1 000 股，当日该股票收盘价是 10.20 元。并且由于王某账面资金不足，小李向营业部经理汇报后，给王某透支了营业部其他客户保证金 3 000 元。次日，该股即下跌，开盘价为 9.8 元，最高价为 10.18 元，收盘价为 9.75 元，交易员小李在 10.15 元卖出 1 000 股 A 公司股票后，将透支的 3 000 元归还。当日，王某发现这一事件，即提出索赔。问：（1）该案中小李有哪些违反《证券法》的行为？（2）王某应向谁索赔？从《证券法》角度看，他的索赔依据是什么？

券发行和交易中向投资者提供咨询服务的法人组织。证券法规定,证券投资咨询机构的从业人员不得从事下列行为:①代理委托人从事证券投资;②与委托人约定分享证券投资收益或者分担证券投资损失;③买卖本咨询机构提供服务的上市公司股票;④法律、行政法规禁止的其他行为。

想一想

"银广夏事件"
给了我们哪些启示?

2．证券资信评估机构

证券资信评估机构是指在证券发行中对证券的信用程度给予级别评定的服务机构。《证券法》规定,为证券的发行、上市或者证券交易活动出具审计报告、资产评估报告或者法律意见书等文件的专业机构和人员,必须按照执业规定的工作程序出具报告,对其所出具报告内容的真实性、准确性和完整性进行核查和验证,并就其负有责任的部分承担连带责任。

3．证券登记结算机构

证券登记结算机构,是指为证券交易提供证券登记、证券托管、证券清算等服务事项的不以营利为目的的法人。证券法规定,证券登记结算机构应履行下列职能:①证券账户、结算账户的设立;②证券的托管和过户;③证券持有人名册登记;④证券交易所上市证券交易的清算和交收;⑤受发行人的委托派发证券权益;⑥办理与上述业务有关的查询;⑦国务院证券监督管理机构批准的其他业务。

（三）证券交易所

证券交易所,是指提供证券集中竞价交易场所的不以营利为目的的法人。它是证券交易活动的中心,我国目前只有上海证券交易所和深圳证券交易所,并且实行统一的组织形式和统一的交易规则,实行规范的操作和有效的自律性管理。

（1）证券交易所的组织机构。《证券法》规定,会员制是我国证券交易所的唯一组织形式。会员大会是证券交易所的最高权力机构,依法决定交易所的重大事项。理事会是证券交易所的决策机构,也是会员大会的执行机构,对会员大会负责。理事长是证券交易所的法定代表人。证券交易所设总经理 1 人,由国务院证券监督管理机构任免,并根据证监会的授权,负责证券交易所的日常管理工作。

（2）对券商资格的规定。公司法规定,进入证券交易所参与集中竞价交易的,必须是具有证券交易所会员资格的证券公司。

（3）对交易的具体规定。公司法规定，投资者应当在证券公司开立证券交易账户，以书面、电话或其他方式，委托为其开户的证券公司代为买卖证券。投资者通过开户的证券公司买卖证券的，应当采用市场委托或者限价委托。目前我国上海与深圳证交所均采用限价委托的方式。

（4）证券交易所的责任。证券交易所在证券交易活动中的责任是为组织公平的集中竞价交易提供保障。并依法办理股票、公司债券的暂停上市、恢复上市或者终止上市等事务。证券交易所有责任对在交易所进行的证券交易实行实时监控，并按照国务院证券监督管理机构的要求，对异常的交易情况提出报告。同时对上市公司披露的信息进行监督，督促上市公司依法及时、准确地披露信息。

三、证券上市

（1）国家鼓励符合产业政策同时又符合上市条件的公司股票上市交易。

（2）股份有限公司申请其股票上市交易，必须报经国务院证券监督管理机构核准，即股票上市交易实行核准制度。国务院证券监督管理机构也可授权证券交易所依照法定条件和法定程序核准股票上市。

（3）股票上市交易申请经国务院证券监督管理机构核准后，其发行人应当向证券交易所提交核准文件和申请时提交的有关文件。证券交易所应当自接到该股票发行人提交的前款规定的文件之日起6个月内，安排该股票上市交易。

（4）股票上市交易申请经证券交易所同意后，上市公司应当在上市交易5日前公告经核准的股票上市的有关文件，并将该文件置备于指定场所供公众查阅。上市公司除公告上述上市申请文件外，还应当公告下列事项：①股票获准在证券交易所交易的日期；②持有公司股份最多的前10名股东的名单和持股数额；③董事、监事、经理及有关高级管理人员的姓名及其持有本公司股票和债券的情况。

（5）公司申请其发行的公司债券上市交易，与股票上市交易一样实行核准制度。债券上市交易和股票上市交易在程序上略有不同，即证券交易所应当自接到该债券发行人提交的法定文件之日起3个月内，安排该债券上市交易。

第四节　上市公司收购

一、上市公司收购的概念

上市公司收购，是指投资者公开收购股份有限公司已经依法上市的股份以达到对该股份有限公司控股或兼并目的的行为。上市公司收购是公司购并的一种重要形式，对它的立法规定，既有利于优化资源配置，加速资本集聚，促进规模经济的形成，也有利于证券市场的稳定和有序运作，维护投资公众特别是被收购公司小股东的合法权益。

二、持股大户报告制度

1. 持有 5% 股份的报告

通过证券交易所的证券交易，投资者持有 1 个上市公司已发行的股份的 5% 时，应当自该事实发生之日起 3 日内，向国务院证券监督管理机构、证券交易所做出书面报告，通知该上市公司，并予以公告；在上述规定的期限内，不得再行买卖该上市公司的股票。

2. 增减 5% 股份的报告

投资者持有 1 个上市公司已发行的股份的 5% 后，通过证券交易所的证券交易，其所持该上市公司已发行的股份比例每增加或者减少 5%，应当依照前款规定进行报告和公告。在报告期限内和作出报告、公告后 2 日内，不得再行买卖该上市公司的股票。

3. 报告的内容

报告的内容有：①持股人的名称、住所；②所持有的股票的名称、数量；③持股达到法定比例或者持股增减变化达到法定比例的日期。

三、上市公司收购的方式

《证券法》第 85 条规定，投资者可以采取要约收购、协议收购及其他合法方式收购上市公司。

1. 要约收购

要约收购，是指收购方通过向被收购公司的管理层和股东发出收购要约的方式所进行的收购。

通过证券交易所的证券交易，投资者持有 1 个上市公司已发行的股份的 30%时，继续进行收购的，应当依法向该上市公司所有股东发出收购要约。但经国务院证券监督管理机构免除发出要约的除外。

依照上述规定发出收购要约的，收购人必须事先向国务院证券监督管理机构报送上市公司收购报告书，并载明下列事项：①收购人的名称、住所；②收购人关于收购的决定；③被收购的上市公司名称；④收购目的；⑤收购股份的详细名称和预定收购的股份数额；⑥收购的期限、收购的价格；⑦收购所需资金额及资金保证；⑧报送上市公司收购报告书时所持有被收购公司股份数占该公司已发行的股份总数的比例。收购人还应当将前款规定的公司收购报告书同时提交证券交易所。

收购要约的期限不得少于 30 日，并不得超过 60 日。在收购要约的有效期限内，收购人不得撤回其收购要约。在收购要约的有效期限内，收购人需要变更收购要约中事项的，必须事先向国务院证券监督管理机构及证券交易所提出报告，经获准后，予以公告。收购要约的期限届满，收购人持有的被收购公司的股份数达到该公司已发行的股份总数的 75%以上的，该上市公司的股票应当在证券交易所终止上市交易。收购人持有的被收购公司的股份数达到该公司已发行的股份总数的 90%以上的，其余仍持有被收购公司股票的股东，有权向收购人以收购要约的同等条件出售其股票，收购人应当收购。

2. 协议收购

协议收购，是指收购方依法同被收购公司的管理层或股东反复磋商，以协议的方式进行投权转让。协议双方可以临时委托证券登记结算机构保管协议转让的股票，并将资金存放于指定的银行。同时收购人必须在协议签订后 3 日内将该收购协议向国务院证券监督管理机构及证券交易所作出书面报告，并予公告。收购人对所持有的被收购的上市公司的股票，在收购行为完成后的 6 个月内不得转让。

案例分析

甲公司于 2008 年 1 月 5 日通过证券交易所的交易持有乙上市公司已发行股份的 5%，甲公司于 1 月 12 日作出其持有乙公司股份已达 5%的公告，并在 1 月 5 日至 2 月 4 日继续连续买进乙公司的股份达 30%。甲公司拟继续收购乙公司的股份，遂于 2 月 4 日向国务院证券监督管理机构报送了上市公司收购报告书。甲公司于 2 月 26 日公告了收购要约，要约规定有效期为 30 天。问：(1) 甲公司的上述做法有无法律障碍，为什么？
(2) 如果甲公司持有乙上市公司股份最终达到已发行的股份的 75%时，会产生什么法律后果？

第五节　证券监管制度

《证券法》第7条规定，国务院证券监督管理机构依法对全国证券市场实行集中统一的监督管理。同时，《证券法》第8条规定，在国家对证券发行、交易活动实行集中统一监督管理的前提下，依法设立证券业协会，实行自律性管理。由此可见，我国证券市场的监管体制可以概括为政府集中统一监督管理与行业自律相结合的体制。

一、政府集中统一监督管理制度

在我国，证券监管机构是指中国证券监督管理委员会及其派出机构。它是国务院直属的证券管理监督机构，依法对证券市场实行监督管理，维护证券市场秩序，保障其合法运行。《证券法》第179条规定，国务院证券监督管理机构在对证券市场实施监督管理中履行下列职责：①依法制定有关证券市场监督管理的规章、规则，并依法行使审批或者核准权；②依法对证券的发行、上市、交易、登记、存管、结算，进行监督管理；③依法对证券发行人、上市公司、证券公司、证券投资基金管理公司、证券服务机构、证券交易所、证券登记结算机构的证券业务活动，进行监督管理；④依法制定从事证券业务人员的资格标准和行为准则，并监督实施；⑤依法监督检查证券发行、上市和交易的信息公开情况；⑥依法对证券业协会的活动进行指导和监督；⑦依法对违反证券市场监督管理法律、行政法规的行为进行查处；⑧法律、行政法规规定的其他职责。

国务院证券监督管理机构在依法履行职责的过程中，有权采取下列措施：①对证券发行人、上市公司、证券公司、证券投资基金管理公司、证券服务机构、证券交易所、证券登记结算机构进行现场检查；②进入涉嫌违法行为的发生场所调查取证；③询问当事人和与被调查事件有关的单位和个人，要求其对与被调查事件有关的事项作出说明；④查阅、复制与被调查事件有关的财产权登记、通信记录等资料；⑤查阅、复制当事人和与被调查事件有关的单位和个人的证券交易记录、登记过户记录、财务会计资料及其他相关文件和资料；对可能被转移、隐匿或者毁损的文件和资料，可以进行封存；⑥查询当事人和与被调查事件有关的单位和个人的资金账户、证券账户和银行账户；对有证据证明已经或者可能转移或者隐匿违法资金、证券等涉案财产或者隐匿、伪造、毁损重要证据的，经国务院证券监督管理机构主要负责人批准，可以冻结或者查封；⑦在调查操纵证券市场、内幕交易等重大证券违法行为时，经国务院证券监督管理机构主要负责人批准，可以限制被调查事件当事人的证券买卖，但限制的期限不得超过15个交易日，但案情复杂的，可以延长15个交易日。

国务院证券监督管理机构依法履行职责，被检查、调查的单位和个人应当配合，如实提供有关文件和资料，不得拒绝、阻碍和隐瞒。国务院证券监督管理机构依据调查结果，对证券违法行为做出的处罚决定，应当公开。国务院证券监督管理机构依法履行职责，发现证券违法行为涉嫌犯罪的，应当将案件移送司法机关处理。

国务院证券监督管理机构依法制定的规章、规则和监督管理工作制度应当公开。国务院证券监督管理机构工作人员依法履行职责，进行监督检查或者调查时，应当出示有关证件，并对知悉的有关单位和个人的商业秘密负有保密的义务。国务院证券监督管理机构工作人员必须忠于职守、依法办事、公正廉洁，不得利用自己的职务便利牟取不正当的利益。国务院证券监督管理机构的工作人员不得在被监管的机构中兼任职务。

二、证券业自律制度

证券业协会，是指证券经营机构组成的、依其自律规则对证券经营者进行管理的自律性的社会团体法人。我国的证券业协会成立于1991年8月28日。《证券法》第174条规定，证券公司应当加入证券业协会。

证券业协会的权力机构为由全体会员组成的会员大会。《证券法》第176条规定，证券业协会应当履行下列职责：①教育和组织会员遵守证券法律、行政法规；②依法维护会员的合法权益，向证券监督管理机构反映会员的建议和要求；③收集整理证券信息，为会员提供服务；④制定会员应遵守的规则，组织会员单位的从业人员的业务培训，开展会员间单位的业务交流；⑤对会员之间、会员与客户之间发生的证券业务纠纷进行调解；⑥组织会员就证券业的发展、运作及其他有关内容进行研究；⑦监督、检查会员行为，对违反法律、行政法规或者协会章程的会员，按照规定给予纪律处分；⑧证券业协会章程规定的其他职责。

想一想

为什么我国证券市场会给人一种"一抓就死，一放就乱"的感觉？

☆ 第六节　违反证券法的法律责任

违反证券法的法律责任，是指行为人由于实施了证券违法行为而应承担的法律后果。

一、证券违法行为

《证券法》规定，应当承担法律责任的证券违法行为主要有：①未经法定机关核准，擅自公开或者变相公开发行证券的；②发行人不符合发行条件，以欺骗手段骗取发行核准的；③证券公司承销或者代理买卖未经核准擅自公开发行的证券的；④保荐人出具有虚假记载、误导性陈述或者重大遗漏的保荐书，或者不履行其他法定职责的；⑤发行人、上市公司或者其他信息披露义务人未按照规定披露信息，或者所披露的信息有虚假记载、误导性陈述或者重大遗漏的；⑥发行人、上市公司擅自改变公开发行证券所募集资金的用途的；⑦未经批准，擅自设立证券公司或者非法经营证券业务的；⑧为股票的发行、上市、交易出具审计报告、资产评估报告或者法律意见书等文件的证券服务机构和人员，违法买卖股票的；⑨证券公司假借他人名义或者以个人名义从事证券自营业务的；⑩证券公司、证券登记结算机构挪用客户的资金或者证券，或者未经客户的委托，擅自为客户买卖证券的。

二、法律责任

《证券法》规定，对违反证券法的行为人，应根据其情节轻重和造成损失的大小，分别承担民事责任、行政责任和刑事责任。

（1）民事责任。证券公司违背客户的委托买卖证券、办理交易事项，以及其他违背客户真实意思表示，办理交易以外的其他事项，给客户造成损失的，依法承担赔偿责任。应当承担民事赔偿责任和缴纳罚款、罚金，其财产不足以同时支付时，先承担民事赔偿责任。

（2）行政责任。包括警告、责令改正、责令退还非法所筹款项、责令依法处理非法持有的股票、没收违法所得、罚款、取消从业资格、限制或者暂停其证券经营业务、吊销公司营业执照、吊销直接责任人员资格证书等。当事人对证券监督管理机构或者国务院授权的部门处罚决定不服的，可以依法申请复议，或者依法直接向人民法院提起诉讼。

（3）刑事责任。证券法明文禁止的各种违法行为，凡情节严重构成犯罪的，都规定要依法追究刑事责任。同时规定，以暴力、威胁等方法阻碍证券监督管理机构依法行使监督检查权的，依法追究刑事责任。

法规索引

1.《中华人民共和国证券法》
2.《中华人民共和国公司法》
3.《中国证监会股票发行核准程序》

思考题

1．我国证券法具有哪些自身独有的特征？
2．股票的发行程序包括哪些？
3．证券公司的经营活动必须符合哪些法律规定？
4．证券投资咨询机构的从业人员不得从事哪些行为？

第 十二 章

票据法律制度

本章导读

本章从实践的角度出发，对汇票、本票和支票的基本理论进行了较为详细的介绍，并对票据法律关系、追索权和票据法律责任等诸多相关问题进行了较为全面的探讨和分析，旨在帮助学生运用有关票据知识解决社会经济生活中的实际问题。

本章引例

2007 年 4 月 10 日，甲、乙两个企业签订了 250 万元的买卖合同。根据合同约定，乙企业于 4 月 20 日向甲企业发货后，甲企业向乙企业签发了 250 万元的支票，出票日期为 2007 年 5 月 1 日，付款人为丙银行。但甲企业在支票上未记载支票金额，授权乙企业补记。乙企业在支票上补记金额后，于 2007 年 5 月 10 日向丙银行提示付款，但甲企业在丙银行的银行账户上只有 50 万元。问：

（1）甲企业在出票时未记载金额即将支票交给乙企业，该支票是否有效？为什么？

（2）对于签发空头支票的行为，甲企业应承担什么法律责任？

（3）如果乙企业于 2005 年 5 月 20 日向银行提示付款，甲企业的票据责任能否解除？为什么？

关键词

票据法　票据法律关系　票据行为　汇票　本票
支票　追索权　法律责任

解析

（1）该支票有效。《票据法》规定，支票的金额、收款人名称，可以由出票人授权补记；（2）对于甲企业签发空头支票的行为，应按票面金额对其处以 5%但不低于 1000 元的罚款；同时处以 2%的赔偿金，赔偿收款人；（3）甲企业的票据责任不能解除。《票据法》规定，支票的持有人应当自出票日起 10 日内提示付款，超过提示付款期限的，付款人可以不予付款，但出票人仍应对持票人承担票据责任。

第一节 票据法概述

一、票据和票据法

票据，是指出票人依法签发的、由自己或委托他人于到期日或者见票时无条件支付一定金额给收款人或持票人的一种有价证券，包括汇票、本票和支票。它有以下几个方面的基本特征。

（1）票据是出票人依法签发的有价证券。票据作为一种特殊的有价证券，它与股票、债券和提单等完全不同。对于不同的票据，法律规定了不同的形式，出票人必须按照法律规定的要求签发相关的票据，才会受到法律的保护。

（2）票据是一种要式证券。票据必须具备法定形式才能发生效力，因为票据的签发和转让是以支付票据上的金额为目的的，具有极强的流通作用，如果不遵循法律规定的形式，就难以保证票据的安全，更谈不上维护付款人和收款人的合法权益。

（3）票据是一种无因证券。权利人享有票据权利仅以持有票据为必要，当票据的持有人向付款人提示票据时，即使票据取得的原因有瑕疵甚至无效，付款人也应无条件地向持票人或收款人支付票据金额。

（4）票据是一种文义证券。票据当事人的一切权利、义务都依票据上记载的文义来确定，其他任何利益冲突、解释或者履行上的不同意见一般都不能获得法律的支持和保护。

票据法，是指规定票据的种类、形式和内容及调整当事人之间权利义务关系的法律规范的总称。广义上的票据法是指各种法律关系中涉及票据的各种规定的总称，而狭义的票据法则是指1995年5月10日第八届全国人大常委会第十三次会议通过的、2004年8月28日第十届全国人大常委会第十一次会议修正的《中华人民共和国票据法》（以下简称《票据法》）。

二、票据法律关系

票据法律关系，是指当事人之间因设立、变更或消灭票据上的权利义务而形成的债权债务关系，包括票据关系和非票据关系。票据关系是基于票据行为人产生的权利义务关系，而非票据关系则是基于票据法和其他法律的规定而产生的权利义务关系。

（一）票据当事人

票据当事人，即票据法律关系主体，是指票据法律关系中享有票据权利、承担票据义务的当事人，包括基本当事人和非基本当事人两种。

（1）基本当事人。基本当事人，是指在票据发行时就业已存在的当事人，是构成票据法律关系的必要主体，包括出票人、收款人和付款人。在汇票及支票上有出票人、收款人和付款人，在本票上有出票人和收款人。

（2）非基本当事人。非基本当事人，是指在票据发出后通过各种票据行为加入票据关系而享有一定权利、承担一定义务的当事人，包括承兑人、背书人、被背书人和保证人等。

（二）票据权利和义务

1. 票据权利

票据权利是指票据持有人依法向票据债务人请求支付票据金额的权利，包括付款请求权和追索权。付款请求权，是指票据持有人向汇票的承兑人、本票的出票人和支票的付款人出示票据请求付款的权利。这是票据的第一次权利，故也称主票据权利。追索权，是指当事人行使付款请求权遭到拒绝或者因为其他法定原因无法向票据主债务人行使付款请求权时，向其前手请求偿还票据金额及其他法定费用的权利。这是票据的第二次权利，又称偿还请求权利。行使追索权的当事人包括票载收款人、最后被背书人以及代为清偿票据债务的保证人和背书人。

2. 票据义务

票据义务是指票据债务人向持票人支付票据金额的责任。它是债务人由于出票、背书、承兑等特定票据行为所应承担的法定义务，包括付款义务和偿还义务两种。这种义务不具有制裁性质，主要有：①汇票承兑人因承兑而应承担的付款义务；②本票出票人因出票而应承担的付款义务；③支票付款人因与出票人有资金关系而应承担的付款义务；④汇票、本票、支票的背书人及汇票、支票的出票人、保证人因票据不获承兑或不获付款时所应承担的付款清偿义务。

讨论

怎样才能取得、行使和保全票据权利？

想一想

票据权利会不会在一定期限内不行使而消灭？

三、票据行为

票据行为，是指当事人之间发生票据设立、变更或以终止票据法律关系为目的的法律行为，包括出票、背书、承兑和保证四种。票据行为是一种特定的法律行为，和其他法律行为相比，它有以下法律特征：①票据行为的要式性，即票据行为必须按照法律规定在票据上记载法定事项并交付；②票据行为的无因性，即票据行为不因票据存在瑕疵或者其他问题而受到影响；③票据行为的文义性，即票据行为的当事人其权利和义务均依票据上记载的文义确定；④票据行为的独立性，即同一票据上有多种票据行为存在时，各种票据行为依据各自在票据上所记载的文义内容独立发生效力，一种行为的无效，不影响其他行为的效力。

票据行为的成立有两个条件：①实质要件。实质要件，是指票据当事人须有法律上规定的权利能力、行为能力和真实的意思表示；②形式要件。形式要件，是指票据的格式由中国人民银行统一规定，票据的记载事项由票据法统一规定，分必须记载的事项、可选择记载的事项和不得记载的事项三类。

第二节　汇　　票

一、汇票的概念

汇票，是指出票人签发的，委托付款人在见票时或者在指定日期无条件支付确定的金额给收款人或者持票人的票据。汇票是委付证券，包括三方当事人，即出票人、收款人和付款人。

汇票按照出票人的不同，可以分为银行汇票和商业汇票；按照付款日期的不同，可以分为见票即付、定日付款、出票后定期付款和见票后定期付款。

二、出票

（一）出票行为

出票，是指出票人签发票据并将其交付给收款人的一种票据行为。票据包括两个行为：一是出票人依据票据法的规定作成票据，即在原始票据上记载法定事项、签署自己的姓名以及加盖单位用于票据的公章；二是将作成的票据交付给收款人。根据票据法的规定，汇票必须记载下列事项，否则汇票无效：①表明"汇票"的字样；②无条件支付的委托；③确定的金额；④付款人名称；⑤收款人名称；⑥出票日期；⑦出票人签章。

（二）汇票未记载事项的认定

汇票上记载了付款日期、付款地、出票地等事项的，应当清楚、明确。因为这些事项关系到票据权利的行使和票据追索权的行使，以及诉讼管辖权的认定等实体权利和程序权利，它与票据上的法定记载事项具有同等法律效力。

（1）汇票上未记载付款日期的，为见票即付；

（2）汇票上未记载付款地的，付款人的营业场所、住所或者经常居住地为付款地；

（3）汇票上未记载出票地的，出票人的营业场所、住所或者经常居住地为出票地。

（三）票据效力

出票人在完成出票行为之后，即产生票据上的效力。具体表现为：①对收款人的效力。收款人在接受出票人交付的汇票后，便取得了包括付款请求权和追索权在内的票据权利；②对付款人的效力。付款人依法具有承兑人的地位，当其对汇票进行承兑后，便成为汇票上的主债务人；③对出票人的效力。出票人签发汇票后，即承担保证该汇票承兑和付款的责任。

三、背书

背书，是指在票据背面或者粘单上记载有关事项并签章的一种票据行为。转让人称为背书人，受让人称为被背书人。持票人在将汇票权利转让给他人或者将一定的汇票权利授予他人行使时，应当背书并交付票据。

票据法规定，背书的法定记载事项包括背书人的签章和被背书人的名称，以及一项相对记载事项，即背书日期，如果没有记载，则视为汇票到期日前背书。同时又规定了背书不得记载的内容，一是背书不得附有条件，二是不得部分背书。

汇票的背书应当连续，以表明汇票上的一切权利实现了由背书人向被背书人的转移，并起到票据权利担保的效力，当票据不获承兑或者不获付款时，背书人对于被背书人及其所有后手均负有偿还票款的义务。

为了保证汇票的安全，付款人或者其他债务人可以对持票人的范围和资格作出以下限制。①出票人在汇票上记载"不得转让"字样的，汇票不得转让。②背书人在汇票上记载"不得转让"字样，其后手再背书转让的，原背书人对后手的被背书人不承担保证责任。③背书不得附有条件。背书时附有条件的，所附条件不具有汇票上的效力。④背书须完整转让，将汇票金额的一部分转让的背书或者将汇票金额分别转让给两人以上的背书无效。⑤背书记载"委托收款"字样的，被背书人有权代背书人行使被委托的汇票权利。但是，被背书人不得再以背书转让汇票权利。⑥汇票被拒绝承兑、被拒绝付款或者超过付款提示期限的，不得背书转让；背书转让的，背书人应当承担汇票责任。

汇票可以设定质押，质押时应当以背书记载"质押"字样。被背书人依法实现其质权时，可以行使汇票权利。

四、承兑

承兑，是指汇票付款人承诺在汇票到期日支付汇票金额的一种票据行为。由于汇票的付款人并不负有当然的付款义务，是否愿意支付该汇票的金额需要进一步确认，因此承兑作为汇票所独有的制度也就应运而生。具体地说，就是当付款人在汇票上加盖"承兑"印章并签章后，便成为该汇票的主债务人。

提示承兑，是指持票人向付款人出示汇票，并要求付款人承诺付款的行为。除见票即付的汇票外，其他汇票都必须提示承兑。由于付款日期的不同，各种汇票的提示承兑期限也不尽相同。定日付款或者出票后定期付款的汇票，持票人应当在汇票到期日前向付款人提示承兑；见票后定期付款的汇票，持票人应当自出票日起一个月内向付款人提示承兑。汇票未按照规定期限提示承兑的，持票人丧失对其前手的追索权。

对付款人而言，承兑是一种权利。付款人对向其提示承兑的汇票，应当自收到提示承兑的汇票之日起三日内承兑或者拒绝承兑。付款人承兑汇票，不得附有条件；承兑附有条件的，视为拒绝承兑。付款人收到持票人提示承兑的汇票时，应当向持票人签发收到汇票的回单。回单上应当记明汇票提示承兑日

案例分析

2007 年 3 月 25 日，A 公司签发一张银行承兑汇票，该汇票由甲银行承兑，收款人为 B 公司，B 公司收到汇票后背书转让给 C 公司。C 公司未背书就将汇票交付给 D 公司。D 公司随后将其背书转让给 E 公司。汇票到期后，E 公司填写了委托收款凭证并附上承兑汇票，经其开户银行乙银行向甲银行委托收款，甲银行以该汇票背书不连续为由予以退票。问：甲银行的做法是否正确？为什么？

期并签章。付款人承兑汇票的，应当在汇票正面记载"承兑"字样和承兑日期并签章；见票后定期付款的汇票，应当在承兑时记载付款日期。

五、保证

汇票保证，是指汇票的债务人以外的第三人以担保特定债务人履行汇票付款义务为目的，而在汇票上签章及记载必要事项的票据行为。这里的必要事项包括：①表明"保证"的字样；②保证人名称和住所；③被保证人的名称；④保证日期。

保证人对合法取得汇票的持票人所享有的汇票权利，承担保证责任。但是，被保证人的债务因汇票记载事项欠缺而无效的除外。被保证的汇票，保证人应当与被保证人对持票人承担连带责任。汇票到期后被保证人不能付款的，持票人有权向保证人请求付款，保证人应当足额付款。保证人清偿汇票债务后，可以行使持票人对被保证人及其前手的追索权。

六、付款

付款，是指付款人依据票据文义支付票据金额以收回汇票，从而消灭票据关系的行为。包括付款提示和支付两个程序。

付款提示是票据权利的保全和行使。如果持票人在法定期限内未提示付款，则丧失对其前手的追索权，但在作出说明后，承兑人或付款人仍应继续对持票人承担付款责任。法定的期限为：见票即付的汇票，自出票日起1个月内向付款人提示付款；定日付款、出票后定期付款或者见票后定期付款的汇票，自到期日起十日内向承兑人提示付款。

持票人在法定期限内提示付款的，付款人必须在当日足额付款。汇票可以由付款人亲自支付，也可以由付款代理人代为支付。持票人获得付款的，应当在汇票上签收，并将汇票交给付款人。持票人委托银行收款的，受委托的银行将代收的汇票金额转账收入持票人账户，视同签收。

七、追索权

追索权，是指汇票的持票人不能如期获得票据款项，在行使或保全票据权利后，向其前手请求偿还票据金额、利息及其

案例分析

东方公司向大华工厂购进一套设备，价值100万元。东方公司开出一张由东方公司为出票人和付款人，大华工厂为收款人、付款期限为6个月的商业承兑汇票；同时，北方公司对汇票作了保证，保证东方公司到期承兑该汇票。付款期满后，由于东方公司财务发生危机，无法付款，大华工厂便要求北方公司支付该笔款项。问：北方公司是否有义务支付该笔款项，为什么？

他法定款项的一种票据权利。票据法规定，汇票到期被拒绝付款的，持票人可以对背书人、出票人及汇票的其他债务人行使追索权。追索权是持票人在第一次请求付款遭到拒绝后行使的第二次请求权。追索权中的偿债义务人包括汇票的出票人、背书人、承兑人和保证人，他们共同对持票人承担连带责任。

汇票到期日前，有下列情形之一的，持票人可以行使追索权：①汇票被拒绝承兑的；②承兑人或者付款人死亡、逃匿的；③承兑人或者付款人被依法宣告破产的或者因违法被责令终止业务活动的。这里需要注意的是，当持票人提示承兑或提示付款而不获承兑或不获付款时，应在法定期限内作成拒绝证明以保全证据。

持票人应当自收到被拒绝承兑或者被拒绝付款的有关证明之日起 3 日内，将被拒绝事由书面通知其前手；其前手应当自收到通知之日起 3 日内书面通知其再前手。持票人也可以同时向各汇票债务人发出书面通知。持票人未按规定期限通知的，仍可以行使追索权。因延期通知给其前手或者出票人造成损失的，由没有按规定期限通知的汇票当事人，承担对该损失的赔偿责任，但所赔偿的金额以汇票金额为限。

持票人行使追索权，可以请求偿债义务人支付下列金额和费用：①被拒绝付款的汇票金额；②汇票金额自到期日或者提示付款日起至清偿日止，按照中国人民银行规定的利率计算的利息；③取得有关拒绝证明和发出通知书的费用。

持票人在行使追索权时可以不按照汇票债务人的先后顺序，对其中任何一人、数人或者全体行使追索权。当持票人对汇票债务人中的一人或者数人已经进行追索的，对其他汇票债务人仍可以行使追索权。但持票人为出票人的，对其前手无追索权；持票人为背书人的，对其后手无追索权。

第三节 本 票

一、本票的概念

本票，是指由出票人签发的，承诺自己在见票时无条件支付确定的金额给收款人或者持票人的票据。我国《票据法》上所指的本票仅指银行本票，不包括商业本票，更不包括个人本票。本票和其他票据相比，具有自己独特的特点：

（1）本票是自付票据。本票由出票人自己对持票人付款，而不像汇票和支票那样委托银行付款；

（2）本票基本当事人少。本票的基本当事人只有出票人和收款人两个，与汇票和支票相比，在很多情况下少了付款人这个基本当事人；

（3）本票无须承兑。本票在很多方面与汇票相似，汇票的背书、保证、付款和追索等法律制度对本票也适用。由于本票无须委托银行付款，所以本票不用承兑也能保证付款。

二、出票

（一）出票人的资格

《票据法》规定，本票的出票人必须具有支付本票金额的可靠资金来源，并保证支付。而银行肩负维护正常结算秩序的任务，对签发本票持谨慎态度，因此本票的出票人一般资信状况都很好。正因为如此，本票是交易活动中最被普遍欢迎的一种支付工具，具有极高的信用。

（二）本票必须记载的事项

《票据法》对本票的要求和汇票相同，其目的都是为了保证票据的流通质量，维护收款人与持票人的合法权益。下列本票的记载事项缺一不可，否则本票无效。

（1）表明"本票"的字样。定额本票由人民银行印制并发行，不定额本票由各银行按人民银行规定的统一格式印制和发行。凡不符合格式，或者用其他票据、单据所代替的本票都是无效本票。

（2）无条件支付的承诺。银行本票，顾名思义，就是出票人先将款项存在入银行，因而承诺付款便因出票人留在银行的信用而得到充分的保障。

（3）确定的金额。包括确定货币种类，而且规定货币的大写金额和小写金额必须完全一致，否则本票无效。

（4）收款人名称。必须填写真实姓名及全称，以便纠纷发生时，可以确定票据主体资格。

（5）出票日期。它既关系到持票人本票权利期限的基准点，也是收款人票据权利开始生效的起点。

（6）出票人签章。单位在票据上的签章，应为该单位的公

小知识点

本票分为定额本票和不定额本票两种。定额本票面额分别为 1 000 元、5 000 元、1 万元和 5 万元。

章或财务专用章并加盖单位法定代表人或其授权代理人的签章。

（三）本票可任意记载的事项

本票可任意记载的事项，与汇票基本上相同，其目的都是为了提高本票据的信用以保证其交易的顺利进行。这些事项主要有：①本票到期后的利率、利息的计算；②本票据是否禁止转让；③是否缩短付款的提示期限；④在发生拒绝付款时对其他债务人通知事项的约定；⑤免除或拒绝证书的约定。

（四）出票行为及责任承担地

本票的出票行为，适用汇票的有关规定。

本票上记载的付款地、出票地等相关事项，应当清楚、明确，以便双方当事人享受权利和履行义务。本票上未记载付款地的，出票人的营业场所为付款地；本票上未记载出票地的，出票人的营业场所为出票地。出票地既是本票的票据责任履行地，也是发生争议纠纷时的诉讼管辖地。

三、付款

（一）提示付款

本票的出票人在持票人提示见票时，必须承担付款责任。所谓见票是指收款人或持票人以本票原件出示给出票人检查，如果本票上的背书及有关记载没有违反《票据法》的相关规定，出票人应当足额付款。

（二）付款期限

银行本票是见票付款的票据，收款人或持票人在取得银行本票后，随时可以向出票人请求付款。为了防止收款人或持票人久不提示票据而可能给出票人造成不利，《票据法》规定，本票自出票日起，付款期限最长不得超过两个月。

（三）提示付款的相关权利

提示付款是持票人请求出票人履行义务的要式表示行为，在一定期限内提示可以获得确定的本票金额。当不能获得时，提示便成为持票人曾经行使过第一次付款请求权的证明，从而可以向本票的其他债务人行使第二次请求权，即追索权。如果本票的持票人未按照规定期限提示见票的，则丧失对出票人以外的前手的追索权。

四、对汇票有关规定的引用

本票的背书、保证、付款行为和追索权的行使，除本票自身的规定外，适用《票据法》有关汇票的规定。

第四节 支 票

一、支票的概念和种类

支票是出票人签发的、委托办理支票存款业务的银行或者其他金融机构在见票时无条件支付确定的金额给收款人或者持票人的票据。支票与汇票相同，是一种委付证券，其基本当事人有三个：出票人、收款人和付款人。支票与汇票、本票相比，有两个显著的特点：①以银行或其他金融机构作为付款人；②见票即付。

支票按照支付票款的方式可以分为：①普通支票。这种支票未印有"现金"或"转账"字样，既可以用来支取现金，也可以用来转账。用于转账时，应当在支票正面注明；②现金支票。支票中专门用于支取现金的，可以另行制作现金支票，现金支票只能用于支取现金；③转账支票。支票中专门用于转账的，可以另行制作转账支票，转账支票只能用于转账，不得支取现金。在实际中，我国大都采用的是现金支票和转账支票。

二、出票

（一）出票的概念

支票的出票与汇票相同，是指由出票人按照一定的格式签发票据并将其交付给收款人的一种票据行为。只有在有权利办理支票业务的银行机构开立可以使用支票的存款账户的单位和个人，才可以签发支票，成为出票人。为了保护支票支付票款的安全及各方当事人的合法权益，票据法规定：①开立支票存款账户，申请人必须使用其本名，并提交证明其身份的合法证件；②开立支票存款账户和领用支票，应当有可靠的资信，并需要存入一定的资金；③开立支票存款账户时，申请人应当预留其本名的签名式样和印鉴。

（二）支票必须记载的事项

支票必须记载的事项共有六项内容：①表明"支票"的字样；②无条件支付的委托；③确定的金额；④付款人名称；⑤出票日期；⑥出票人签章。支票上未记载上述规定事项之一的，支票无效。为了发挥支票灵活便利的特点，《票据法》规定了两项必须记载的事项可以通过授权补记的方式记载：一是支票上的金额可以由出票人授权补记，未补记前没有确定金额的支票，不得使用；二是支票上未记载收款人名称的，经出票人授权，可以补记。

（三）支票相对应记载的事项

（1）付款地。支票上未记载付款地的，付款人的营业场所、住所或经常居住地为付款地。

（2）出票地。支票上未记载出票地的，出票人的营业场所、住所或者经常居住地为出票地。

（四）出票的其他法定条件

支票的出票行为除必须按照法定格式签发票据外，还应当符合下列法定条件：①支票的出票人所签发的支票金额不得超过其付款时在付款人处实有的存款金额。如果出票人签发的支票金额超过其付款时在付款人处实有的存款金额时，该支票为空头支票。签发空头支票在我国是一种违法行为，其责任人有可能被追究刑事责任；②支票的出票人不得签发与其预留本名的签名式样或者印鉴不符的支票。

（五）出票的效力

出票人作成支票并交付之后，对出票人产生相应的法律效力。《票据法》规定，出票人必须按照签发的支票金额承担保证向该持票人付款的责任。这一责任包括以下两项内容：一是出票人在付款人处必须存有足以支付支票金额的款项，二是当付款人对持票人拒绝付款或者超过提示付款期限付款人不予付款的，出票人仍应当对持票人承担票据责任。

三、付款

（一）提示付款

支票是见票即付的票据，为了防止持票人久不提示票据而可能给出票人造成不利，以及防止空头支票的出现，《票据法》规定，支票的持票人应当自出票日起 10 日内提示付款。异地使用的支票，其提示付款的期限由中国人民银行另行规定，超过提示付款期限的，付款人可以拒绝付款。

（二）付款

持票人在提示付款期限内以支票原件出示给付款人检查，如果支票上的背书及有关记载没有违反《票据法》的相关规定，付款人应当付款。《票据法》规定，出票人在付款人处的存款足以支付支票金额时，付款人应当在持票人提示付款当日足额付款。

（三）付款责任的解除

付款人依法支付支票金额后，对出票人不再承担受委托付款的责任，对持票人不再承担付款的责任。但是，付款人以恶意或者有重大过失付款的除外。

四、支票适用汇票的有关规定

支票的背书、付款行为和追索权的行使，以及支票的出票行为除本票自身的规定外，适用《票据法》中有关汇票的规定。

第五节　法律责任

法律责任，是指行为人违反《票据法》强制性规定其需要承担的票据责任之外的民事责任、行政责任和刑事责任。

（一）票据欺诈行为的法律责任

行为人有下列票据欺诈行为之一的，依法追究其刑事责任；情节轻微、不构成犯罪的，依照国家有关规定给予行政处罚：①伪造、变造票据的；②故意使用伪造、变造票据的；③签发空头支票或者故意签发与其预留的本名签名式样或者印鉴不符的支票以骗取财物的；④签发无可靠资金来源的汇票、本票以骗取财物的；⑤汇票、本票的出票人在出票时作虚假记载以骗取财物的；⑥冒用他人的票据，或者故意使用过期或者作废的票据以骗取财物的；⑦付款人同出票人、持票人恶意串通，实

知识点

这里的行政处罚措施包括警告、罚金、罚款、没收非法所得、停止办理某项业务、停业整顿、吊销营业执照或经营许可证，以及拘留等。

施前六项所列行为之一的。行为人实施上述票据欺诈行为之一而给他人造成损失的，应当依法承担民事赔偿责任。

（二）金融机构工作人员的法律责任

金融机构工作人员在票据业务中玩忽职守，对违反本法规定的票据予以承兑、付款或者保证的当事人，给予处分；造成重大损失，构成犯罪的，依法追究刑事责任。这里的处分是指行政处分，包括警告、记过、撤职和开除公职等。

金融机构工作人员因上述行为给当事人造成损失的，由该金融机构和直接责任人员依法承担赔偿责任。

（三）付款人故意压票、拖延支付的法律责任

票据的付款人对见票即付或者到期的票据，故意压票、拖延支付的，由金融行政管理部门处以罚款，对直接责任人员给予处分（这里的金融行政管理部门是指中国人民银行）。

票据的付款人故意压票、拖延支付，给持票人造成损失的，付款人依法承担赔偿责任。该赔偿责任参照银行支付结算办法的有关规定执行。

法规索引

1. 《中华人民共和国票据法》
2. 《关于修改〈中华人民共和国票据法〉的决定》
3. 《票据管理实施办法》
4. 《支付结算办法》
5. 《高法审理票据纠纷案司法解释》

思考题

1. 简述票据的权利和义务。
2. 汇票出票的效力体现在哪些方面？
3. 本票和其他票据相比，有哪些特点？
4. 支票出票的法定条件有哪些？
5. 票据追索权行使的条件是什么？

第 十三 章

对外贸易法律制度

本章导读

本章从对外贸易的概念入手，着重介绍新《对外贸易法》中有关货物进出口与技术进出口、国际服务贸易与对外贸易秩序、对外贸易调查、救济与促进、对外贸易经营者、与对外贸易有关的知识产权的保护及相关的法律责任的介绍。并且比较分析了以上内容与原有法律规范的区别，以便更好地指导学生对新法的理解。

本章引例

2006 年 1 月至 5 月间，A 公司与韩国 B 公司签订了服装贸易系列合同，由 A 公司分期分批向 B 公司出口产品。合同签订后，A 公司分期分批委托 C 公司承运出口服装，C 公司向 A 公司签发了相应正本提单 24 份，而 B 公司并未付款赎单。2007 年 11 月 15 日，A 公司持24 份正本提单到釜山港保税仓库处理该批货物时，得知价值 100 万美元的货物已被他人提走。2007 年 12 月 25日，A 公司一纸诉状将 C 公司以海上货物运输合同无正本提单放货为由诉至法院。C 公司辩称：

（1）从未办理放货手续，本方没有过错，不应承担责任；

（2）根据《海商法》的规定，该案已过诉讼时效。问：法院应如何处理该案，为什么？

关键词

对外贸易 货物进出口 技术进出口 国际服务贸易对外贸易调查 对外贸易救济 对外贸易促进

解析

应由 C 公司承担赔偿责任。因为，根据我国法律和国际航运惯例，C公司在未收回正本提单前，其合同义务并未完成。另外，关于诉讼时效期限问题，托运人只有收到结汇银行退回的单证，才能向承运人主张权利，故诉讼时效应从此时起算。

第一节　对外贸易法概述

一、对外贸易的概念和原则

对外贸易，是指货物进出口、技术进出口和国际服务贸易。它是各国生产活动在国际流通领域的延伸，体现着各国经济日益加深的相互依赖性。

我国《对外贸易法》确定的对外贸易的基本原则有：

（1）实行统一的对外贸易制度，鼓励发展对外贸易，维护公平、自由的对外贸易秩序；

（2）在对外贸易中实行平等互利的原则；

（3）根据互惠、对等原则给予外贸对方最惠国待遇或国民待遇等；

（4）在对外贸易活动中，可以根据具体情况采取相应的报复性措施。

二、《对外贸易法》的立法宗旨

（一）立法目的

为了扩大对外开放，发展对外贸易，维护对外贸易秩序，保护对外贸易经营者的合法权益，促进社会主义市场经济的健康发展，第十届全国人大常委会第八次会议于 2004 年 4 月 6 日修订通过了《中华人民共和国对外贸易法》，该法自同年 7 月 1 日起施行。

（二）立法意义

讨论

2004 年，我国对《对外贸易法》作了哪些重大修改？

（1）修订《对外贸易法》是我国对外贸易快速发展的需要

1994 年 5 月 12 日，第八届全国人大常委会第七次会议通过了《中华人民共和国对外贸易法》（以下简称《对外贸易法》）。实施以后，我国的对外贸易状况发生了巨大变化。2003 年，我国外贸进出口总额突破 8 500 亿美元，跃居世界第 4 位。对外贸易与投资、消费一起并称为推动我国经济增长的"三驾马车"，是我国国民经济持续发展的重要推动力。但是，随着我国对外贸易的不断发展，贸易壁垒增多、国外贸易保护主义抬头等许多问题亟待解决，1994 年我国制定的《对外贸易法》在许多方面已不能完全适应我国对外贸易快速发展的需要。

（2）修订《对外贸易法》是我国加入世界贸易组织的需要

我国加入 WTO（世界贸易组织）之后，国内经济与国际经济联系更加紧密，对外贸易在我国经济增长中的地位越来越重要。但是，在 WTO 的谈判中，我国在对外贸易制度、管理方式等方面做出了许多承诺，而 1994 年制定的《对外贸易法》与这些承诺存在许多不一致的地方，需要修改。同时，作为 WTO 成员，我国也需要通过修改《对外贸易法》，将 WTO 规则转化为国内法律，以便正当地行使作为 WTO 成员的权利。

（3）修订《对外贸易法》是我国法制建设的需要

《对外贸易法》是我国社会主义市场经济法律体系的重要组成部分。为进一步确立《对外贸易法》作为对外贸易基本法的地位，全面推行对外贸易依法行政工作，有必要对《对外贸易法》进行修订和完善。

三、《对外贸易法》的概念和调整范围

对外贸易法，是指调整对外贸易活动中形成的对外贸易管理关系和对外贸易合作关系的法律规范的总称。

我国《对外贸易法》对我国的单独关税区不适用，即对香港、澳门和台湾地区不适用。其调整范围是货物进出口、技术进出口和国际服务贸易及与对外贸易有关的知识产权保护。

想一想

为什么《对外贸易法》对我国的单独关税区不适用？

四、对外贸易经营者

（一）对外贸易经营者的概念

对外贸易经营者，是指依法办理工商登记或者其他执业手续，依照《对外贸易法》和其他有关法律、行政法规的规定从事对外贸易经营活动的法人、其他组织或者个人。

（二）资格取得

从事货物进出口或者技术进出口的对外贸易经营者，应当向国务院对外贸易主管部门或者其委托的机构办理备案登记；但是，法律、行政法规和国务院对外贸易主管部门规定不需要备案登记的除外。备案登记的具体办法由国务院对外贸易主管部门规定。对外贸易经营者未按照规定办理备案登记的，海关

不予办理进出口货物的报关验放手续。

从事国际服务贸易，应当遵守《对外贸易法》和其他有关法律、行政法规的规定。从事对外工程承包或者对外劳务合作的单位，应当具备相应的资质或者资格。具体办法由国务院规定。

国家可以对部分货物的进出口实行国营贸易管理。实行国营贸易管理的货物的进出口业务只能由经国家授权的企业经营。但是，国家允许部分数量的国营贸易管理货物的进出口业务由非授权企业经营的除外。实行国营贸易管理的货物和经授权经营企业的目录，由国务院对外贸易主管部门会同国务院其他有关部门确定、调整并公布。违反法律规定、进出口擅自实行国营贸易管理的货物的，海关不予放行。

对外贸易经营者可以接受他人的委托，在经营范围内代为办理对外贸易业务。

对外贸易经营者应当按照国务院对外贸易主管部门或者国务院其他有关部门依法作出的规定，向有关部门提交与其对外贸易经营活动有关的文件及资料，有关部门应当为提供者保守商业秘密。

五、与对外贸易有关的知识产权的保护

在科学技术迅猛发展并且对经济贸易的影响日益加深的形势下，与贸易有关的知识产权越来越多地成为各主要贸易国家维护自身利益的重要手段，2004 年我国修改的《对外贸易法》确立了对外贸易中知识产权保护的相关制度。其主要内容包括以下几个方面。

（1）国家依照有关知识产权的法律、行政法规，保护与对外贸易有关的知识产权。进口货物侵犯知识产权并危害对外贸易秩序的，国务院对外贸易主管部门可以采取在一定期限内禁止侵权人生产、销售相关进口货物等措施。

（2）知识产权权利人有阻止被许可人对许可合同中的知识产权的有效性提出质疑、进行强制性一揽子许可、在许可合同中规定排他性返授条件等行为之一，并危害对外贸易公平竞争秩序的，国务院对外贸易主管部门可以采取必要的措施消除危害。

（3）其他国家或者地区在知识产权保护方面未给予中华人民共和国的法人、其他组织或者个人国民待遇，或者不能对来源于中华人民共和国的货物、技术或者服务提供充分有效的知

识产权保护的，国务院对外贸易主管部门可以依照《对外贸易法》和其他有关法律、行政法规的规定，并根据中华人民共和国缔结或者参与签署的国际条约、协定，对与该国家或者该地区的贸易采取必要的报复忙措施。

第二节　货物进出口与技术进出口

一、概述

国家准许货物与技术的自由进出口。但是，法律、行政法规另有规定的除外。

国务院对外贸易主管部门基于监测进出口情况的需要，可以对部分自由进出口的货物实行进出口自动许可并公布其目录。实行自动许可的进出口货物，收货人、发货人在办理海关报关手续前提出自动许可申请的，国务院对外贸易主管部门或者其委托的机构应当予以许可；未办理自动许可手续的，海关不予放行。进出口若涉及自由进出口的技术，应当向国务院对外贸易主管部门或者其委托的机构办理合同备案登记。

二、限制或禁止

国家基于下列原因，可以限制或者禁止有关货物、技术的进口或者出口，这些原因主要包括：

（1）为维护国家安全、社会公共利益或者公共道德，需要限制或者禁止进口或者出口的；

（2）为保护人的健康或者安全，保护动物、植物的生命或者健康，以及为保护环境，需要限制或者禁止进口或者出口的；

（3）为实施与黄金或者白银进出口有关的措施，需要限制或者禁止进口或者出口的；

（4）国内供应短缺或者为有效保护可能用竭的自然资源，需要限制或者禁止出口的；

（5）输往国家或者地区的市场容量有限，需要限制出口的；

（6）出口经营秩序出现严重混乱，需要限制出口的；

（7）为建立或者加快建立国内特定产业，需要限制进口的；

（8）对任何形式的农业、牧业、渔业产品有必要限制进口的；

（9）为保障国家国际金融地位和国际收支平衡，需要限制进口的；

（10）依照法律、行政法规的规定，其他需要限制或者禁止进口或者出口的；

（11）根据我国缔结或者参与签署的国际条约、协定的规定，其他需要限制或者禁止进口或者出口的。

此外，基于安全需要，国家对于裂变、聚变物质或者与衍生此类物质有关的货物、技术进出口，以及与武器、弹药或者其他军用物资有关的进出口，可以采取任何必要的措施，维护国家安全。在战时或者为维护国际和平与安全，国家在货物、技术进出口方面可以采取任何必要的措施。

三、货物与技术进出口

国务院对外贸易主管部门会同国务院其他有关部门，依法制定、调整并公布限制或者禁止进出口的货物、技术目录。国务院对外贸易主管部门或者由其会同国务院其他有关部门，经国务院批准，可以在法定范围内，临时决定限制或者禁止前款规定目录以外的特定货物、技术的进口或者出口。

国家对限制进口或者出口的货物，实行配额、许可证等方式管理；对限制进口或者出口的技术，实行许可证管理。实行配额、许可证管理的货物、技术，应当按照国务院规定经国务院对外贸易主管部门或者经其会同国务院其他有关部门许可，方可进口或者出口。国家对部分进口货物可以实行关税配额管理。

进出口货物配额、关税配额，由国务院对外贸易主管部门或者国务院其他有关部门在各自的职责范围内，按照公开、公平、公正和效益的原则进行分配。具体办法由国务院规定。

国家实行统一的商品合格评定制度，根据有关法律、行政法规的规定，对进出口商品进行认证、检验、检疫。

国家对进出口货物进行原产地管理。具体办法由国务院规定。

对文物和野生动物、植物及其产品等，其他法律、行政法规有禁止或者限制进出口规定的，依照有关法律、行政法规的规定执行。

第三节　国际服务贸易与
对外贸易秩序

一、国际服务贸易

（一）国际服务贸易管理

国务院对外贸易主管部门和国务院其他有关部门，依照《对外贸易法》和其他有关法律、行政法规的规定，对国际服务贸易进行管理。

国务院对外贸易主管部门会同国务院其他有关部门，依照《对外贸易法》第 26 条、第 27 条和其他有关法律、行政法规的规定，制定、调整并公布国际服务贸易市场准入目录。

中华人民共和国在国际服务贸易方面根据所缔结或者参与签署的国际条约、协定中所作的承诺，给予其他缔约方、参与签署方市场准入和国民待遇。

（二）限制与禁止

国家基于下列原因，可以限制或者禁止有关的国际服务贸易，这些原因主要包括：

（1）为维护国家安全、社会公共利益或者公共道德，需要限制或者禁止的；

（2）为保护人的健康或者安全，保护动物、植物的生命或者健康，以及为保护环境，需要限制或者禁止的；

（3）为建立或者加快建立国内特定服务产业，需要限制的；

（4）为保障国家外汇收支平衡，需要限制的；

（5）依照法律、行政法规的规定，其他需要限制或者禁止的；

（6）根据我国缔结或者参与签署的国际条约、协定的规定，其他需要限制或者禁止的。

此外，基于安全需要，国家对与军事有关的国际服务贸易，以及与裂变、聚变物质或者衍生此类物质的物质有关的国际服务贸易，可以采取任何必要的措施，维护国家安全。在战时或者为维护国际和平与安全，国家在国际服务贸易方面可以采取任何必要的措施。

二、对外贸易秩序

（一）概述

在对外贸易经营活动中，不得违反有关反垄断的法律、行政法规的规定实施垄断行为。在对外贸易经营活动中实施垄断行为、危害市场公平竞争的，依照有关反垄断的法律、行政法规的规定处理。有前款违法行为，并危害对外贸易秩序的，国务院对外贸易主管部门可以采取必要的措施消除危害。

在对外贸易经营活动中，不得实施以低价销售商品、串通投标、发布虚假广告、进行商业贿赂等不正当竞争行为。在对外贸易经营活动中实施不正当竞争行为的，依照有关反不正当竞争的法律、行政法规的规定处理。有前款违法行为，并危害对外贸易秩序的，国务院对外贸易主管部门可以采取禁止该经营者有关货物、技术进出口等措施消除危害。

对外贸易经营者在对外贸易经营活动中，应当遵守国家有关外汇管理的规定。违反《对外贸易法》规定，危害对外贸易秩序的，国务院对外贸易主管部门可以向社会公告。

（二）限制与禁止

《对外贸易法》第 34 条规定，在对外贸易活动中，不得有下列行为：

（1）伪造、变造进出口货物原产地标记，伪造、变造或者买卖进出口货物原产地证书、进出口许可证、进出口配额证明或者其他进出口证明文件；

（2）骗取出口退税；

（3）走私；

（4）逃避法律、行政法规规定的认证、检验、检疫；

（5）违反法律、行政法规规定的其他行为。

第四节　对外贸易调查、救济与促进

讨论

我国 2004 年修改的《对外贸易法》为什么增加对外贸易调查这一章？

一、对外贸易调查

（一）对外贸易调查的内容

为了维护对外贸易秩序，国务院对外贸易主管部门可以自行或者会同国务院其他有关部门，依照法律、行政法规的规定对下列事项进行调查：

（1）货物进出口、技术进出口、国际服务贸易对国内产业及其竞争力的影响；

（2）有关国家或者地区的贸易壁垒；

（3）为确定是否应当依法采取反倾销、反补贴或者保障措施等对外贸易救济措施，需要调查的事项；

（4）规避对外贸易救济措施的行为；

（5）对外贸易中有关国家安全利益的事项；

（6）为执行《对外贸易法》第7条、第29条第2款、第30条、第31条、第32条第3款、第33条第3款的规定，需要调查的事项；

（7）其他影响对外贸易秩序，需要调查的事项。

（二）对外贸易调查的程序

启动对外贸易调查，由国务院对外贸易主管部门发布公告。调查可以采取书面问卷、召开听证会、实地调查、委托调查等方式进行。国务院对外贸易主管部门根据调查结果，提出调查报告或者作出处理裁定，并发布公告。

有关单位和个人应当对对外贸易调查给予配合、协助。国务院对外贸易主管部门和国务院其他有关部门及其工作人员进行对外贸易调查时，对知悉的国家秘密和商业秘密负有保密义务。

二、对外贸易救济

国家根据对外贸易调查结果，可以采取适当的对外贸易救济措施。这些措施主要包括以下几方面内容。

（1）其他国家或者地区的产品以低于正常价值的倾销方式进入我国市场，对我国已建立的国内产业造成实质损害或者产生实质损害威胁，或者对建立国内产业造成实质阻碍的，国家可以采取反倾销措施，消除或者减轻这种损害或者损害威胁或者阻碍。

（2）其他国家或者地区的产品以低于正常价值出口至第三国市场，对我国已建立的国内产业造成实质损害或者产生实质损害威胁，或者对我国建立国内产业造成实质阻碍的，应国内产业的申请，国务院对外贸易主管部门可以与该第三国政府进行磋商，要求其采取适当的措施。

知识点

倾销，是指在正常贸易过程中进口产品以低于其正常价值的出口价格进入一国市场。

（3）进口的产品直接或者间接地接受出口国家或者地区给予的任何形式的专向性补贴，对我国已建立的国内产业造成实质损害或者产生实质损害威胁，或者对建立国内产业造成实质阻碍的，国家可以采取反补贴措施，消除或者减轻这种损害或者损害威胁或者阻碍。

（4）因进口产品数量大量增加，对生产同类产品或者生产与其直接竞争的产品的国内产业造成严重损害或者严重损害威胁的，国家可以采取必要的保障措施，消除或者减轻这种损害或者损害威胁，并可以对该产业提供必要的支持。

（5）因其他国家或者地区的服务提供者向我国提供的服务增加，对提供同类服务或者提供与其直接竞争的服务的国内产业造成损害或者产生损害威胁的，国家可以采取必要的救济措施，消除或者减轻这种损害或者损害威胁。

（6）因第三国限制进口而导致某种产品进入我国市场的数量大量增加，对已建立的国内产业造成损害或者产生损害威胁，或者对建立国内产业造成阻碍的，国家可以采取必要的救济措施，限制该产品进口。

（7）与中华人民共和国缔结或者共同参与签署经济贸易条约、协定的国家或者地区，违反条约、协定的规定，使中华人民共和国根据该条约、协定享有的利益丧失或者受损，或者阻碍条约、协定目标实现的，中华人民共和国政府有权要求有关国家或者地区政府采取适当的补救措施，并可以根据有关条约、协定中止或者终止履行相关义务。

（8）国务院对外贸易主管部门依照本法和其他有关法律的规定，进行对外贸易的双边或者多边磋商、谈判和争端的解决。

（9）国务院对外贸易主管部门和国务院其他有关部门应当建立货物进出口、技术进出口和国际服务贸易的预警应急机制，应对对外贸易中的突发和异常情况，维护国家经济安全。

（10）国家对规避本法规定的对外贸易救济措施的行为，可以采取必要的反规避措施。

三、对外贸易促进

根据《对外贸易法》规定，国家制定对外贸易发展战略，建立和完善对外贸易促进机制。具体规定如下。

（1）国家根据对外贸易发展的需要，建立和完善为对外贸易服务的金融机构，设立对外贸易发展基金、风险基金。

（2）国家通过进出口信贷、出口信用保险、出口退税及其他促进对外贸易的方式，发展对外贸易。

（3）国家建立对外贸易公共信息服务体系，向对外贸易经营者和其他社会公众提供信息服务。

（4）国家采取措施鼓励对外贸易经营者开拓国际市场，采取对外投资、对外工程承包和对外劳务合作等多种形式，发展对外贸易。

（5）对外贸易经营者可以依法成立和参加有关协会、商会。相关协会、商会应当遵守法律、行政法规，按照章程对其成员提供与对外贸易有关的生产、营销、信息、培训等方面的服务，发挥协调和自律作用，依法提出有关对外贸易救济措施的申请，维护成员和行业的利益，向政府有关部门反映成员有关对外贸易的建议，开展对外贸易促进活动。

（6）中国国际贸易促进组织按照章程开展对外联系，举办展览，提供信息、咨询服务和其他对外贸易促进活动。

（7）国家扶持和促进中小企业开展对外贸易。

（8）国家扶持和促进民族自治地方和经济不发达地区发展对外贸易。

第五节　法律责任

法律责任，是指行为人违反对外贸易法的强制性规定需要承担的民事责任、行政责任和刑事责任。具体内容如下。

（1）违反《对外贸易法》第 11 条规定，未经授权擅自进出口国营贸易管理货物的，国务院对外贸易主管部门或者国务院其他有关部门可以对其处以 5 万元以下罚款；情节严重的，可以自行政处罚决定生效之日起 3 年内，不受理违法行为人从事国营贸易管理货物进出口业务的申请，或者撤销已给予其从事其他国营贸易管理货物进出口的授权。

（2）进出口属于禁止进出口的货物的，或者未经许可擅自进出口属于限制进出口的货物的，由海关依照有关法律、行政法规的规定处理、处罚；构成犯罪的，依法追究刑事责任。

进出口属于禁止进出口的技术的，或者未经许可擅自进出口属于限制进出口的技术的，依照有关法律、行政法规的规定处理、处罚；法律、行政法规没有规定的，由国务院对外贸易主管部门责令改正，没收违法所得，并对其处以违法所得 1 倍以上 5 倍以下罚款，没有违法所得或者违法所得不足 1 万元的，处 1 万元以上 5 万元以下罚款；构成犯罪的，依法追究刑事责任。

自前两款规定的行政处罚决定生效之日或者刑事处罚判决生效之日起，国务院对外贸易主管部门或者国务院其他有关部门可以在 3 年内不受理违法行为人提出的进出口配额或者许可证的申请，或者禁止违法行为人在 1 年以上 3 年以下的期限内从事有关货物或者技术的进出口经营活动。

（3）从事属于禁止的国际服务贸易的，或者未经许可擅自从事属于限制的国际服务贸易的，依照有关法律、行政法规的规定处罚；法律、行政法规没有规定的，由国务院对外贸易主管部门责令改正，没收违法所得，并处违法所得 1 倍以上 5 倍以下罚款，没有违法所得或者违法所得不足 1 万元的，处 1 万元以上 5 万元以下罚款；构成犯罪的，依法追究刑事责任。国务院对外贸易主管部门可以禁止违法行为人自前款规定的行政处罚决定生效之日或者刑事处罚判决生效之日起 1 年以上 3 年以下的期限内从事有关的国际服务贸易经营活动。

（4）违反《对外贸易法》第 34 条规定的，依照有关法律、行政法规的规定处罚；构成犯罪的，依法追究其刑事责任。国务院对外贸易主管部门可以禁止违法行为人自前款规定的行政处罚决定生效之日或者刑事处罚判决生效之日起 1 年以上 3 年以下的期限内从事有关的对外贸易经营活动。

（5）依照《对外贸易法》第 61 条至第 63 条规定被禁止从事有关对外贸易经营活动的，在禁止期限内，海关根据国务院对外贸易主管部门依法作出的禁止决定，对该对外贸易经营者的有关进出口货物不予办理报关验放手续，外汇管理部门或者外汇指定银行不予办理有关结汇、售汇手续。

（6）依照《对外贸易法》负责对外贸易管理工作的部门的工作人员玩忽职守、徇私舞弊或者滥用职权，构成犯罪的，依法追究刑事责任；尚不构成犯罪的，依法给予行政处分。依照本法负责对外贸易管理工作的部门的工作人员利用职务上的便利，索取他人财物，或者非法收受他人财物，构成犯罪的，依法追究刑事责任；尚不构成犯罪的，依法给予行政处分。

对外贸易经营活动当事人对依照本法负责对外贸易管理工作的部门作出的具体行政行为不服的，可以依法申请行政复议或者向人民法院提起行政诉讼。

法规索引

《中华人民共和国对外贸易法》

思考题

1. 《对外贸易法》修改的立法意义有哪些?

2. 《对外贸易法》是如何加强与对外贸易有关的知识产权的保护的?

3. 如何加强对货物与技术进出口的管理工作?

4. 对外贸易救济的内容包括哪些?

第 十四 章

劳动法律制度

本章导读

在市场经济中，劳动、资本和技术是市场的三大基本要素。劳动法律制度作为调整劳动关系及与劳动关系有密切联系的其它社会关系的法律文件，在规范劳资关系、保障劳动者权益、维护社会公平和谐等方面将发挥越来越重要作用。本章以《中华人民共和国劳动法》、《中华人民共和国劳动合同法》为依据，介绍了劳动法律制度的基本概念、劳动合同、劳动基准（工作时间、工作条件、休假、工资福利等）、社会保险和劳动争议等方面的法律知识。旨在希望通过本章学习，帮助学生建立劳动法律概念、了解劳动法律知识，为在社会生活中防范和解决所遇到的相关问题、维护自身的权益提供启蒙。

本章引例

大地建筑公司承揽了东浩商学院的外墙装修任务，公司工人小刘下班收工过程中不慎从三层楼高的脚手架跌落地面，造成大腿和腰椎受伤。因事故发生点在学院，公司和学院都认为对方必须负责对事故的善后处理。小刘治疗一段时间后，经当地劳动鉴定机构鉴定为劳动能力丧失，公司在决定解雇小刘时，与小刘发生了劳动争议。问：

（1）小刘在下班收工时受伤，是否属于工伤？

（2）在处理这起事故时，公司和学院都认为事故应该由对方负责处理，责任人究竟是哪一方？

（3）小刘在住院治疗期间的一系列费用怎样处理？

（4）公司是否有解雇小刘的法律依据？公司与小刘间的争议应该通过什么渠道解决？

关键词

劳动法　劳动合同　工作时间　工资福利　特殊保护　劳动争议

解析

（1）属于工伤；（2）大地建筑公司是责任方；（3）小刘在住院治疗期间的一系列费用由大地建筑公司承担；（4）公司在劳动合同期内没有解雇小刘的法律依据。公司与小刘间的争议应该通过劳动争议仲裁机构解决，当然也可以通过和解与调解解决。如果一方当事人对仲裁裁决不服，还可以向人民法院提起诉讼。

第一节　劳动法概述

一、劳动法的概念

人们通常所说的劳动法，可以有狭义和广义两种理解。

狭义的劳动法，一般是指 1994 年 7 月 5 日第八届全国人大常委会第八次会议通过的、1995 年 1 月 1 日开始实施的《中华人民共和国劳动法》（以下简称《劳动法》）。它是依照《中华人民共和国宪法》所确立的劳动者的权利和义务加以具体化而产生的一部全面系统的"劳动基本法"。《劳动法》的宗旨是保护劳动者的合法权益，同时也兼顾了劳动者与用人单位之间双方权利和义务的对等关系，体现公平竞争的市场经济的通行原则。《劳动法》全篇共 13 章 107 条，除了总则、监督检查、法律责任、附则等法律必备的章目外，其他章节基本按劳动工作的主要内容和特点，依次分列了促进就业、劳动合同和集体合同、工作时间和休息休假、工资、劳动安全卫生、女职工和未成年工特殊保护、职业培训、社会保险和福利、劳动争议等 9 章。

《劳动法》实施的 20 多年来，在我国已确立了劳动合同制度，建立了用人单位和劳动者双向选择的劳动用工制度，实现了劳动力资源的市场配置，促进了劳动力的合理流动。但是，随着我国市场经济的建立和发展，劳动用工情况多样化，劳动合同制度在实行的过程中还存在某些问题，存在侵害劳动者合法权益的现象，也给整个社会的稳定带来隐患。为了完善劳动合同制度，明确劳动合同双方当事人的权利和义务，保护劳动者的合法权益，构建和发展和谐稳定的劳动关系，2007 年 6 月 29 日，第十届全国人民代表大会常务委员会第二十八次会议通过了《中华人民共和国劳动合同法》（以下简称《劳动合同法》）。《劳动合同法》共 8 章 98 条，除了总则、监督检查、法律责任、附则等外，主要是对劳动合同的订立、履行和变更、解除和终止、集体合同和劳务派遣等作了比《劳动法》更详细、更严格的规定。《劳动合同法》已于 2008 年 1 月 1 日起施行，本书有关劳动合同等章节的内容依照《劳动合同法》条文进行表述。

广义的劳动法，是指调整劳动关系及与劳动关系有密切联系的其他社会关系的法律规范的总称。除了《劳动法》、《劳动合同法》外，还包括了《宪法》中的有关公民劳动的规定，《中华人民共和国工会法》、《中华人民共和国妇女权益保障法》、《中华人民共和国未成年人保护法》等法律的相关规定，《失业保险条例》、《企业劳动争议处理条列》、《关于职工工作时间的规定》等行政法规，《关于贯彻执行〈中华人民共和国劳动法〉若干问题的意见》（以下简称《贯彻〈劳动法〉意见》）、《企业经济性裁减人员规定》、《境外就业中介管理规定》等部门规章，以及各级政府颁布的地方性法规和地方规章（如《广东省工资支付条例》、《深圳经济特区劳动合同条例》）等。各种法律、行政法规、部门规章以及地方性法规中有关调整劳动关系及相关内容的条文，都是对我国劳动法律制度的补充，故称为劳动法配套规定，它们与《劳动法》、《劳动合同法》共同构成了我国的劳动法律体系。

二、劳动法调整的对象

（一）劳动法适用范围

从地域范围上看，《劳动法》和《劳动合同法》作为全国人大常委会颁布的法律，适用于全国（香港、澳门特别行政区和台湾地区除外）。从就业人员的效力范围上看，1994 年制定的《劳动法》，规定它适用于各类企业和个体经济组织中的劳动者，以及国家机关、事业单位、社会团体中同用人单位建立了劳动关系或应当建立劳动关系的人员；《劳动合同法》在《劳动法》的基础上扩大了适用范围，增加了民办非企业单位（如民办学校、民办图书馆）等组织，并将事业单位聘用制工作人员也纳入法律调整的范围。

（二）劳动关系的概念

劳动法所说的劳动关系，是指用人单位和劳动者在劳动过程中建立起来的社会关系。在社会活动中，劳动者与用人单位通过平等协商，约定了劳动者在工作中必须服从管理、通过其所提供的劳动（包括智力和体力）完成工作任务并获得相应报酬，用人单位则必须为劳动者提供所需的生产和工作条件、在劳动过程中有依法行使管理的权利并获得经济收益，这种劳动者与用人单位在从事有偿劳动过程中发生的社会关系就是劳动关系。

关于如何界定劳动关系建立的时间，《劳动合同法》第 7 条规定，"用人单位自用工之日起即与劳动者建立劳动关系"。就是说，建立劳动关系的唯一标准是实际提供劳动。在实际中，有事先签订了劳动合同、并约定开始用工日期的情形，也有劳动者已在用人单位工作而未签订劳动合同或上岗后补签的情形，以上情形均可认为劳资双方的劳动关系自劳动者上岗之日起建立。

三、劳动法的基本原则

我国劳动法律制度的基本原则是根据《宪法》的精神确定的。我国《劳动法》的基本原则有三个，即劳动权利义务相统一原则、保护劳动者合法权益原则及主体利益平衡原则。

（一）劳动权利义务相统一原则

我国《宪法》规定"公民有劳动的权利和义务"。有劳动能力的公民从事劳动，既是法律赋予的权利，又是履行对国家和社会所承担的义务。按照这一原则，《劳动法》第3条规定了劳动者享有平等就业、选择职业、接受职业技能培训等权利，同时也规定了劳动者应当有完成劳动任务、提高职业技能、执行劳动安全卫生规程、遵守劳动纪律和职业道德的义务。必须明白，权利和义务两者是不可分割的统一体。劳动者在行使权利的过程中应不忘履行好自己的义务。没有劳动义务的人不可能是用人单位的劳动者，也就没有什么权利可言。

（二）保护劳动者合法权益原则

按照《宪法》中保护劳动者的合法权益的规定，《劳动法》和《劳动合同法》开篇均明确了"保护劳动者的合法权益"的立法宗旨。我国劳动法律制度对劳动者合法权益的保护，主要体现在如下两点：一是从劳动者和用人单位两个法律主体上，强化了对劳动者的保护。例如，《劳动法》规定了劳动者工作时间和休息休假、工资的支付方式，《劳动合同法》在第82条规定了对用人单位未在规定时限内与劳动者签订劳动合同的处罚措施，规定了劳动者和用人单位这两个法律主体在单方提出解除劳动关系时所承担责任的差异等，都体现了对劳动者保护的原则；二是强调劳动者在经济、政治、文化地位方面的平等，反对性别、民族乃至地域等因素导致的歧视。例如《劳动法》规定了"劳动者就业，不因民族、种族、性别、宗教信仰不同而受歧视"，"妇女享有与男子平等的就业权利"等。

讨论

为什么说劳动既是劳动者的权利，也是劳动者的义务？

案例分析

万老师到惠州某厂看望在厂见习的学生时了解到，经过4个月的毕业实习，学生的技能已基本达到熟练技工的水平，而他们的收入却只有同级工人的2/3，学生对此颇有微词，认为工厂在薪酬分配上没有贯彻"按劳分配"原则，个别学生还因此产生对抗情绪，在工位上睡觉，管理人员批评时学生顶撞说："中华人民共和国公民有休息的权利！"怎样认识该厂的分配制度？万老师如何根据《劳动法》的基本原则说服怠工的同学？

（三）主体利益平衡原则

主体利益平衡原则是力求通过劳动法律制度的实施，尽量达到国家、用人单位和劳动者三方利益的平衡，以实现社会和谐发展的目标。国家的利益主要通过保障和促进劳动关系的和谐发展、实现劳动者充分就业等措施来保证国家经济稳步增长，为用人单位的发展和劳动者权利的实现创造良好的外部环境；只有用人单位的合法利益得到保障，其事业才有可能发展、工作岗位才会增加，从而增加国家税收收入、保障劳动者的劳动权利的实现；只有劳动者的利益得到保障，民生问题才得以解决，和谐社会的基础才得以稳固，劳动者的智慧和力量将成为促进社会进步、经济繁荣的力量。

第二节　劳动合同

一、劳动合同概述

（一）劳动合同的概念

劳动合同，是指劳动者和用人单位之间为确立劳动关系，通过依法协商、就双方权利和义务达成的协议。根据协议，劳动者加入到用人单位，承担一定工作任务，并遵守所在单位的规章制度；用人单位按合同录用劳动者到相应岗位工作，按照其劳动的数量和质量支付劳动报酬，并根据法律、法规规定和劳动合同的约定提供必要的劳动条件，保证劳动者享有劳动保险和社会保险等权利和待遇。可见，劳动合同既是记载劳动关系存续期间劳资双方各自权利和义务的文件，也是确立劳动关系的法律凭证。

（二）劳动合同订立的原则

《劳动合同法》第 3 条规定："订立劳动合同，应当遵循合法、公平、平等自愿、协商一致、诚实信用的原则。"劳动合同订立必须遵循以下原则。

（1）合法的原则。合法主要有三层意思：一是劳动合同的内容要合法，不能违反法律法规。例如，劳动合同中写入"每天必须加班 3 小时"、"乙方（劳动者）要求不参加社会保险"

或"生产过程中伤亡事故一律自负"等表述都属违反法律法规的条款，即使写入也属无效；二是签订劳动合同的双方当事人要有合法资格。即用人单位要有录用劳动者的资格（法人单位或个体经营业主），劳动者必须达到法定最低就业年龄；三是形式要合法。例如订立劳动合同应当采用书面形式，不得采取欺诈、威胁等手段。

（2）公平、平等自愿原则。是指劳动合同的内容应当公平合理，在订立劳动合同时劳动者和用人单位双方的法律地位是平等的，签订合同的双方均完全是出于自己的意愿,不存在命令与服从的关系。

（3）协商一致原则。是指劳动合同的条款应当经过双方充分协商，对合同条款中文字所表述的意思双方的理解完全一致。通常，劳动合同条文多数由用人单位起草，如果劳动者对合同条文的表述有不理解的，可以要求对方予以解释，以判断是否合理或提出修改意见。

（4）诚实信用原则。诚信是建立和谐劳资关系的基础。在订立劳动合同过程中，用人单位应当如实告知劳动者的工作内容、工作条件、工作地点、职业危害、安全生产状况、劳动报酬等情况，同时劳动者对用人单位要了解的与劳动合同直接相关的基本情况也应当如实说明。

（三）劳动合同的期限

劳动合同的期限，是指双方当事人所订的劳动合同起始和终止的时间，即劳动关系具有法律效力的日期。《劳动合同法》第 12 条规定："劳动合同分为固定期限劳动合同、无固定期限劳动合同和以完成一定工作任务为期限的劳动合同。"

（1）固定期限劳动合同。也称定期劳动合同，它是指当事人双方约定了明确具体的起始时间和终止时间的劳动合同。合同的期限可以是 1 年、2 年，也可以是较长时间的，如 5 年、10 年甚至更长。有固定期限劳动合同的应用范围广，既能保持劳动关系的相对稳定，又能促进劳动力合理流动，在实践中运用较多。

（2）无固定期限劳动合同。它是指当事人双方约定无确定终止时间的劳动合同。它较适用于技术性、专业性较强，需要保持人员稳定的岗位。对用人单位来说，这种合同有利于维护经济利益，减少频繁变更关键岗位的人员而带来的损失；对劳动者来说，有利于实现长期稳定职业，钻研业务技术。

（3）以完成一定工作任务为期限的劳动合同。它是指当事人双方约定以某项工作或工程的完成为劳动合同终止条件的劳动合同。一般较适合于桥梁、建筑、公路等工程项目。

（四）劳动合同的内容

劳动合同的内容是当事人双方经过协商所达成的有关劳动权利、义务的文字表述，具体表现为劳动合同条款。一般将劳动合同条款分为法定条款和约定条款两部分。

1. 必备条款

是法律规定在劳动合同中必须具备的条款，也称法定条款。依照《劳动合同法》第17条规定，劳动合同应当具备的条款有9项：①用人单位的名称、住所和法定代表人或者主要负责人；②劳动者的姓名、住址和居民身份证或者其他有效身份证件号码；③劳动合同的期限；④工作内容和工作地点；⑤工作时间和休息休假；⑥劳动报酬；⑦社会保险；⑧劳动保护、劳动条件和职业危害防护；⑨法律、法规规定应当纳入劳动合同的其他事项。

2. 约定条款

指除了必备条款外，双方当事人可以在劳动合同中就试用期、培训、保守秘密、补充保险和福利待遇等事项进行约定。约定条款虽然不属必备内容，但从规范劳动合同、保护劳动者权益出发，《劳动合同法》从第19至25条对部分约定内容作了较详细的规定。

（1）试用期。按《劳动合同法》第19条的规定要点有三：一是试用期包含在劳动合同期限内，即不存在独立的试用期。如果劳动合同仅约定试用期的，则试用期不成立，该期限为劳动合同期限。二是试用期的时间长短与劳动合同期限的长短相关，最长不得超过6个月。具体规定为："以完成一定工作任务为期限的劳动合同或者劳动合同期限不满3个月的，不得约定试用期"；"劳动合同期限3个月以上不满1年的，试用期不得超过1个月；劳动合同期限1年以上不满3年的，试用期不得超过2个月；3年以上固定期限和无固定期限的劳动合同，试用期不得超过6个月"。三是"同一用人单位与同一劳动者只能约定一次试用期"。

（2）培训与服务期。培训是按照职业或者工作岗位对劳动

案例分析

你的老乡张力和女朋友一起进城打工，被某粉饰厂招用，厂长要求他们与之签订劳动合同。张力不知劳动合同应包括哪些内容，想去问厂长又怕厂长骗他们，找到了你。你能给张力讲讲劳动合同的内容吗？

者的要求，以开发和提高劳动者的职业技能为目的的教育和训练过程。由用人单位出资对劳动者进行专业技术培训的，可以与劳动者约定服务期。约定服务期的培训活动一般应具有培养层次和培训费用较高、时间相对较长、所传授资讯较为系统的特点；一般地，劳动者花费培训费越多，用人单位要求的服务期也会相对增长。对于服务期，劳动者应当了解下列规定：一是"劳动者违反服务期约定的，应当按照约定向用人单位支付违约金。违约金的数额不得超过用人单位提供的培训费用。用人单位要求劳动者支付的违约金不得超过服务期尚未履行部分所应分摊的培训费用"；二是在约定的服务期内，"不影响按照正常的工资调整机制提高劳动者在服务期期间的劳动报酬。"

（3）保守秘密。法律规定"用人单位与劳动者可以在劳动合同中约定保守用人单位的商业秘密和与知识产权相关的保密事项"。保密事项的内容，一方面是双方当事人在合同期内应履行的义务，如保密内容、泄密责任以及保密工作条件等的承诺；另一方面是用人单位对"涉密"员工离开单位后的一段时间内，限制其从事与用人单位有竞争关系的职业的约定，亦称竞业限制。

《劳动合同法》对竞业限制作了如下规定：一是竞业限制的人员限于用人单位的高级管理人员、高级技术人员和其他负有保密义务的人员，竞业限制期限不得超过 2 年；二是用人单位可以在劳动合同或者保密协议中约定在解除或者终止劳动合同后，在竞业限制期限内按月给予劳动者经济补偿。劳动者违反竞业限制约定的，应当按照约定向用人单位支付违约金。三是竞业限制的范围、地域、期限由用人单位与劳动者约定，但不得违反法律、法规的规定。

（4）补充保险、福利待遇等内容。如职业培训条件、企业年金等双方认为必要约定的事项。

二、劳动关系订立、存续与消灭

（一）劳动合同的订立

劳动合同订立，是指劳动者和用人单位之间依法就劳动合同条款进行协商，达成协议，从而确立劳动关系的法律行为。劳动合同订立的一般程序是：有就业意向的劳动者对用人单位所提供的职位、待遇等条件感兴趣而提出就职申请，用人单位经考核认为求职者的技能达到所招用职位的就职条件时，劳资双方就可对劳动合同具体条款进行具体协商。协商一致的，双方在劳动合同文本上签名盖章，劳动合同订立即告完成，劳动者按合同约定的日期到用人单位开始就业。若双方存在分歧的则可进一步协商，直至双方达成协议或一方提出无法达成协议为止。

关于订立劳动合同的时限，《劳动合同法》第 10 条规定："建立劳动关系，应当订立书面劳动合同。已建立劳动关系，未同时订立书面劳动合同的，应当自用工之日起 1 个月内订立书面劳动合同"；第 82 条又规定："用人单位自用工之日起超过 1 个月不满 1 年未与劳动者订立书面劳动合同的，应当向劳动者每月支付 2 倍的工资"；该法第 14 条中还规定："用人单位自用工之日起满 1 年不与劳动者订立书面劳动合同的，视为用人单位与劳动者已订立无固定期限劳动合同"。以上条文表明，第一，法律提倡劳动合同应当在用工之前先行订立，而且规定必须是书面的劳动合同，这可避免或减少劳动者上岗后由工资福利待遇方面引发劳动争议，有利于维护劳动者权益。第二，已用工而尚未订立劳动合同的，法律要求劳资双方在劳动者到岗后的 1 个月内补办订立书面劳动合同手续，一个月是法律宽限期。三是为促使用人单位及时与劳动者订立劳动合同，法律对超过宽限期不与劳动者签订劳动合同的用人单位有惩罚性的规定。

（二）劳动合同的变更、终止和续订

1. 劳动合同的变更

劳动合同变更，是指劳动合同双方当事人就已经签订的劳动合同的部分条款进行修改、补充或删减的法律行为。引起劳动合同变更的原因是多方面的，例如用人单位生产转产、劳动组合变动、生产设备或工艺更新等，再如劳动者为保证业余学习时间、或因身体疾病原因要求变更工种或职务等，还可能是因为政策法规的变更使原合同的相关条款必须修改等。

《劳动合同法》第 35 条规定："用人单位与劳动者协商一致，可以变更劳动合同约定的内容。变更劳动合同，应当采用书面形式。变更后的劳动合同文本由用人单位和劳动者各执一份。"变更劳动合同应掌握以下几点：一是变更的时点是在原劳动合同没有履行或尚未履行完毕期间，变更的内容不能违反法律的相关规定；二是同样适用合法、公平、平等自愿、协商一致、诚实信用的原则，达成协议后必须采用书面形式记载，变更后

案例分析

2007 年 6 月 15 日云鹤服装公司招用女工陈某为设计人员，双方在劳动合同中约定合同期 3 年、试用期 3 个月。陈某在试用期的两次考核中均未达到岗位任职条件，同时人力资源部经调查证实陈某实际为中等职业学校毕业，她求职时所提供的大专毕业文凭为伪造。公司于当年 9 月 1 日通知陈某解除劳动关系时，陈某以怀孕 2 个月为由不同意，并向当地劳动行政部门控告公司违反《劳动法》第 29 条第 3 款的规定。你怎样看待这起劳动纠纷？

的文本双方各执一份；三是在做法上通常是变更劳动合同有关内容的一方以书面形式通知对方，被通知方在接到通知后 15 日内做出答复或双方进行协商。

2. 劳动合同的终止

劳动合同终止，是指法律规定或当事人约定的情况出现时，劳动合同法律效力终结的情况。《劳动法》第 23 条规定："劳动合同期满或者当事人约定的劳动合同终止条件出现，劳动合同即行终止。"按《劳动合同法》第 44 条规定，劳动合同终止的 6 种情形是：①劳动合同期满的；②劳动者开始依法享受基本养老保险待遇的；③劳动者死亡，或者被人民法院宣告死亡或者宣告失踪的；④用人单位依法宣告破产的；⑤用人单位被吊销营业执照、责令关闭、撤销或者用人单位决定提前解散的；⑥法律、行政法规规定的其他情形。

劳动合同终止时，用人单位必须依法为劳动者办理有关手续，出具终止劳动合同的有效证明；对属于上述第①、④、⑤种情形终止劳动关系的，用人单位还应按《劳动合同法》第 46、47 条的规定向劳动者发放相应的经济补偿金。

3. 劳动合同的续订

劳动合同续订，是指原劳动合同期限届满前，双方当事人协商继续延长劳动合同有效期的法律行为。应当注意以下要点：一是续订劳动合同和首次订立一样适用"合法、公平、平等自愿、协商一致、诚实信用的原则"，续订后合同规定的权利义务与原合同所规定的相同或类似，达成协议后应当形成书面的劳动合同文本，双方各执一份；二是法律上对部分在同一单位工作时间长、年龄偏大的劳动者在续订劳动合同期限上的保护性规定。《劳动合同法》第 14 条第 2 款规定了"除劳动者提出订立固定期限劳动合同外，应当订立无固定期限劳动合同"的三种情形：①劳动者在该用人单位连续工作满 10 年的；②用人单位初次实行劳动合同制度或者国有企业改制重新订立劳动合同时，劳动者在该用人单位连续工作满 10 年且距法定退休年龄不足十年的；③连续订立 2 次固定期限劳动合同，且劳动者没有该法第 39 条和第 40 条第 1 项、第 2 项规定的情形而续订劳动合同的。也就是说，凡符合三种情形之一的劳动者在续订劳动合同时，有选择是否与用人单位订立无固定期限劳动合同的主动权，用人单位必须依法办理。

三、劳动合同的解除

劳动合同的解除，是指在劳动合同生效以后，尚未履行或尚未全部履行以前，当事人一方或双方依法提前消灭劳动关系的法律行为。劳动合同的解除可以分为协议解除合同和单方解除合同两大类。单方解除劳动合同又可分为劳动者单方解除和用人单位单方解除两种。法律还对单位单方解除中的经济性裁员进行了特殊的规定。

（一）协议解除

即双方解除或协商解除，是指劳动合同双方当事人通过协商达成协议、解除劳动合同的情形。《劳动合同法》第 36 条规定："用人单位和劳动者协商一致，可以解除劳动合同。"可见，法律上对协议解除劳动合同的情形不加以限制，在不违背国家利益和社会公共利益的情况下，只要一方提出解除的要求，另一方接受即可解除。必须注意的是，尽管法律尊重劳动合同双方当事人协商一致解除劳动关系的意愿，但根据《劳动合同法》第 46 条第 2 项和《违反和解除劳动合同的经济补偿办法》的规定，由用人单位提出协商解除协议的，应依法向劳动者支付经济补偿。

（二）单方解除

劳动者单方解除劳动合同，即通常所说的"辞职"，可分为一般性辞职和特殊性辞职两类。

1. 一般性辞职

按照《劳动合同法》第 37 条的规定，"劳动者提前 30 日以书面形式通知用人单位，可以解除劳动合同。"可以看出，法律允许劳动者以任何理由向用人单位提出解除劳动合同的要求，只是要求必须提前 30 日以书面形式通知用人单位。法律给予了劳动者如此宽泛的解除劳动关系的条件，旨在保护劳动者在劳动关系中的弱势地位，体现了劳动者自主选择职业的权利，同时也考虑用人单位在生产经营岗位上的接替问题。不过，如果劳动者违法解除劳动合同、或违反劳动合同的约定解除劳动合同，由此给用人单位造成经济损失的，劳动者则应当承担相应的赔偿责任。

2. 特殊性辞职

是指我国劳动法律对因用人单位过错而规定的给予劳动者无条件单方解除劳动合同的权利。《劳动合同法》第38条规定："用人单位有下列情形之一的，劳动者可以解除劳动合同：①未按照劳动合同约定提供劳动保护或者劳动条件的；②未及时足额支付劳动报酬的；③未依法为劳动者缴纳社会保险费的；④用人单位的规章制度违反法律、法规的规定，损害劳动者权益的；⑤因本法第26条第1款规定的情形致使劳动合同无效的；⑥法律、行政法规规定劳动者可以解除劳动合同的其他情形。"同时规定："用人单位以暴力、威胁或者非法限制人身自由的手段强迫劳动者劳动的，或者用人单位违章指挥、强令冒险作业危及劳动者人身安全的，劳动者可以立即解除劳动合同，不需事先告知用人单位。"

（三）用人单位单方解除劳动合同

用人单位单方解除劳动合同，即通常所说的辞退或解雇，必须符合法定条件和按照法定程序进行。可分为过失性辞退、非过失性辞退和经济性裁员3类。

1. 过失性辞退

是指劳动者存在主观过错行为，法律赋予用人单位对劳动者单方解除劳动合同的权利。《劳动合同法》第39条规定："劳动者有下列情形之一的，用人单位可以解除劳动合同：①在试用期间被证明不符合录用条件的；②严重违反用人单位的规章制度的；③严重失职，营私舞弊，给用人单位造成重大损害的；④劳动者同时与其他用人单位建立劳动关系，对完成本单位的工作任务造成严重影响，或者经用人单位提出，拒不改正的；⑤因本法第26条第1款第1项规定的情形致使劳动合同无效的；⑥被依法追究刑事责任的。"

2. 非过失性辞退

是指非劳动者存在过失，用人单位在劳动合同履行过程中因客观情况（包括用人单位和劳动者自身）的变化而解除劳动合同的权利。《劳动合同法》第40条规定："有下列情形之一的，用人单位提前30日以书面形式通知劳动者本人或者额外支付劳动者1个月工资后，可以解除劳动合同：①劳动者患病或者非因工负伤，在规定的医疗期满后不能从事原工作，也不能从事由用人单位另行安排的工作的；②劳动者不能胜任工作，经过培训或者调整工作岗位，仍不能胜任工作的；③劳动合同订立时所依据的客观情况发生重大变化，致使劳动合同无法履行，经用人单位与劳动者协商，未能就变更劳动合同内容达成协议的。"从适当减轻企业负担、提高企业的市场竞争力的角度，法律审慎允许上述三种情形下用人单位解除与劳动者的合同。作为对劳动者的保护措施，法律不仅规定了用人单位必须提前30日以书面形式通知劳动者本人或者额外支付劳动者1个月工资、给劳动者寻找再就业机会的时间之外，按《劳动合同法》第46条的规定，用人单位必须按该法第47条的标准向劳动者计发经济补偿。

3. 经济性裁员

经济性裁员，是指企业由于经营不善等经济性原因，解雇多个劳动者的情形。我国实行社会主义市场经济，企业享有经营自主权，包括了用人自主权。《劳动法》规定了用人单位在濒临破产进行法定整顿期间或者生产经营状况发生严重困难时可以裁减人员。由于经济性裁员涉及多个劳动者主体，事关重大，《劳动合同法》第41条对经济性裁员做了更具体明确的规定：①经济性裁员是指裁减人员20人以上或者裁减人员不足20人但占企业职工总数10%以上人数的；②经济性裁员的法定程序：用人单位提前30日向工会或者全体职工说明情况，听取工会或者职工的意见后，裁减人员方案向劳动行政部门报告；③经济性裁员的法定条件包括下列情形之一：一是依照企业破产法规定进行重整的；二是生产经营发生严重困难的；三是企业转产、重大技术革新或者进行经营方式调整，经变更劳动合同后，仍需裁减人员的；四是其他因劳动合同订立时所依据的客观经济情况发生重大变化，致使劳动合同无法履行的；④裁员时应当优先保护的人员包括：与本单位订立较长期限的固定期限劳动合同的，与本单位订立无固定期限劳动合同，但家庭无其他就业人员、有需要扶养的老人或者抚养的未成年人的。

用人单位实行经济性裁员，还必须依照《劳动合同法》第46条的规定，按该法第47条的标准向劳动者计发经济补偿。

4. 用人单位不得解除劳动合同的情况

为了保证劳动者在特殊情况下的权益不受侵害，《劳动合同法》在第 42 条规定了用人单位不得依照该法第 40、41 条的规定解除劳动合同的情形：一是从事接触职业病危害作业的劳动者未进行离岗前职业健康检查，或者疑似职业病病人在诊断或者医学观察期间的；二是在本单位患职业病或者因工负伤并被确认丧失或者部分丧失劳动能力的；三是患病或者非因工负伤，在规定的医疗期内的；四是女职工在孕期、产期、哺乳期的；五是在本单位连续工作满 15 年，且距法定退休年龄不足 5 年的；六是法律、行政法规规定的其他情形。上述情形的员工劳动关系的处理，依照《劳动合同法》第 46 条和《劳动法》配套规定处理。

第三节　工资、工作时间与休息、休假

一、工资

（一）工资的概念

劳动法中所说的工资，是指用人单位按照法律法规的规定和集体合同与劳动合同的约定，依据劳动者提供的劳动数量和质量，以货币的形式直接支付给本单位劳动者的劳动报酬。工资是劳动者劳动收入的主要组成部分。

（二）工资的形式

想一想

劳动者的哪些劳动收入不属于工资范围？

工资形式是指计量劳动和支付工资的形式。我国现行的工资主要有计时工资、计件工资两种基本形式，还有奖金、津贴以及延长劳动时间的报酬（加班加点工资）等辅助工资形式。《劳动法》的第 5 章对工资进行了专门的规定。

1. 计时工资

是指按计时工资标准和工作时间支付给个人的工资报酬。计时工资标准是根据劳动者的技术熟练程度、劳动繁重程度等因素确定的。同一用人单位里，在相同工作时间内、从事同种工作，并具有相同的劳动技能的劳动者的工资应当是相同的。计时工资可以分为月工资、日工资和小时工资三种。

2. 计件工资

是根据劳动者提供的合格产品的数量和规定的计件单价支付工资的一种形式。与计时工资不同，计件工资不是按劳动者工作时间的长短而是按照劳动者在单位时间内完成的合格产品的数量来计算报酬的。计件工资的种类较多，包括超额累进计件、直接无限计件、超定额计件等，另外，按工作任务包干方法支付给个人的工资、按营业额提成或利润提成办法支付给个人的工资，也属于计件工资的范围。

3. 奖金

是指对劳动者通过努力工作、开源节流、技术革新、创新经营管理模式等，使用人单位或集体达到或超过某种预期经济目标而给劳动者发放的额外报酬。例如超产奖、节约奖、劳动竞赛奖、创造发明奖、年终奖等。可见，劳动法所说的奖金是工资的补充形式。

4. 津贴

津贴也是辅助工资的一和，是补偿劳动者在特殊条件下的劳动消耗及生活费额外支出的工资。补贴有多种，有按工作特点和劳动条件设置的津贴，如矿山下井津贴、高温津贴、野外工作津贴等；有为补偿物价变动而设置的津贴，如生活费补贴、价格津贴等；有为特种保健要求发放的津贴，如保健津贴、医疗津贴等。应当指出的是，现在许多用人单位（特别是非公有制单位）在确定薪酬等级和各职位的工资水平时，已运用了岗位评价技术，其制订的薪金制度和所确定的工资水平，已考虑上述因素，并与当地劳动力市场工资价位相衔接，因此上述部分津贴有消亡的趋势。

5. 特殊情况下支付的工资

是指根据法律规定或集体合同与劳动合同的约定，在非正常情况下用人单位对本单位劳动者的工资支付。主要包括以下几个方面。

（1）加班加点工资。《劳动法》第 44 条规定："有下列情形之一的，用人单位应当按照下列标准支付高于劳动者正常工作时间工资的工资报酬：①安排劳动者延长工作时间的，支付不低于工资的 150% 的工资报酬；②休息日安排劳动者工作又不能安排补休的，支付不低于工资的 200% 的工资报酬；③法定休假日安排劳动者工作的，支付不低于工资的 300%的工资报酬。"

（2）休假期间的工资。劳动者依法享受年休假、探亲假、婚假或丧假期间，用人单位应按劳动合同规定的标准支付劳动者工资。

（3）依法参加社会活动期间的工资。劳动者在法定工作时间内依法参加社会活动，用人单位应视同其提供了正常劳动而支付工资。这些社会活动包括：①依法行使选举权和被选举权；②当选代表出席乡（镇）、区以上政府、党派、工会、青年团、妇女联合会等组织召开的会议；③出任人民法院证明人；④出席劳动模范、先进工作者大会；⑤《工会法》规定的不脱产工会基层委员会委员因工会活动占用的生产或工作时间；⑥其他依法参加的社会活动。

（4）其他。如停工停产期间的工资、对特殊人员支付的工资等。

（三）工资保障制度

工资保障，是指保障劳动者依法取得工资并自由支配工资的制度和措施。工资收入是劳动者生存和进步的物质基础，国家和各级地方政府及其劳动行政部门依法制定工资保障制度，目的是为了保障劳动者的权利，提高劳动者素质，维护社会稳定和谐。最低工资保障和工资支付保障是工资保障制度的具体措施。

1. 最低工资保障

是指劳动者在法定工作时间内履行了正常的劳动义务，由其所在单位支付的最低劳动报酬。《劳动法》第 48 条规定："国家实行最低工资保障制度。最低工资的具体标准由省、自治区、直辖市人民政府规定，报国务院备案。用人单位支付劳动者的工资不得低于当地最低工资标准。"劳动部在《贯彻〈劳动法〉意见》中进一步强调："最低工资是指劳动者在法定工作时间内履行正常劳动义务的前提下，由其所在单位支付的最低劳动报酬。最低工资不包括延长工作时间的工资报酬，以货币形式支付的住房和用人单位支付的伙食补贴，中班、夜班、高温、低温、井下、有毒、有害等特殊工作环境下和劳动条件下的津贴，国家法律、法规、规章规定的社会保险福利待遇。"

2. 工资支付保障

是指劳动者获得全部应得工资及其所得工资支配权的保障。

（1）工资支付办法。根据《劳动法》、《工资支付暂行规定》，工资支付必须按以下方式执行。①工资必须以法定货币支付，不得以实物或有价证券代替货币支付。②支付工资时，用人单位必须书面记录支付劳动者工资的数额、时间、领取者的姓名以及签字，并保存两年以上备查。③支付工资时，应向劳动者提供一份个人的工资清单。④工资必须在用人单位与劳动者约定的日期支付，如遇节假日或休息日，则应提前在最近的工作日支付。⑤工资至少每月支付一次，实行周、日、小时工资制的可按周、日、小时支付工资。对完成一次性临时劳动或某些具体工作的劳动者，用人单位应按有关协议或合同规定在其完成工作后即支付工资。⑥劳动者与用人单位在依法解除或终止劳动合同时，用人单位应同时付清劳动者工资。⑦用人单位依法破产时，应将劳动者的工资列入清偿顺序，并首先支付。

（2）禁止克扣工资。《劳动法》在第 50 条中规定"不得克扣或者无故拖欠劳动者的工资"，《劳动合同法》还在第 85 条中规定了用人单位克扣、拖欠劳动者工资及工资性收入的赔偿责任。根据有关规定，只有在下列情形之一时用人单位才可以代扣劳动者工资：①代扣代缴的个人所得税和应由劳动者个人负担的各项社会保险等费用；②法院判决、裁定中要求代扣的抚养费、赡养费；③劳动者违章违纪给用人单位造成经济损失而应以赔偿的，可以从劳动者本人工资中扣除，但扣除的部分不得超过其当月工资的 20%，并且扣除后的剩余工资不得低于当地月最低工资标准。

二、工作时间和延长工作时间

（一）工作时间

工作时间，是指法律规定的劳动者在一昼夜或一周内从事生产或工作的时间，即劳动者每天应工作的时数或每周应工作的天数。每天应工作的时数叫工作日，每周应工作的天数叫工作周。《关于职工工作时间的规定》（国务院令第 146 号）规定，职工每日工作 8 小时，每周工作 5 天。

应该注意的是，工作时间作为劳动法上的概念，不仅是指劳动者实际从事本职工作的时间，也包括了法律法规规定视为工作的时间（如工间休息、女工哺乳、参加重大社会活动等）和工前准备、交接班、停工待料等时间。

（二）延长工作时间

延长工作时间是指劳动者的工作时间超过法律规定的标准工作时间。延长工作时间有加班和加点。加班指职工根据用人单位的要求在法定节假日或公休日从事工作；加点是指职工根据用人单位的要求在标准工作日的工作时间以外从事工作。

《劳动法》第 41 条规定："用人单位由于生产经营需要，经与工会和劳动者协商后可以延长工作时间，一般每日不得超过 1 小时；因特殊原因需要延长工作时间的，在保障劳动者身体健康的条件下延长工作时间每日不得超过 3 小时，但是每月不得超过 36 小时。"用人单位如果违反上述规定，应承担《劳动法》第 90 条规定的法律责任。《劳动法》在第 42 条规定：在"发生自然灾害、事故或者因其他原因，威胁劳动者生命健康和财产安全，需要紧急处理的"，或是"生产设备、交通运输线路、公共设施发生故障，影响生产和公众利益，必须及时抢修的"，以及法律、行政法规规定的其他情形，不受第 41 条规定的限制。"

三、休息、休假

休息、休假，是指劳动者在国家规定的法定工作时间以外自行支配的时间。它包括工作日内的休息时间、每周休息的天数、节假日、年休假和探亲假等。休息、休假时间的种类如下。

（一）工作间歇时间

指在每天工作过程中给予劳动者休息或用餐的时间，一般为 1~2 小时，最少不得少于半小时。

（二）工作日间休息时间

是指在两个邻近工作日间的休息时间，即劳动者从下班以后到次日上班的时间间隔，一般不少于 15~16 小时。

（三）休息日

是劳动者每周享有的法定休息时间。每周的周六、周日为休息日。企业和不能实行国家统一工作时间的事业单位，可以根据实际情况灵活安排周休息日。

（四）法定节假日

指国家法定统一规定的用于开展庆祝、纪念活动的休息时间。法定节假日由《国务院关于修改〈全国年节及纪念日放假办法〉的决定》（国务院令第513号）界定。

（五）年休假

《劳动法》第45条规定："国家实行带薪年休假制度。劳动者连续工作一年以上的，享受带薪年休假。"年休假的天数由当地政府或劳动行政部门具体确定。

（六）女职工的产假

《劳动法》第62条规定："女职工生育享受不少于90天的产假。"

（七）探亲假

探亲假，是指职工与父母或配偶团聚的假期，按国发[1981]36号文及后续文件规定执行。

（八）其他假期

20世纪50年代以来，国家对职工的探亲和婚丧嫁娶，曾先后分别规定了一定的带薪假期。例如，规定对在国家机关、人民团体和国有企业或事业单位的职工，如果与父母或配偶分居两地的，每年享有探亲假；对职工本人结婚或直系亲属去世的享有3日以内的婚丧假，外地的还可以给予路程假。为鼓励晚婚晚育、奖励计划生育，近几年来各地以地方法规或政府令等形式陆续出台了一些规定，如晚婚假、晚育陪产假等，这些也是休假内容的补充。

第四节　社　会　保　险

一、社会保险概述

社会保险，是指国家通过立法确立的，以保险形式实行的，对于因丧失劳动能力或劳动机会而不能劳动或暂时中断劳动的劳动者提供一定的物质帮助或相应的补偿，使其至少能维护基本生活的一种社会保障制度。

社会保险制度的建立和运作所依据的法律法规主要有《宪法》、《劳动法》、《失业保险条例》、《工伤保险条例》、国务院《关于建立统一的企业职工基本养老保险制度的决定》、《关于建立城镇职工基本医疗保险制度的决定》、劳动部《企业女职工生育保险试行办法》等。各地为规范社会保险制度的运作所依法制定的相关地方法规和政府规章，也是社会保险制度的必要补充。社会保险有以下特点。

（一）强制性

社会保险通过国家立法强制实施，强调符合条件的用人单位和劳动者必须参加并按照规定的费率履行交费义务。社会保险中的社会保险费征收方式、各险种的缴费比例、计算基数、缴费时限等均属法定，用人单位和劳动者都必须不折不扣地执行。

（二）共济性

社会保险基金由政府、用人单位和劳动者三方共同承担和积累，并实行在某个行政区域范围内统一筹集、调剂和使用。这种依靠社会力量均衡负担的方法，初步实现了社会互济的目的，同时也改变了计划经济时代用人单位对职工的生、老、病、死"负全责"的模式，在一定程度上减轻了用人单位的保障负担。

（三）保障性

社会保险费强制征缴和公共财政的转移支付保证了社会保险基金的来源，社会保险基金实行政府监管和劳动行政部门及其社会保险经办机构管理保证了资金的安全性，要求保障水平与国民经济发展相适应等措施，使劳动者在失去劳动收入后基本生活得以保障。

（四）普遍性

社会保险制度自实施以来，项目不断完善，部分险种覆盖面已扩大到超越劳动法所涵盖的劳动者的范围（如新型农村合作医疗制度等），目标是使全体社会成员在遭遇年老、失业、疾病、工伤、生育等各种风险时，能从国家和社会获得一定的物质帮助和服务。

案例分析

李维伟失业后经劳动力市场介绍被远安公司录用为电梯维修工，合同约定月薪2800元。李维伟的家庭经济拮据，在他的要求下公司按当地最低缴费标准为其缴交养老保险（并在合同上注明是李自己要求的）。在劳动执法大检查中，劳动行政部门开具整改通知书，责令远安公司补缴李维伟欠交的养老保险费并处以罚款。劳动行政部门做出整改要求的依据是什么？

二、社会保险的种类

《劳动法》第 73 条规定：劳动者在退休、患病、负伤、因工伤残或者患职业病、失业、生育时享受相应的社会保障待遇；劳动者死亡的，其遗属依法享受遗属津贴。目前，我国各级劳动保障机关依法建立和管理的劳动社会保障体系项目包括有养老保险、医疗保险、失业保险、工伤保险和失业保险。这五大险种涵盖了上述条文规定的全部内容。

（一）养老保险

养老保险，是指国家通过立法强制建立养老保险基金，当劳动者达到退休年龄并退出劳动岗位时可以从养老保险基金中定期领取养老金，以保证其基本生活的一种社会保险制度。因年老失去劳动能力是绝大多数人必须经历的自然过程，因此养老保险是当前实施最广、最重要的基本保险项目。因此，在五个法定险种中，它的缴费比率也是最高的。

（二）失业保险

失业保险，是指国家通过建立失业保险基金，对因失业而中断生活来源的劳动者在法定时间内给予发放失业保险金，以维持其基本生活的一种社会保障制度。《失业保险条例》第 14 条规定，已参加失业保险一年以上、非本人意愿中断就业并已办理了失业登记的劳动者，可以享受失业保险金。领取失业保险金的期限，依本人按规定累计缴费时间而异，最长不超过 24 个月，具体内容规定参见《失业保险条例》第 17 条。

（三）生育保险

生育保险，是指女职工怀孕和分娩造成的暂时丧失劳动能力、中断正常生活来源时，从社会获得生育保险基金资助、抵御医疗风险和获得休息等物质帮助的一种社会保险制度。按《企业职工生育保险试行条例》规定，女职工生育依照法律法规的规定享受产假（正常产假为 90 天），期间单位停发工资，其生活来源由生育保险基金支付，标准为本单位上年度职工月平均工资。生育过程的检查费、接生费、手术费、住院费和药费也由生育保险基金支付。

（四）医疗保险

医疗保险，是指劳动者在患病或非因工负伤治疗期间，可以获得必要的医疗费资助和疾病津贴的一种社会保险制度，又称疾病保险或健康保险。按1998年国务院《关于建立城镇职工基本医疗保险制度的决定》的要求，基本医疗保险制度已基本建立和覆盖了城镇的用人单位。但是因各地情况不同在做法上存在一定的差异，在覆盖面上因政策、法律和经济发展水平等原因还存在的一些障碍或困难，目前各级政府正在按照国家建立和谐社会的要求，加快医疗保险制度建立和实施的进程。

（五）工伤保险

工伤保险，是指劳动者在工作过程中，由于意外事故负伤、致残、死亡，或者患职业病，造成本人及家庭收入中断时，从工伤保险基金中获取必要的医疗费、生活费、经济补偿等必要费用的一种社会保险制度。工伤保险依据《工伤保险条例》处理和执行。

我国的工伤保险实行无过错责任原则，即在生产过程中或法定特殊情况下，发生意外事故使职工负伤、残疾或死亡，无论责任归于何方，用人单位均应承担赔偿责任，劳动者均应依法享受工伤保险待遇。因此，法律规定缴交工伤保险的费用全部由用人单位承担。

劳动者发生工伤事故或被诊断鉴定为职业病后，必须及时向劳动行政部门申请工伤认定，被认定为工伤的依照《工伤保险条例》第29～31条的规定享受工伤保险待遇；劳动者在工伤治疗期结束或经治疗病情相对稳定后存在残疾、影响劳动能力的，应当向劳动能力鉴定委员会申请劳动能力鉴定，并按鉴定的伤残等级、依照《工伤保险条例》第33～35条的规定享受伤残职工工伤待遇，并妥善处理与用人单位的劳动关系。

第五节　劳动安全卫生和特殊劳动保护

一、劳动安全卫生

（一）概述

劳动安全卫生又称"劳动保护"，是指直接保护劳动者在劳动或工作中的生命安全和身体健康的法律制度。我国一直以"安全第一、预防为主"作为建立劳动安全卫生制度的基本方针，也是我国实施劳动安全卫生工作的重点。严格实施劳动安全卫生法律制度，不仅有利于保障劳动者的生命权和健康权，还有利于促进生产力的发展和生产效率的提高。

国家一直重视劳动安全与卫生法律制度的建立。《劳动法》第6章专章对劳动安全卫生制度做了规定，近年来又颁布了《中华人民共和国安全生产法》、《中华人民共和国职业病防治法》等，上述的法律与先前颁布的法律和规章，如《矿山安全法》、《加强防尘防毒工作的决定》、《使用有毒物品作业场所劳动保护条例》等，以及用人单位依法制定的劳动安全制度和劳动卫生制度，构成整个劳动安全卫生管理法律法规体系。

（二）劳动安全卫生法律主体及其权利和义务

劳动安全卫生的法律主体，包括了政府的劳动安全卫生行政管理机关、用人单位和劳动者三方。

（1）政府劳动安全卫生行政管理机关。我国现行劳动安全卫生管理体制为：安全生产监督管理行政部门综合管理安全生产工作和监察工作，劳动和社会保障行政部门负责对用人单位贯彻劳动安全卫生情况的监督检查和工伤保险监督管理工作，卫生行政部门主要负责职业病防治工作。他们的职责主要是：根据管理权限制定劳动安全卫生标准，组织劳动安全卫生科学研究，开发和推广劳动安全卫生保护产品，建立劳动安全卫生基础制度（如工伤保险制度、劳动安全认证制度等），对用人单位执行劳动安全卫生制度进行监督、检查以及对违反法规的单位和个人依法给予处罚。

（2）用人单位。要按照《劳动法》和其他法律的规定，建立健全用人单位的各项劳动安全卫生制度，对劳动者进行劳动安全卫生教育和安全技术培训，按规定提供劳动安全设施和条件、参加工伤社会保险，对未成年劳动者和从事有职业危害作业的劳动者进行定期健康检查。同时，用人单位有权制定内部劳动安全规章，对执行内部安全规章制度实施督促检查，纠正违章操作行为，并对因玩忽职守、违章指挥、违反操作规程或安全规程而造成事故和损失的劳动者给予相应的行政处分和经济处罚。

（3）劳动者。劳动者承担的劳动安全卫生义务主要是：严格遵守安全操作规程，执行用人单位内部规章制度和岗位责任制，不断提高技能熟练程度，防止因主观因素导致事故发生。同时劳动者在劳动安全卫生上享有各种权利，包括获得各项保护条件和保护待遇的权利，对危险因素和应急措施的知情权，对违章指挥、强令冒险作业的拒绝权和监督权，在紧急情况下的停止作业和紧急撤离权等。前已述及，国家在劳动安全卫生方面立法的主要目的在于保护劳动者的生命安全和身体健康，作为劳动者更应加强自身的劳动安全卫生保护意识。

二、特殊劳动保护

《劳动法》第58条规定："国家对女职工和未成年工实行特殊劳动保护。"所谓特殊劳动保护，是指根据女职工和未成年工的身体和生理特点，从提高全民族劳动者素质的高度出发，国家对从业妇女和未成年人除了通常的劳动保护之外，专门采取的劳动保护措施。

（一）女职工劳动保护

女职工劳动保护，是指根据女职工身体结构、生理机能的特点以及生育子女的特殊需要，所订立的一套专门的特殊保护措施。它不仅体现社会对女性的尊重和关怀，也是提高下一代人口素质的重要措施。女职工的劳动保护除了《劳动法》的有关规定外，《妇女权益保障法》、《女职工劳动保护规定》、《女职工禁忌劳动范围的规定》等法律和规章是女职工劳动保护内容的重要补充，包括了劳动权保护、劳动范围以及特殊生理期间保护三个方面。

1. 劳动权利的保护

女职工劳动权利的保护主要体现在保障女职工享有与男职工同等就业权利和男女职工同工同酬两个方面。

《劳动法》第13条、第46条分别规定："妇女享有与男子平等的就业权利。在录用职工时，除国家规定不合适妇女的工种或岗位外，不得以性别为由拒绝录用妇女或提高对妇女的录用标准。""工资分配应当遵循按劳分配原则，实行同工同酬。"相关法律和规章还规定了在晋职、晋级评定专业技术职务、享受福利待遇等方面坚持男女平等，不得以结婚、怀孕、生育、产假、哺乳等为由辞退女职工或单方面解除与女职工订立的劳动合同。

2. 劳动范围的保护

法律禁止了部分对女职工身体健康带来危害的工作，目的是为了保护女职工的生命安全和身体健康。《劳动法》第 59 条规定："禁止安排女职工从事矿山井下、国家规定的第四级体力劳动强度的劳动和其他禁忌从事的劳动。"其他禁忌从事的劳动包括有：森林业伐木、归楞及放流作业，建筑业脚手架的拆装、电力电信业的高空架线等。此外，对女职工作业的负重数量和频率都有明确规定。

3. 特殊生理期间的保护

女职工特殊生理期间保护，是指对女职工在经期、孕期、产期、哺乳期的保护，也称为女职工的"四期"保护。

（1）经期保护。《劳动法》第 60 条规定："不得安排女职工在经期从事高处、低温、冷水作业和国家规定的第三级体力劳动强度的劳动。"如不能安排女职工在食品冷冻库及冷水等低温作业，安排体力劳动的强度和高处作业的高度等也有相应的限制。

（2）孕期保护。《劳动法》第 61 条规定："不得安排女职工在怀孕期间从事国家规定的第三级体力劳动强度的劳动和孕期禁忌从事的劳动。对怀孕 7 个月以上的女职工，不得安排其延长工作时间和夜班劳动。"女职工的孕期保护有两层意思，一是规定了女职工在整个怀孕期间的劳动禁忌范围，企业必须按规定为怀孕女职工调整岗位并安排合适的劳动强度；二是怀孕后期不得安排女职工加班或上夜班。孕期禁忌劳动范围在《女职工禁忌劳动范围的规定》中列明。

（3）产期保护。《劳动法》第 62 条规定："女职工生育享受不少于 90 天的产假。"《女职工劳动保护规定》及各地政府对女职工的产假及产假期间的待遇都作了明确的规定。例如，女职工产假的 90 天中，产前休息为 15 天；对出现难产或多胞胎生育的产假延长都有相应的规定。女职工产期的生活待遇由所在地的生育保险解决。

（4）哺乳期保护。哺乳期是指女职工在哺乳不满 1 周岁的婴儿期间。《劳动法》第 63 条规定："不得安排女职工在哺乳未满 1 周岁的婴儿期间从事国家规定的第三级体力劳动强度的劳动和哺乳期禁忌从事的其他劳动，不得安排其延长工作时间和夜班劳动。"在《女职工劳动保护规定》中，还对女职工的哺乳时间、次数等做了详细的规定。

（二）未成年人的劳动保护

未成年人是指年龄不满 18 周岁的人。国家根据未成年人身心成长的规律和特点，对他们的就业和劳动保护做出了明确的限制和规定，这是保障和提高未来全民族人力资源综合素质的重要措施。

《劳动法》第 15 条规定："禁止用人单位招用未满 16 周岁的未成年人。文艺、体育和特种工艺单位招用未满 16 周岁的未成年人，必须依照国家有关规定，履行审批手续，并保障其接受义务教育的权利。"

1. 最低就业年龄

我国最低就业年龄一般为 16 周岁。法律上禁止任何用人单位未经批准招收年龄不满 16 周岁未成年人就业。对违法使用、介绍或纵容低于 16 周岁未成年人从业的单位或个人，法律上明确规定了其必须承担的民事或刑事责任。

2. 未成年工的劳动保护

未成年工是指年满 16 周岁、不满 18 周岁的劳动者。该年龄段的劳动者还处于长身体、积累知识的关键阶段，国家规定了特殊的劳动保护措施。《劳动法》第 64、65 条规定："不得安排未成年工从事矿山井下、有毒有害、国家规定的第四级体力劳动强度的劳动和其他禁忌从事的劳动。""用人单位应当对未成年工定期进行健康检查。"此外，在《未成年人保护法》、《未成年工特殊保护规定》中对未成年工的特殊劳动保护做出了更明确详尽的规定。

3. 特殊情况下的未成年人就业

根据某些专业技能人才的培养特点和成长规律，法律上允许少数单位（如文艺、体育和特种工艺单位）招收少量年龄小于 16 岁的未成年人作为专业文艺工作者、运动员等。招收小于 16 岁未成年人就业必须符合和遵守以下规定：①报有关部门批准；②经未成年人的父母或者监护人同意；③保障他们的身心健康；④保障他们接受义务教育的权利。

第六节 劳动争议的处理

一、劳动争议的概念

劳动争议又称劳动纠纷，是指劳动关系双方当事人因劳动权利或劳动义务发生的纠纷和争议。劳动关系内容的广泛性决定着劳动争议的普遍性。妥善处理好劳动争议，有利于保障用人单位和劳动者的合法权益，维护正常的生产经营秩序，发展良好的劳动关系，促进社会的和谐发展。

《中华人民共和国企业劳动争议处理条例》规定了劳动争议的范围：①因企业开除、除名、辞退职工和职工辞职、自动离职发生的争议；②因执行国家有关工资、保险、福利、培训、劳动保护的规定发生的争议；③因履行合同发生的争议；④法律法规规定应当依照本条例处理的其他劳动争议。

二、劳动争议的处理机构

劳动争议处理机构，是指受理劳动争议案件的组织机构。根据《劳动法》和《企业劳动争议处理条例》的规定，我国劳动争议处理机构有用人单位的劳动争议调解委员会、劳动争议仲裁委员会、人民法院等三类机构。

（一）劳动争议调解委员会

劳动争议调解委员会，是指用人单位依法设立的、负责调解本单位劳动争议的组织。根据规定，调解委员会由职工代表、企业代表和工会代表三方组成。职工代表由职工代表大会（职工大会）推举产生，企业代表由企业法定代表人指定，工会代表由工会委员会指定，其中企业代表的人数不得超过调解委员会成员的1/3。调解委员会主任由企业工会代表担任，办事机构设在企业工会。调解委员会的主要职责是：调解本企业内发生的劳动争议，检查督促争议双方当事人履行调解协议，对职工进行劳动法律法规教育，做好劳动争议的预防工作。

（二）劳动争议仲裁委员会

劳动争议仲裁委员会，是指经国家授权、依法独立处理劳动争议案件的专门机构。根据规定，县、市、市辖区均应当设立劳动争议仲裁委员会，由劳动行政主管部门的代表、同级工会的代表和用人单位的代表组成，主任由同级劳动行政主管部门的负责人担任。各级仲裁委员会的办事机构设在地方劳动行政主管部门，该机构根据仲裁委员会的授权组织仲裁庭。

处理劳动争议案件由仲裁庭负责。仲裁庭由一名首席仲裁员和两名仲裁员组成（简单案件可以由一名仲裁员独任处理），实行一案一庭制。仲裁庭的主要职责是：独立仲裁劳动争议案件，依法调查取证，询问当事人和证人，进行调解和制作调解书，审理终结并对争议做出裁决。

（三）人民法院

根据《劳动法》第 83 条的规定："劳动争议当事人对仲裁裁决不服的，可以自收到仲裁裁决书之日起 15 日内向人民法院提起诉讼。一方当事人在法定期限内不起诉又不履行仲裁裁决的，另一方当事人可以申请人民法院强制执行。"因此，人民法院也是处理劳动争议案件的重要机构。人民法院对劳动争议案件的受理范围主要是对仲裁不服的案件。

三、劳动争议的处理方式

劳动争议的处理主要有和解、调解、仲裁和诉讼几种方式。

（一）和解

和解，是指劳动争议双方当事人之间自行协商，就争议的解决达成一致意见的处理方式。和解不受程序约束，也不具备程序法上的效力，和解后当事人仍有申请调解、仲裁直至提起诉讼的权利。

（二）调解

调解，是指通过的第三者利用法律法规，以中立的态度从中调和，说服当事人互谅互让，从而解决纠纷的处理方式。在处理劳动争议案件中，除了仲裁和诉讼过程中的调解以外，一般调解更多地用来特指在用人单位调解委员会的主持下，双方当事人进行的劳动争议调解活动，也称劳动争议的基层调解。

劳动争议发生后，如果当事人通过协商不能解决或不愿意协商解决，可以向调解委员会申请调解。当事人申请调解，应当自知道或应当知道其权利被侵害之日起30日内，以口头或书面形式向调解委员会提出申请，并填写《劳动争议调解申请书》，其内容应包括：争议的对方、争议的问题；调解请求；请求的事实和理由。调解委员会接到调解申请后，必须在4日内将是否受理申请告知申请人，不受理的应该说明理由。调解委员会受理争议的，通过进一步审查申请内容、调查和核实情况、拟定调解时间和调解方案等工作后确定调解的具体时间和地点通知当事人。在调解过程中，调解委员会应听取双方当事人对争议是否合理由的陈述，在查明事实、分清是非的基础上，依照有关法律法规以及企业依法制定的规章制度和劳动合同，公正调解。调解可能因当事人自行和解、申请人撤回调解申请、当事人一方拒绝调解、双方在规定的调解时限内达成或未达成协议而终结。达成协议的，必须制作调解协议书，经调解委员会主任和双方当事人签名、并加盖调解委员会印章，由双方当事人和调解委员会各执一份，以便当事人双方履行和调解委员会督促履行。应当指出，基层调解达成的调解协议不具有法律强制力，也不是当事人申请劳动仲裁的必要条件。

（三）仲裁

仲裁，是指劳动争议仲裁机构对当事人申请解决的劳动争议依法居中裁断的一种争议处理方式，包括了对劳动争议依法进行分析、判断、调解和裁决的一系列活动。

劳动争议发生后，如果当事人经协商不能解决、不愿意协商解决或不愿意向调解委员会申请调解，或经调解委员会调解未果、事后对调解协议产生异议等，都可以向用人单位所在地的劳动仲裁委员会申请仲裁。当事人申请仲裁，应当从知道或者应当知道其权利被侵害之日起60日之内，以书面形式向仲裁委员会提出申请，并提交仲裁申请书及副本。仲裁委员会应当自收到申请书之日起7日内做出受理或者不予受理的决定。仲裁委员会决定受理的，应当自立案之日起7日内按规定组成仲裁庭。案件审理一般包括通知、调解、开庭裁决、结案等程序。仲裁庭在审理劳动争议案件时会先行调解，调解未果的依法开庭裁决。经调解达成协议的，仲裁庭根据协议内容制作《仲裁协议书》；未达成协议的，仲裁庭通过进一步审理后做出裁决，并根据仲裁庭合议意见制作《仲裁裁决书》。《仲裁协议书》自送达当事人之日起生效，《仲裁裁决书》在起诉期满之日起生效，对于生效的调解书或裁决书当事人必须遵照执行。当事人的一

小贴点

仲裁是劳动争议案件进入诉讼之前必须采取的方式，也是处理劳动争议的主要方式。

方对仲裁委员会裁决不服的,可以在收到裁决书之日起的 15 日内,依法向管辖地人民法院起诉,这种情况下裁决书不发生法律效力。

(四)诉讼

诉讼,是指劳动争议当事人对仲裁委员会的仲裁不服,在法定时间内向人民法院提起诉讼,通过法院的审理和裁判,寻求劳动纠纷解决的最终处理方式。

劳动争议一方当事人对仲裁裁决不服,应当在接到《仲裁裁决书》的 15 日内向所在地人民法院提起诉讼;对当事人的起诉,人民法院依法做出受理或不受理的决定。人民法院受理的劳动争议案件,依照《民事诉讼法》规定的诉讼程序进行审理,审理的程序包括法庭调查、法庭辩论、调解,调解不成的及时做出判决。审理实行二审终审制,当事人不服一审判决的,可在判决书送达之日起 15 日内向上一级人民法院上诉。人民法院判定劳动争议案件经过审理作出的调解书、裁定书或判决书发生法律效力后,当事人应当在规定的时限内履行。一方当事人逾期不履行的,另一方当事人可申请人民法院强制执行。

法规索引

1.《中华人民共和国劳动法》
2.《中华人民共和国劳动合同法》
3.《劳动部关于贯彻〈中华人民共和国劳动法〉若干问题的意见》
4.《失业保险条例》
5.《工伤保险条例》

思考题

1. 劳动合同的内容有哪些?
2. 劳动者在什么情况下,用人单位可以解除劳动合同?
3. 特殊情况下支付的工资是怎么回事?
4. 劳动法规定的社会保险种类有哪些?
5. 什么是特殊劳动保护?
6. 劳动争议的处理方式有哪些?

第十五章

经济纠纷处理法律制度

本章导读

本章除对仲裁的概念、法律特征和基本原则着墨略少外，对仲裁委员会与仲裁协议、仲裁程序以及申请撤销裁决和裁决的执行均花了较大的篇幅进行系统的分析与详细的介绍。此外，通过对民事诉讼法的概念、管辖及诉讼参加人的全面探讨，揭示民事诉讼的各种程序，以帮助学生学会运用民事诉讼这一程序法来保障自己的合法权益。

本章引例

2007 年 5 月，东方公司和大海公司发生合同纠纷。双方当事人曾在合同中约定："如果在履行合同时发生纠纷，双方都有权请求仲裁委员会仲裁。"于是，东方公司向公司所在地 A 市的仲裁委员会申请仲裁，而大海公司则向公司所在地 B 市的人民法院起诉。A 市仲裁委员会受理了该案件，并做出了裁决。大海公司不服，遂以原仲裁协议无效为由向 A 市东区人民法院申请撤销裁决。东区法院认为双方的仲裁条款中没有明确规定具体的仲裁委员会，故该仲裁条款无效，裁定撤销仲裁裁决。问：

(1) 仲裁委员会受理该案件是否正确？

(2) A 市东区人民法院是否有权撤销该仲裁裁决？

(3) 该仲裁裁决能否撤销？请分别说明理由。

关键词

仲裁法　仲裁委员会　仲裁程序　裁决　民事诉讼法　管辖　诉讼参加人　第一审普通程序　第二审程序　审判监督程序

解忙

(1) 该仲裁条款没有约定仲裁委员会，双方当事人应当补充协议。如果达成补充协议，仲裁委员会应当受理此案，不能通过诉讼解决；如果不能达成补充协议，仲裁委员会不应受理此案，只能通过诉讼解决；(2) 无权撤销该裁决。因为《仲裁法》规定，当事人不服仲裁裁决的，应当向仲裁委员会所在地的中级人民法院申请撤销。而 A 市东区法院是基层人民法院，故无权撤销该裁决；(3) 如果双方当事人达成补充协议，则仲裁条款有效，该仲裁裁决不能撤销。但该案中双方当事人并未达成补充协议，故仲裁条款无效，裁决可以撤销。

第一节 经济仲裁法律制度

一、仲裁和仲裁法的含义

（一）仲裁和仲裁法的概念

仲裁，是指双方当事人在争议发生之前或争议发生之后达成协议，自愿将争议交给第三方做出裁决，争议双方有义务执行该裁决，从而解决争议的活动。

本章所讲的仲裁只限于民（商）事纠纷的仲裁，即经济仲裁。它是指仲裁委员会依法对当事人之间发生的经济纠纷做出判断或裁决的活动。它是随着商品经济发展和国际经济交往的加强而产生发展起来的一种解决经济纠纷的重要手段。当前，在社会经济活动中产生的经济纠纷形式多样，有合同纠纷、产权纠纷、商标纠纷、专利纠纷、环境污染纠纷及涉外经济纠纷等，其中以合同纠纷尤为繁多。

仲裁法，是调整在仲裁过程中发生的各种关系的法律规范的总称。

为了能及时地处理好人们在社会经济交往过程中所产生的各种经济纠纷，保护当事人的合法权益，保障社会主义市场经济健康发展，1994 年 8 月 31 日，八届人大九次会议通过了《中华人民共和国仲裁法》（以下简称《仲裁法》），并决定该法自 1995 年 9 月 1 日起施行。

（二）仲裁的适用范围

讨论

为什么婚姻、收养、监护、抚养、继承纠纷不能仲裁？

仲裁的适用范围，是指仲裁作为解决纠纷的一种方式，可以解决哪些纠纷，不可以解决哪些纠纷。《仲裁法》规定，平等主体的公民、法人和其他组织之间发生的合同纠纷和其他财产权益纠纷，可以仲裁；婚姻、收养、监护、抚养、继承纠纷和依法应当由行政机关处理的行政争议，不能仲裁。

（三）经济仲裁的特征

经济仲裁作为解决经济纠纷的一种主要形式，它既不同于协商调解，也不同于诉讼判决，有它自身的特征。

（1）经济仲裁是一种灵活、便利的解决经济纠纷的方式。

经济仲裁和其他解决经济纠纷的方式相比，具有极大的灵活性和便利性。当事人有权选择是否仲裁，有权选择仲裁员，有权协议选择仲裁程序。目前，经济仲裁方式也正因此越来越受到当事人的欢迎。尤其是合同纠纷的当事人，都希望通过经济仲裁合理解决经济纠纷，这样一方面可以节省经费，另一方面可以保护商业秘密，避免遭受更大的损失。

（2）经济仲裁是双方当事人自愿解决经济纠纷的方式。经济仲裁的发生以双方当事人的自愿为前提，双方当事人的自愿体现于仲裁协议之中。《合同法》规定，合同发生纠纷时，当事人可以通过和解或者调解解决。当事人不愿通过和解、调解解决或者和解、调解不成的，可以依据合同中的仲裁条款或者事后达成的书面仲裁协议，向仲裁委员会申请仲裁。可见，双方当事人可以选择任何方式解决经济纠纷，即使选择仲裁方式也必须坚持双方自愿申请仲裁的原则。

（3）经济仲裁是一种带有强制性质的解决经济纠纷的方式。仲裁委员会虽然是以第三者身份依法对合同纠纷作出裁决，它与法院判决不能相提并论，但是按照我国法律的相关规定，它和法院作出的经济判决具有同等的法律效力，即对当事人双方都具有法律约束力，当事人应当履行，否则，权利人可以向人民法院申请强制执行。

二、仲裁的原则

（一）自愿仲裁原则

自愿仲裁原则是贯彻仲裁程序始终的一项基本原则：①当事人采取仲裁方式解决纠纷，应当双方自愿，达成仲裁协议。没有仲裁协议，一方申请仲裁的，仲裁委员会不予受理；②仲裁委员会和仲裁地点由双方当事人协商决定，不受地域、级别的限制；③仲裁员由当事人自行选定或者委托仲裁委员会主任指定；④当事人自行和解、达成和解协议的，可以申请仲裁庭根据和解协议作出裁决书，也可以撤回申请。

（二）以事实为根据，以法律为准绳原则

仲裁委员会作出仲裁裁决必须以客观事实为依据，以民事实体法和程序法作为处理案件的标准，这是社会主义法制原则对仲裁工作的基本法律要求。《仲裁法》规定，仲裁应当根据事实，符合法律规定，公平合理地解决纠纷。这就要求仲裁委员

会在仲裁过程中，首先要坚持调查研究，查明事实真相，认真听取争议双方的陈述和答辩，运用证据证明事实。同时，在查明事实的基础上，根据法律和行政法规的规定，对经济纠纷作出公正、合理的裁决。

（三）仲裁依法独立进行原则

《仲裁法》规定，仲裁组织依法独立进行仲裁，不受行政机关、社会团体和个人的干涉。这一规定表明两层含意：一是经济纠纷的仲裁权只能由仲裁庭行使，其他任何机构都无权行使。这一点正是现行仲裁制度不同于过去"行政仲裁"的区别。二是仲裁庭独立审理经济纠纷案件，审理过程中不受任何行政机关、社会团体和个人的干涉。

（四）双方当事人一律平等原则

这一原则有两方面含义：一是当事人双方在法律地位上完全平等，即在仲裁过程中，当事人双方有行使委托代理人、申请回避、提供证据、进行陈述和辩论等程序方面的权利。二是仲裁委员会在适用法律上一律平等，即在解决经济纠纷时，不能以权代法、徇私舞弊，损害一方当事人的合法权益。

（五）一裁终决原则

《仲裁法》规定，仲裁实行一裁终决的制度。裁决作出后，当事人就同一纠纷再申请仲裁或者向人民法院起诉的，仲裁委员会或者人民法院不予受理。但是，裁决被人民法院依法裁定撤销或者不予执行的，当事人就该纠纷可以根据双方重新达成的仲裁协议申请仲裁，也可以向人民法院起诉。

此外，一般不公开审理、协议选定仲裁委员会及回避等原则也是仲裁所应遵循的基本原则。仲裁委员会只有按上述原则进行裁决，才能既体现仲裁法对当事人权利的尊重，又可以节省仲裁时间，及时地解决经济纠纷，从而有利于保护当事人的技术和商业秘密，加强双方当事人的团结协作。

三、仲裁委员会和仲裁协会

（一）仲裁委员会

我国规定的仲裁是机构仲裁，设有常设性的仲裁机构。它是非营利性的市场中介组织，以仲裁委员会形式存在。仲裁委

案例分析

甲、乙两公司签订货物买卖合同。双方约定：如果合同履行发生争议，由 A 市仲裁委员会裁决。后因合同履行发生纠纷，甲公司向 A 市仲裁委员会申请仲裁。裁决作出后，乙公司不服，拟再次申请仲裁或向人民法院起诉。问：乙公司的想法是否正确，为什么？

员会之间、仲裁委员会与行政机关之间没有隶属关系。仲裁委员会在办案上受仲裁协会的指导，仲裁协会是仲裁委员会和仲裁员的自律性组织。仲裁委员会可以在省、自治区和直辖市人民政府所在地的市设立。也可以根据需要在其他设区的市设立，不按行政区划层层设立。同时规定，国务院根据需要可以批准设立专门的仲裁委员会等，如国际经济贸易仲裁委员会、海事仲裁委员会等。设立仲裁委员会应当经省、自治区和直辖市的司法行政部门登记。

设立仲裁委员会应当具备下列条件：

（1）有自己的名称、住所和章程；

（2）有必要的财产；

（3）有该委员会的组成人员；

（4）有聘任的仲裁员。

仲裁委员会由主任 1 人、副主任 2～4 人和委员 7～11 人组成。仲裁委员会的主任、副主任和委员由法律、经济贸易专家和有实际工作经验的人员担任。仲裁委员会的组成人员中法律、贸易专家不得少于 2/3。涉外仲裁委员会由主任 1 人、副主任若干人和委员若干人组成，其主任、副主任和委员可以由中国国际商会聘任。

（二）仲裁员的聘任

《仲裁法》确立了仲裁员资格和名册制度。它规定，仲裁员应当符合下列条件之一：

（1）从事仲裁工作满 8 年的；

（2）从事律师工作满 8 年的；

（3）曾任审判员满 8 年的；

（4）从事法律研究、教学工作并具有高级职称的；

（5）具有法律知识，从事经济贸易等专业工作并具有高级职称或者有同等专业水平的。

具备上述条件之一的人，可以具有仲裁员资格。仲裁委员会按照不同专业设置仲裁员名册，以便当事人选择仲裁员。

（三）仲裁协会

仲裁协会经民政部登记后成立，是全国性的社会团体法人。

仲裁协会实行会员制。各仲裁委员会是仲裁协会的法定会员。仲裁协会以团体会员为主，同时接纳个人会员，如吸收仲裁学者、法官为个人会员。仲裁协会设在北京，也可以根据需要在其他地方设立分会。

仲裁协会有自己的章程，由全国会员大会制定。

仲裁协会是仲裁委员会的自律性组织，根据章程对仲裁委员会及其组成人员、仲裁员的违纪行为进行监督。此外，根据仲裁法和民事诉讼法的有关规定制定仲裁规则及其他仲裁规范性文件，也是它的职责之一。

四、仲裁协议

（一）仲裁协议的概念

仲裁协议，是指双方当事人达成的将已经发生或者可能发生的纠纷提交仲裁委员会进行裁决的一种契约。它是当事人申请仲裁的依据，也是仲裁委员会受理案件的依据。仲裁协议与一般民商事合同相比，具有如下特征。

（1）仲裁协议的要式性。一裁终决的仲裁原则，决定了仲裁协议必须以书面形式作出。

（2）仲裁协议的间接性。仲裁协议不像一般民商事合同那样，直接规定当事人之间的实体权利和义务关系，而是通过确认一种解决双方当事人之间纠纷的方式来明确当事人之间的权利和义务，从而体现了仲裁协议的间接性。

（3）仲裁协议的独立性。仲裁协议不受主合同是否有效的影响，具有相对的独立性。

（4）仲裁协议的广延性。有效的仲裁协议不但对双方当事人具有约束力，而且对仲裁委员会、仲裁员甚至人民法院都有约束力。《仲裁法》规定，当事人达成仲裁协议的，应当向仲裁委员会申请仲裁，不能向人民法院起诉，一方向人民法院起诉的，人民法院不予受理，但仲裁协议无效的除外。

（二）仲裁协议的内容

仲裁协议的内容，是指一份完整、有效的仲裁协议必须具备的约定事项。它包括以下内容：①请求仲裁的意思表示；②仲裁事项；③选定的仲裁委员会。以上三项是仲裁协议的必备条款。

仲裁协议对仲裁事项或者仲裁委员会没有约定或约定不明确的，当事人可以补充协议；不能达成补充协议的，仲裁协议无效。

（三）仲裁协议的无效

仲裁协议的无效，是指仲裁协议不具备法律约束力。主要包括下列情形：

（1）约定的仲裁事项超出法律规定的仲裁范围。如要求对婚姻、继承等与身份权有关的纠纷进行仲裁；

（2）订立仲裁协议的当事人是无民事行为能力人或者限制民事行为能力人；

（3）一方采取胁迫的手段，迫使对方订立仲裁协议的；

（4）仲裁协议未采用书面形式作出；

（5）仲裁协议对仲裁事项或者仲裁委员会没有约定或约定不明确的，当事人可以补充协议；不能达成补充协议的，仲裁协议无效。

知识点

仲裁协议独立存在，合同的变更、解除、终止或者无效，不影响仲裁协议的效力。

五、仲裁程序

（一）仲裁的申请和受理

1．仲裁的申请

当事人申请仲裁必须符合下列条件：①当事人在合同中订立有仲裁条款或事后达成书面仲裁协议；②有明确的被诉人、具体的仲裁请求和事实、理由；③报请仲裁的事项属于法律允许仲裁委员会受理的范围。申请仲裁时，应当向双方约定的仲裁委员会递交仲裁协议、仲裁申请书及副本。提出仲裁申请，应以不超过仲裁时效为限，法律有规定的，适用该规定，法律没有规定的，仲裁时效为两年，自当事人知道或者应当知道其权利被侵害之日起计算。

2．仲裁的受理

仲裁委员会收到仲裁申请书后，经审查认为符合申请仲裁条件的，应当在5日内受理，并通知当事人。仲裁委员会受理仲裁申请后，应当在仲裁规则规定的期限内将仲裁规则、仲裁员名册送达申请人，并将仲裁申请书副本和仲裁规则、仲裁员名册送达被申请人。被申请人收到后，应在仲裁规则规定的期限内向仲裁委员会提交答辩书。仲裁委员会收到答辩书后，应在仲裁规则规定的期限内将答辩书副本送达申请人。被申请人未提交答辩书的，不影响仲裁程序的进行。当事人、法定代理人可以委托律师和其他代理人进行仲裁活动。委托律师和其他代理人进行仲裁活动的，应当向仲裁委员会提交授权委托书。授权委托书必须载明委托事项和权限。

（二）仲裁庭的组成

1. 仲裁庭的组成

仲裁委员会受理案件后，应当组织仲裁庭。仲裁庭可以由3名仲裁员或1名仲裁员组成。由3名仲裁员组成的，设首席仲裁员。当事人约定由3名仲裁员组成仲裁庭的，应当各自选定或各自委托仲裁委员会主任指定1名仲裁员，第三名仲裁员是首席仲裁员，由当事人共同选定或共同委托仲裁委员会主任指定。当事人约定由1名仲裁员成立仲裁庭的，应当由当事人共同选定或共同委托仲裁委员会主任指定。当事人没有在仲裁规则规定的期限内约定仲裁庭的组成方式或选定仲裁员的，由仲裁委员会主任指定。

2. 仲裁员的回避

仲裁庭组成后，仲裁委员会应将仲裁庭的组成情况书面通知当事人，当事人可依法对仲裁员提出回避申请。被选定或指定的仲裁员有下列情况之一的，应当予以回避：①是本案的当事人或当事人、代理人的近亲属；②与本案有利害关系；③与本案当事人、代理人有其他关系，可能影响案件公正仲裁的；④私自会见当事人、代理人或接受当事人、代理人请客送礼的。

当事人提出回避申请，应当注明理由，在首次开庭前提出。回避事由在首次开庭后知道的，可以在最后一次开庭终结前提出。仲裁员是否回避，由仲裁委员会主任决定；仲裁委员会主任担任仲裁员时，由仲裁委员会集体决定。

（三）开庭仲裁

1. 开庭

仲裁庭在开庭前应通知当事人，以书面形式告知开庭地点、开庭时间，当事人应当按时参加。当事人有正当理由不到庭或中途退庭的，可以在规定的期限内请求延期开庭。是否延期开庭，由仲裁庭决定。申请人经书面通知，无正当理由不到庭或未经仲裁庭许可中途退庭的，视为撤回仲裁申请。被申请人经书面通知，无正当理由不到庭或未经仲裁庭许可中途退庭的，可以缺席裁决。

仲裁以开庭和协议不公开为原则，当事人协议不开庭或者协议公开的，依协议的约定，但是对于涉及国家机密的案件，当事人不得以协议约定公开进行。

2. 调查取证

当事人应当对自己的主张提供证据，这是当事人的举证责任。仲裁庭认为有必要时，可以自行搜集证据。证据可能灭失或者以后难以取得时，当事人可以申请证据保全。

3. 辩论

当事人在仲裁过程中有权进行辩论。辩论终结时，首席仲裁员或者独任仲裁员应当征询当事人的最后意见。仲裁庭应当将开庭情况记入笔录。

4. 调解

当事人愿意在庭外自行和解的，仲裁庭应当允许。和解后双方可以请求仲裁庭制作调解书，也可以撤回仲裁申请。当事人也可以在仲裁庭的主持下进行调解，调解达成协议的，应当制作调解书。调解书经双方当事人签收后，即与裁决书有同等的法律效力。

5. 裁决

经仲裁庭调解未能达成协议，应当进行裁决。裁决应当按照多数仲裁员的意见做出，少数仲裁员的不同意见可以记入笔录。仲裁庭不能形成多数意见时，裁决应当按照首席仲裁员的意见做出。仲裁庭仲裁纠纷时，其中一部分事实已经清楚，可以就该部分先行裁决。裁决书自做出之日起发生法律效力，当事人双方都应当主动履行。

六、申请撤销裁决和裁决的执行

（一）申请撤销裁决

当事人有证据证明裁决有下列情形之一的，可以向仲裁委员会所在地的中级人民法院申请撤销仲裁裁决：①没有仲裁协议；②仲裁的事项不属于仲裁协议的范围或者仲裁委员会无权仲裁；③仲裁庭的组成或者仲裁的程序违反法定程序；④裁决

案例分析

按照我国仲裁法规定，当事人之间发生合同纠纷、继承纠纷和其他财产权益纠纷，无论是否有仲裁协议，一方均可向被申请人所在地的仲裁委员会申请仲裁。裁决应当按照仲裁庭多数仲裁员的意见做出，仲裁庭形不成多数意见时，报仲裁委员会决定。当事人对裁决不服的，可以上诉。裁决发生法律效力后，任何单位无权撤销。一方不履行的，另一方可以向作出此裁决的仲裁委员会申请执行。问：上文表述中有无法律错误？若有，请一一指出！

所依据的证据是伪造的；⑤对方当事人隐瞒了足以影响公正裁决的证据；⑥仲裁员在仲裁该案时有索贿受贿、徇私舞弊、枉法裁决行为。

当事人申请撤销仲裁裁决，应当自收到裁决书之日起 6 个月内提出。人民法院受理撤销仲裁裁决的申请后，经审查核实当事人提出申请所依据的理由成立的，应当在 2 个月内裁定撤销该裁决。

（二）裁决的执行

一方当事人在规定期限内不履行裁决的，另一方当事人有权请求人民法院强制对方执行，受申请人民法院应当根据民事诉讼法规定的执行程序予以执行。在执行中，双方当事人可以进行和解，达成和解协议；被执行人不履行和解协议的，人民法院可以根据申请执行人的申请，恢复执行程序。

一方当事人申请执行裁决、另一方当事人申请撤销裁决的，人民法院应当裁定中止执行。人民法院裁定撤销裁决的，应当裁定终结执行。撤销裁决的申请被裁定驳回的，人民法院应当裁定恢复执行。

第二节　民事诉讼法律制度

一、民事诉讼法的概念

（一）民事诉讼的概念

民事诉讼，是指人民法院在所有诉讼参与人的参加下，在理清各种法律关系的基础上，审理和解决民事案件的诉讼活动。它与和解、调解和仲裁相比较，有以下几个特点。

（1）民事诉讼是在国家审判机关的主持下进行的。和解，是指民事纠纷发生后，双方当事人在平等互利的基础上，自觉自愿解决民事纠纷的行为。调解，是指民事纠纷发生后，双方当事人在第三方的主持与斡旋下，达成谅解协议以解决民事纠纷的行为。仲裁，是指双方当事人在争议发生之前或争议发生之后达成协议，自愿将争议交给第三方做出裁决，争议双方有义务执行该裁决，从而解决经济争议的活动。而民事诉讼是由人民法院的审判员代表国家行使审判权，依照法定程序进行审理并最终解决经济纠纷案件的行为。

（2）民事诉讼有严格的诉讼程序和诉讼制度。民事诉讼的诉讼程序和诉讼制度源于国家法律的规定，任何个人、行政机关和社会团体，都必须严格遵守。而以其他方式解决民事纠纷，即使是仲裁活动，也没有如此严格的程序和制度。

（3）民事诉讼具有强制性。和解和调解都是处理民事纠纷各方式中较为简单而行之有效的方式，但由于没有法律上的强制执行力（诉讼调解除外），当事人一方的合法权益很难得到有效的保障。而仲裁裁决和法院判决生效后，一方当事人逾期不履行应尽义务的，另一方当事人则可以向人民法院申请强制执行，但实践中，仲裁裁决的实现，多数是由当事人自愿履行裁决的，少数才是由人民法院的执行程序来实现的。

（二）民事诉讼法的概念

民事诉讼法，是指调整人民法院在审理和解决民事案件的诉讼活动中所形成的各种社会关系的法律规范的总称。

为了保护当事人行使诉公权利，保证人民法院查明事实，分清是非，正确适用法律，及时审理民事案件，确认民事权利义务关系，制裁民事违法行为，保护当事人的合法权益，教育公民自觉遵守法律，维护社会秩序、经济秩序，保障社会主义建设事业顺利进行，1991 年 4 月 9 日，第七届全国人民代表大会第四次会议通过了《中华人民共和国民事诉讼法》，这是狭义的民事诉讼法。广义的民事诉讼法，还包括宪法和其他法律、法规中有关民事诉讼的规范，以及最高人民法院作出的有关民事诉讼的规范性文件，如《最高人民法院关于适用〈中华人民共和国民事诉讼法〉若干问题的意见》。

二、民事诉讼法的效力

（一）对人的效力

对人的效力，是指民事诉讼法对哪些人具有约束力。"凡在中华人民共和国领域内进行民事诉讼，必须遵守本法。"这一规定表明，只要在我国领域内进行民事诉讼，不论是谁，都得适用我国的民事诉讼法。

（二）对事的效力

对事的效力，是指哪些案件需要由民事诉讼法来进行调整。到底哪些案件适用民事诉讼法的规定进行审理呢？由"人民法院受理公民之间、法人之间、其他组织之间以及他们相互之间因财产关系和人身关系提起的民事诉讼，适用本法的规定"等内容进行分析，大致可以归纳如下：

（1）因民法、婚姻法、继承法等实体法律调整的平等民事主体的财产关系和人身关系所发生的民事纠纷案件，如债权债务纠纷案件、离婚案件和继承遗产案件等；

（2）因经济法、劳动法等实体法律调整的法律关系所发生的，法律、法规规定属于人民法院适用民事诉讼法审理的经济案件和劳动案件，如合同纠纷案件等；

（3）按特别程序审理的选民资格案件和非讼案件；

（4）按督促程序解决的债权债务关系案件；

（5）按公示催告程序解决的宣告有关证券和有关事项无效的案件。

（三）在空间上的效力

在空间上的效力，是指民事诉讼法在什么地方发生效力。"凡在中华人民共和国领域内进行民事诉讼，必须遵守本法。"这里所说的中华人民共和国领域，包括我国的领土、领海、领空，以及领土延伸的范围。

（四）在时间上的效力

在时间上的效力，是指民事诉讼法在什么时间之内具有约束力。我国现行的民事诉讼法自 1991 年 4 月 9 日颁布起生效。

三、民事诉讼的管辖

民事诉讼管辖，是指确定上下级人民法院之间、同级人民法院之间受理第一审民事案件的分工和权限。

（一）级别管辖

级别管辖，是指各级人民法院系统内部在受理第一审民事纠纷案件上的权限分工。我国民事诉讼的级别管辖分为 4 级。①基层人民法院受理的第一审案件是一般的民事纠纷。②中级人民法院管辖下列第一审民事纠纷案件：重大的涉外案件；在本辖区有重大影响的案件；最高人民法院确定由中级人民法院管辖的案件。③高级人民法院管辖在本辖区有重大影响的第一审民事案件。④最高人民法院管辖的第一审民事案件是指在全国有重大影响的案件及其认为应由本院审理的案件。

知识点

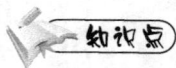

法的溯及力，是指法对于其公布生效以前所发生的事件或行为是否适用的问题。我国法律一般没有溯及力，特殊规定者除外。

以上案件因诉讼标的、金额大小和案件的繁简程度不同，可以分别由上一级或下一级人民法院审理。一般来说，级别越低的法院受理的第一审民事案件量越大，级别越高的法院管辖的地域范围越广，但实际受理的第一审民事案件量较小。

（二）地域管辖

地域管辖，是指同级人民法院之间以行政区划为标准，在审理第一审民事纠纷案件的权限上的分工。

我国民事诉讼法规定的地域管辖，包括一般地域管辖、特殊地域管辖、专属管辖以及协议管辖和共同管辖。

1. 一般地域管辖

一般地域管辖，是指按照当事人所在地与人民法院辖区的隶属关系来确定的管辖。该类管辖遵循"原告就被告"的原则，也就是说，一般的民事纠纷案件，由被告所在地人民法院管辖。但是，下列情况由原告所在地人民法院管辖：①对不在我国领域内居住的人提起的有关身份关系的诉讼；②对下落不明或者宣告失踪的人提起的有关身份关系的诉讼；③对被劳动教养的人提起的诉讼；④对被监禁的人提起的诉讼。

2. 特殊地域管辖

特殊地域管辖，是指以诉讼标的所在地、被告住所地与人民法院辖区之间的关系来确定的管辖。主要有下列几种：①合同纠纷案件由被告住所地或合同履行地法院管辖。其中保险合同纠纷案件，由被告住所地或保险标的物所在地法院管辖；铁路、公路、水上、航空运输和联合运输合同纠纷，由运输始发地、目的地、或者被告住所地法院管辖。②票据纠纷案件，由票据支付地或被告住所地法院管辖。③因侵权行为提起的诉讼，由侵权行为地或被告住所地人民法院管辖。④因铁路、公路、水上和航空事故请求损害赔偿提起的诉讼，由事故发生地或者车辆、船舶最先到达地、航空器最先降落地或者被告住所地人民法院管辖。

3. 专属管辖

专属管辖，是指法律规定某些诉讼标的特殊的案件由特定的人民法院管辖。民事诉讼法规定，下列民事纠纷案件，由规定的人民法院专属管辖：①因不动产纠纷提起的诉讼，由不动

讨论

我国为什么要实行专属管辖制度？

产所在地人民法院管辖；②因港口作业中发生的纠纷提起的诉讼，由港口所在地人民法院管辖；③因继承遗产纠纷提起的诉讼，由被继承人死亡时住所地或者主要遗产所在地人民法院管辖。

4. 协议管辖和共同管辖

协议管辖，是指根据合同双方当事人的约定来确定人民法院的管辖。民事诉讼法规定，合同的双方当事人可以在书面合同中协议选择被告住所地、合同履行地、合同签订地、原告住所地、标的物所在地人民法院管辖，但不得违反民事诉讼法对级别管辖和专属管辖的规定。

共同管辖，是指对同一诉讼，依据法律规定两个或两个以上的人民法院同时享有管辖权。在两个以上人民法院有管辖权的情况下，原告可以向其中一个法院起诉，原告向两个以上有管辖权的法院起诉的，由最先立案的法院管辖。

（三）指定管辖和移送管辖

1. 指定管辖

指定管辖，是指上级人民法院依照法律规定，指定其辖区内的下级法院对某一具体案件行使管辖权。指定管辖有 3 种情况。①接受移送案件的人民法院认为移送的案件按法律规定不属于本院管辖的，依法报请上级人民法院指定管辖。②有管辖权的人民法院因特殊原因不能行使管辖权的，由上级人民法院指定管辖。③人民法院之间因管辖权发生争议，由争议双方协商解决；协商解决不了的，报请它们的共同上级人民法院指定管辖。

2. 移送管辖

移送管辖，是指人民法院对已经受理的案件经审查发现本院无管辖权，将该案移送到有管辖权的人民法院受理，受移送的人民法院应当受理。受移送的人民法院认为受移送的案件不属于本院管辖的，应报上级人民法院指定管辖，不得再行移送。这里所谈的仅是移送管辖的一种，即案件的移送。另一种是管辖权的移送，它是民事诉讼法对级别管辖所规定的变通措施，包括两种情况：①上级人民法院有权审理下级人民法院管辖的第一审民事案件，也可以把本院管辖的第一审民事案件交下级人民法院审理；②下级人民法院对它所管辖的第一审民事案件，认为需要由上级人民法院审理的，可以报请上级人民法院审理。

（四）管辖异议

管辖异议，是指人民法院受理案件后，被告在答辩期间向受诉人民法院提出意见或主张，认为该法院对这一案件没有管辖权。这里需要注意的是，管辖异议的提出，应当符合两个条件：①管辖异议应当由案件的被告提出；②管辖异议应当在被告提交答辩状期间提出。

对于被告提出的管辖异议，受诉人民法院应当审查。异议成立的，裁定将案件移送有管辖权的人民法院；异议不成立的，裁定驳回。

四、诉讼参加人

（一）当事人

民事诉讼的当事人，是指与他人发生纠纷，而以自己的名义参加诉讼，并受人民法院裁判约束的利害关系人。狭义的当事人主要指原告和被告；而广义的当事人还包括共同诉讼人、诉讼代表人、诉讼第三人，特别程序中的申请人和起诉人，以及执行程序中的申请执行人和被申请执行人。

作为民事诉讼的当事人应当具备诉讼权利能力和诉讼行为能力。①当事人的诉讼权利能力。当事人的诉讼权利能力是指当事人能够享有诉讼权利和承担诉讼义务的能力。民事诉讼法规定，公民、法人和其他组织可以作为民事诉讼的当事人。公民的诉讼权利能力始于出生，终于死亡；法人的诉讼权利能力始于其成立之时，终于其消灭之时；其他组织的诉讼权利能力则依法律的特别规定而存在。②当事人的诉讼行为能力。当事人的诉讼行为能力是指当事人能够以自己的行为行使诉讼权利，履行诉讼义务的能力。作为公民，参加诉讼必须在民事上具备完全民事行为能力，否则，应由他的法定代理人代为进行。作为法人，其他组织的诉讼行为能力和诉讼权利能力完全一致。

1. 当事人的诉讼权利

当事人的诉讼权利概括起来有两大类：①用以处分实体权

经济纠纷处理法律制度

第十五章

案例分析

某法院受理了一起合同纠纷案件，当事人在法定期限内提出了管辖权异议，该法院裁定予以驳回。当事人提出上诉，二审法院驳回上诉，维持原裁定。后买该案经一审法院判决，当事人不服提出上诉。在审理中，二审法院发现一、二审驳回管辖权异议确有错误，且一审判决也有错误。问：此案应如何处理？

利的诉讼权利，如起诉权或反诉权、申请再审权和请求执行权等；②处分诉讼权利的诉讼权利，如申请回避权、提供证据权和辩论权等。

2. 当事人的诉讼义务

当事人的诉讼义务主要有：①依法行使诉讼权利，尊重对方当事人和其他诉讼参与人诉讼权利的行使；②遵守诉讼秩序；③履行发生法律效力的裁定、判决和调解书。

（二）共同诉讼人

共同诉讼人，是指当事人一方或双方有两个或两个以上处于相同诉讼地位的当事人。处于原告地位的叫共同原告，处于被告地位的叫共同被告。

（1）必要的共同诉讼。必要的共同诉讼，是指共同诉讼人有共同的诉讼标的，人民法院认为属于不可分之诉，需要一并审理以做出判决的诉讼。在必要的共同诉讼中，共同诉讼人应当一起参加诉讼，共同诉讼中的当事人没有参加诉讼的，人民法院应当通知其参加，当事人也可以向人民法院申请追加。但不管怎么样，共同诉讼的一方当事人对诉讼标的有共同权利义务时，其中一人的诉讼行为经其他共同诉讼人承认，对其他共同诉讼人发生法律效力。

（2）普通的共同诉讼。普通的共同诉讼，是指当事人一方或双方有两个或两个以上的当事人，其诉讼标的属于同一种类，经当事人同意，人民法院认为可以合并审理并作出判决的诉讼。由于普通的共同诉讼中，当事人对诉讼标的没有共同的权利或共同的义务，因此其中一人的诉讼行为，对其他共同诉讼人不发生法律效力，人民法院的判决也针对各个当事人分别作出。

（三）诉讼代表人

诉讼代表人，是指因当事人一方具有共同或同样法律利益的人数众多，由众多人推举，代表众多人进行诉讼的一人或数人。这里的人数众多，是指 10 人以上。

（1）人数确定的诉讼代表人。人数确定的诉讼代表人，是指诉讼开始时一方当事人人数众多，起诉时人数已经确定，由该群体推举参加诉讼的一人或数人。代表人的诉讼行为对其所代表的当事人发生效力，但是代表人变更、放弃诉讼请求或者承认对方当事人的诉讼请求、进行和解的，必须经被代表的当事人同意。

（2）人数不确定的诉讼代表人。人数不确定的诉讼代表人，是指诉讼开始时一方当事人人数众多且人数尚难确定，基于当事人的推选或当事人与人民法院的商定，而代表该方当事人参与诉讼的诉讼代表人。在此情况下，人民法院作出的判决、裁定，对参加登记的全体权利人发生效力。未参加登记的权利人在诉讼时效期间提起诉讼的，也适用该判决、裁定。

（四）诉讼第三人

诉讼第三人，是指对他人之间的诉讼标的有独立请求权，或者虽然没有独立请求权，但案件处理结果同他有法律上的利害关系而参加到他人已经开始的诉讼中去的诉讼参加人。

（1）有独立请求权的第三人。有独立请求权的第三人，是指在他人的诉讼开始后，对他人之间的诉讼标的提出独立请求权的诉讼参加人。他参加诉讼，是将本诉讼的原告和被告作为其参加诉讼的被告，自己则处于原告的地位。

（2）无独立请求权的第三人。无独立请求权的第三人，是指对他人之间的诉讼标的不能主张独立请求权，但案件处理结果同他有法律上的利害关系，为了维护自己的利益而参加到诉讼中去的诉讼参加人。在诉讼中，他不能对本诉讼的诉讼请求进行处分，也无权对案件的管辖权提出异议，但人民法院判决其承担责任时有权提出上诉。

（五）诉讼代理人

诉讼代理人，是指按照法律规定或者当事人的授权，以被代理人的名义参与到诉讼当中去的人。

（1）法定代理人。法定代理人，是指按照法律规定，代理无诉讼行为能力的当事人进行诉讼的人。民事诉讼法规定，无诉讼行为能力人由他的监护人作为法定代理人代为诉讼。法定代理人之间互相推诿代理责任的，由人民法院指定其中一人代为诉讼。

（2）委托代理人。委托代理人，是指受诉讼当事人的委托而代为进行诉讼行为的人。律师、当事人的近亲属、有关的社会团体或者当事人所在单位推荐的、经人民法院许可的其他公民，都可以成为委托代理人。需要注意的是，委托他人代为诉讼，必须向人民法院提交由委托人签名或者盖章的授权委托书。授权委托书必须记明委托事项和权限。诉讼代理人代为承认、放弃、变更诉讼请求，进行和解，提起反诉或者上诉，必须有委托人的特别授权。此外，侨居在国外的中华人民共和国公民

知识点

诉讼时效，是指权利人在法定期间内不行使其权利，而丧失胜诉权的一种时效制度。

想一想

诉讼时效的中止、中断和延长是怎么回事？

从国外寄交或者托交的授权委托书，必须经中华人民共和国驻该国的使领馆证明；没有使领馆的，由与中华人民共和国有外交关系的第三国驻该国的使领馆证明，再转由中华人民共和国驻该第三国使领馆证明，或者由当地的爱国华侨团体证明。

五、民事诉讼程序

（一）第一审程序

第一审程序分为普通程序、简易程序和特别程序，是指人民法院审理民事案件所必须经过的最基本的程序，它是其他程序所无法取代的程序。其中，普通程序适用一般民事纠纷案件；简易程序适用事实清楚、权利义务关系明确、争议不大的简单民事纠纷案件；特别程序适用认定财产无主案件等。

第一审普通程序一般包括起诉、受理、答辩、组成合议庭、调查取证、公开审理、调解、判决等主要诉讼阶段。本章只介绍三个最为重要的阶段。

（1）起诉和受理。起诉是当事人向有管辖权的人民法院递交起诉状。人民法院对起诉状应及时审查，符合受理条件的，应在 7 日内立案，不符合受理条件的，应当在 7 日内通知原告不予受理，并说明理由。

（2）调解。调解必须经当事人双方自愿，若能达成协议，应当制作调解书，调解书一经送达，即发生法律效力。

（3）判决。判决前能够调解的，还可以进行调解，调解不成的，应当及时判决；开庭审理无论是否公开，宣告判决一律公开进行。当庭宣判的，应当在 10 日内发送判决书。定期宣判的，宣判后立即发给判决书。宣告判决时，必须告知当事人上诉权利、上诉期限和上诉的人民法院。

（二）第二审程序

第二审程序又叫上诉程序。当事人任何一方不服一审判决时，在法定期限内均有权向上一级人民法院提起上诉。当事人不服一审判决的上诉期限为 15 日，不服一审裁定的上诉期限为 10 日。提起上诉的案件，上诉人应向原审法院提出上诉状副本送达对方当事人，对方当事人在收到之日起 15 日内提交答辩状。然后，一审法院将上诉材料和全部案卷报送二审人民法院。

二审法院对上诉案件，依法组成合议庭，开庭审理；合议庭认为不需要开庭审理的，可以进行书面审理。二审法院通过对案件的审理，按照不同情况分别处理。其结果是：①原判决认定事实清楚，适用法律正确的，判决驳回上诉，维持原判决；②原判决适用法律错误的，依法改判；③原判决认定事实错误，或者原判决认定事实不清、证据不足，裁定撤销原判决，发回原审人民法院重审，或者查清事实后改判；④原判决违反法定程序，可能影响案件正确判决的，裁定撤销原判决，发回原审人民法院重审。

（三）审判监督程序

审判监督程序，是指对已经发生法律效力的判决或者裁定，发现确有错误需要再审的，提交审判委员会决定的程序。最高人民法院对地方各级人民法院已经发生法律效力的判决、裁定，上级人民法院对下级人民法院已经发生法律效力的判决、裁定，发现确有错误的，有权提审或者指令下级人民法院再审。

（四）督促程序

督促程序，是指针对给付一定金钱或有价证券为内容的债务，人民法院根据债权人的申请，向债务人发布支付令。如果在法定期限内没有提出异议，债权人可以此为依据，请求人民法院予以强制执行的略式程序。

（五）公示催告程序

公示催告程序，是指人民法院根据当事人的申请，以公示的方式通知并催告不明确的利害关系人，在法定期限内申报权利，逾期无人申报，作出宣告票据无效判决的程序。

（六）执行程序

已经发生法律效力的判决、裁定和调解书，当事人应当自动执行，拒绝执行的，人民法院可以强制执行。

（七）涉外经济纠纷案件的审判与执行程序

外国人、无国籍人、外国企业和组织在我国领域内进行经济纠纷的诉讼，适用我国民事诉讼法。我国缔结或者参与签署的国际条约与我国民事诉讼法有不同规定的，适用国际条约的规定，但是我国声明保留的条款除外。外国人、无国籍人、外国企业和组织在我国人民法院起诉应诉，与我国的公民、法人和其他组织享有同等的诉讼权利。外国法院对我国公民、法人和其他组织的诉讼权利加以限制的，我国人民法院对该国公民、企业和组织的诉讼权利实行对等原则。

法规索引

1. 《中华人民共和国仲裁法》
2. 《中国国际经济贸易仲裁委员会仲裁规则》
3. 《仲裁委员会仲裁暂行规则示范文本》
4. 《中华人民共和国民事诉讼法》
5. 《最高人民法院关于适用〈中华人民共和国民事诉讼法〉若干问题的意见》

思考题

1. 经济仲裁的特征有哪些？
2. 仲裁应遵循的原则有哪些？
3. 仲裁员在什么情况下，应当予以回避？
4. 民事诉讼的特点有哪些？
5. 民事诉讼法的效力从哪几个方面体现出来？
6. 级别管辖是怎么规定的？
7. 第一审普通程序有哪几个主要阶段？

参 考 文 献

安广法，赵春芳．2001．实用经济法教程．北京：海洋出版社

李新天．2007．物权法条文释义与精解．大连：东北财经大学出版社

钱芝网，安广法．2006．经济法．北京：中国时代经济出版社

钱芝网，曲建英．2004．经济法．北京：中国时代经济出版社

王永吉．2002．经济法基础知识．北京：中国财政经济出版社

谢良泉．2000．合同法新释与例解．北京：同心出版社

郑东亮，关彬枫．2007．最新劳动合同法学习培训用书．北京：光明日报出版社